LOCKER
VOM HOCKER
Smarte Sprüche für Smalltalker

Christa Pöppelmann

Compact Verlag

© 2009 Compact Verlag München
Alle Rechte vorbehalten. Nachdruck, auch auszugsweise,
nur mit ausdrücklicher Genehmigung des Verlages gestattet.
Chefredaktion: Dr. Angela Sendlinger
Redaktion: Anna Kalb
Produktion: Wolfram Friedrich
Abbildungen: siehe Bildnachweis S. 208
Titelabbildung: fotolia.de (© Phase4Photography)
Gestaltung: EKH Werbeagentur GbR
Umschlaggestaltung: EKH Werbeagentur GbR

ISBN 978-3-8174-6921-5
5469211

Besuchen Sie uns im Internet: www.compactverlag.de

INHALTS-VERZEICHNIS

VORWORT

Liebe Smalltalker ...

... schlagfertig sind wir alle, nur dass uns die treffendsten
Bemerkungen eben meist erst in den Kopf kommen, wenn
es schon zu spät ist – oder?
Mit diesem Buch wird das anders: Auf dem Silbertablett serviert
es die passende Munition zu allen geselligen Themen, sodass Sie,
je nach Situation, mit frechen Sprüchen oder hintergründigen
Weisheiten auftrumpfen können.

Vielleicht haben Sie auch bisher schon gerne den einen oder anderen Klassiker von Goethe oder
Shakespeare und Sprüche aus Loriot-Szenen, *Casablanca* oder *Dinner for One* zitiert ... aber sind
Sie sicher, dass es wirklich die Originale sind? Meist plappert ja doch einer dem anderen nach.
Wetten, dass auf der nächsten Party niemand außer Ihnen weiß, wo und unter welchen Umständen
mancher viel zitierte Satz geboren wurde? Wie lautete noch dieser Werbeslogan, der vor ein
paar Jahren überall herumschwirrte? Was trieb Politiker zu gewagten Bemerkungen, wodurch
entstanden berühmte Versprecher und was hinterließen Marlene Dietrich, Che Guevara oder
Charlie Chaplin in ihren letzten Minuten der Nachwelt?

Schmücken Sie sich mit den Federn von Fernsehstars,
Moderatoren oder Fußballern und nehmen Sie Anleihe
bei Koryphäen der Antike. Ganz nach Gelegenheit
originell und up to date oder kultiviert und belesen auftreten – ein ausführliches Stichwort- und Personenregister
erleichtert die Suche nach dem passenden Ausspruch.

Reden ist Silber, Schweigen ist Gold – und das rechte Wort zur
rechten Zeit ist Platin!

1

OFT ZITIERT, ABER NIE GESAGT?

Manche Sprüche und Zitate verbreiten sich wie Lauffeuer und werden wieder und wieder zitiert. Doch wie bei dem Kinderspiel „Stille Post" verändern sie sich dabei oft beträchtlich. Forscht man dann nach, stellt sich heraus, dass die Worte so nie gesagt wurden. Manches wurde einem Prominenten irrtümlicherweise untergeschoben, weil es so passend schien. Anderes wurde verfälscht und manche im Original gar nicht so bemerkenswerte Aussage wurde nachträglich von anonymer Seite zugespitzt und bekam auf diese Weise erst ihren wirklichen Pfiff.

640 Kilobyte sollten eigentlich für jeden genug sein
Bill Gates (*1955)

Heute haben selbst gewöhnliche PCs Speicherkapazitäten von einigen Gigabyte (1 Milliarde Byte). Großrechner rechnen längst mit Terabyte (1000 Milliarden Byte). Deshalb mutet die Einschätzung, man könne mit Kapazitäten von 640 Kilobyte (640.000 Byte) auskommen, die ausgerechnet der Mann, der mit Computertechnologie zu einem der reichsten Menschen der Welt wurde, 1981 getätigt haben soll, einigermaßen skurril an. Doch in späteren Interviews beteuert Gates, er habe dergleichen nie gesagt, sondern vielmehr das Gegenteil propagiert.

Spontisprüche I: Lieber ...

Lieber absahnen als zubuttern.

Lieber am Busen der Natur als am Arsch der Welt.

Lieber Arm dran als Bein ab.

Lieber auf dem falschen Dampfer als mit allen in einem Boot.

Lieber aussteigen als eingehen.

Lieber Blödeleien als blöde Laien.

Lieber breit grinsen als schmal denken.

Lieber den Faust im Kopf als auf dem Auge.

Lieber ein Blatt vorm Mund als ein Brett vorm Kopf.

Lieber ein Bund fürs Leben als ein Leben für den Bund.

Ab einer Wassertiefe von 1,50 Metern hat der Soldat selbstständig mit Schwimmbewegungen zu beginnen
Zentrale Dienstvorschrift 3/11

Oder schon ab 1,40 Meter oder gar 1,20? Oder Brusthöhe? Es kursieren diverse Versionen und möglicherweise ist keine davon wahr. Die ZDv der Bundeswehr sind nämlich interne Papiere, die nur teilweise öffentlich zugänglich sind. Besonders berüchtigt ist die ZDv 3/11 *Gefechtsdienst aller Truppen (zu Lande)*, in der sich obige Anweisung befunden haben soll, aber auch andere sprachliche Delikatessen wie: „Bei Erreichen des Baumwipfels hat der Soldat die Kletterbewegungen selbstständig einzustellen", „Nach Einbruch der Dämmerung ist mit Dunkelheit zu rechnen" oder „Nach dem Einsatz von Atomsprengkörpern kann das Gelände stark verändert sein. Das Zurechtfinden wird dadurch erschwert." Sogar der Satz „Ein toter Soldat hat viel von seiner Gefährlichkeit verloren" soll einmal in den Vorschriften gestanden haben. Doch was früher wirklich allen Ernstes vorgeschrieben war und welche von den kursierenden Sprüchen nur Satire sind, ist kaum nachzuprüfen. Transparenter sind da Bundesgesetze. Der viel zitierte Satz „Stirbt ein Bediensteter während der Dienstreise, so ist damit die Dienstreise zu Ende" hat tatsächlich einmal im Bundesreisekostengesetz gestanden, ist aber inzwischen einer Novellierung des Gesetzes zum Opfer gefallen.

● ● ● ● ● ● ● ● ● ● ● ● ● ● ● ● ● ● ●

Alles, was erfunden werden kann, ist schon erfunden
Charles H. Duell (*1850 †1920)

Duell war Patentkommissar der US-Patentbehörde. Angeblich schlug er im Jahr 1899 vor, die Behörde zu schließen, da keine neuen Erfindungen mehr zu erwarten seien. Alles, was erfunden werden könne, sei im letzten Jahrhundert schon erfunden worden. Obwohl das 19. Jahrhundert tatsächlich reich an bahnbrechenden Erfindungen war, entpuppte sich dies als Trugschluss. Inzwischen haben Nachforschungen aber auch ergeben, dass die Geschichte nicht stimmt. Duell schrieb in seinem Bericht des Jahres 1899 im Gegenteil, die Zukunft der Vereinigten Staaten hänge von der Fähigkeit ab, mit anderen Nationen in den Bereichen

> ## „Große Männer" I
> Große Männer, über die man nicht lachen kann, sind gefährlich.
> (Giovannino Guareschi, italienischer Autor, 1908-68)
>
> ✳ ✳ ✳
>
> **Nichts ist gefährlicher auf der Welt als Größe.**
> (Voltaire, französischer Autor und Philosoph, 1694-1778)

Wissenschaft, Industrie und Wirtschaft Schritt zu halten oder sie sogar zu übertreffen. Und neue Erfindungen seien dabei der beste Weg. Allerdings sagte 1843 ein anderer Kommissar der Behörde in einem Bericht für den US-Kongress aus, dass sich wohl die Zeit nähere, in der der menschliche Fortschritt zum Stillstand kommen müsse.

Alles, was schiefgehen kann, wird auch schiefgehen
Edward Aloysius Murphy (*1918 †1990)

Murphy's Law ist weltberühmt. Der Mann, der dahintersteckt, aber kaum. Edward Aloysius Murphy war ein US-amerikanischer Luftfahrtingenieur, der in seiner Firma folgende Devise ausgab: „Wenn es mehr als eine Möglichkeit gibt, eine Sache zu erledigen, und eine endet in einem Desaster, dann findet sich jemand, der diesen Weg einschlägt." Auf diese Weise brachte er seine Mitarbeiter dazu, mögliche fatale Entwicklungen zu bedenken und bereits im Vorfeld zu verhindern. Testpilot John Stapp (1910-99) sagte später auf einer Pressekonferenz, „Murphy's Law" habe dafür gesorgt, dass seine Firma derart hohe Sicherheitsstandards habe. In der Folge hat sich „Murphy's Law" dann verselbstständigt und wurde auf alle Situationen angewandt, in denen Dinge den schlimmstmöglichen Ausgang nehmen. Aber Murphy sagte eben nicht, dass Pannen sich immer so schlimm wie möglich gestalten, sondern dass irgendwann zwangsläufig eine richtig schlimme Panne eintritt, wenn die technische Möglichkeit dazu besteht.

Auf rauen Wegen zu den Sternen
Lucius Annaeus Seneca
(*um 1. v. Chr. †65 n. Chr.)

Dieser Spruch – auf Lateinisch „Per aspera ad astra" – ist als Motto von Vereinigungen und Institutionen bis heute sehr beliebt, etwa bei Hochschulen, Universitäten oder der nationalen Luftwaffe vieler Länder. Auch das ehemalige deutsche Großherzogtum Mecklenburg-Schwerin hatte diesen Wahlspruch. Als Autor gilt der römische Schriftsteller und Philosoph Seneca. Der jedoch schrieb in seiner Tragödie *Hercules furens* (Der wildgewordene Herkules): „Nicht glatt ist der Weg von der Erde zu den Sternen." Wer daraus die griffige Kurzform gemacht hat, ist unbekannt.

Ave Caesar, morituri te salutant!
Gruß der römischen Gladiatoren

Doch! Mindestens einmal haben römische Gladiatoren einen Kaiser tatsächlich mit dem legendären Gruß „Heil, Caesar, die zum Sterben Geweihten grüßen dich" angeredet: Im Jahr 52 wurden bei einer nachgestellten Seeschlacht dem Kaiser Claudius (10 v. Chr.-54 n. Chr.) diese Willkommensworte zuteil. Doch da waren die Akteure vermutlich keine regulären Gladiatoren, sondern zum Tode verurteilte, die sowieso sterben sollten. Von diesem Ereignis berichtete der römische Autor Sueton (um 70-140). Andere Belege für den Gebrauch dieser Formel gibt es nicht. Aber offenbar fanden nachfolgende Generationen den Satz so eindrucksvoll, dass sie sich Gladiatorenkämpfe ohne diese Eröffnungsformel gar nicht vorstellen mochten. So kam die durch nichts bewiesene Legende auf, alle Gladiatoren hätten sich vor ihren Kämpfen mit diesen martialischen Worten an die Kaiser gewandt.

Ceterum censeo …
Marcus Porcius Cato der Ältere
(*234 v. Chr. †149 v. Chr.)

„… Cartaginem esse delendam." Oder: „Cartago delenda est"? Von dem bekannten Antrag, Karthago zu zerstören, den der römische Politiker Cato der Ältere angeblich bei jeder seiner Senatsreden stellte - egal, um was es sonst ging - gibt es mehrere Versionen. Das ist auch kein Wunder. Denn es gibt kein lateinisches „Original". Zwar berichten mehrere antike Autoren von Catos Marotte, doch der Einzige, der den Standardsatz zitiert, war Plutarch, ein Grieche. Demnach sagte Cato: „Mir dünkt aber, dass auch Karthago nicht existieren soll." Es ist auch gut möglich, dass Cato sein Anliegen nicht jedes Mal mit den gleichen Worten formulierte. Die heutige „Standardversion" jedenfalls stammt aus dem 18. Jahrhundert, wurde jedoch zum geflügelten Wort, sodass sich auch die Kurzversion „Ceterum censeo" alleine zur Umschreibung für derart penetrant vorgetragene Anliegen entwickelt hat.

• • • • • • • • • • • • • • • • • • •

Der Horizont vieler Menschen ist ein Kreis mit dem Radius null - und das nennen sie ihren Standpunkt
Albert Einstein (*1879 †1955)

Einen Beleg, dass Einstein das wirklich gesagt hat, gibt es nicht. Was aber noch schwerer wiegt: Der Spruch wird manchmal auch den Mathematikern David Hilbert (1862-1943) oder Leonhard Euler (1707-83) zugeschrieben. Aber auch dafür gibt es keine Beweise.

Der Mohr hat seine Schuldigkeit getan, der Mohr kann gehen
Friedrich von Schiller (*1759 †1805)

Der Spruch stammt aus Schillers Tragödie *Die Verschwörung des Fiesco zu Genua*. Doch dort steht „Arbeit" statt „Schuldigkeit". Der Sprechende ist Muley Hassan, ein gedungener Meuchelmörder. Der ist nicht gerade ein sympathischer oder besonders geistreicher Charakter und seine Erklärung, er habe seinen Auftrag aufgeführt, klingt eigentlich ziemlich lapidar. Zur Anklage des ausgenutzten Außenseiters wurde die Formulierung erst später durch eine Änderung von anonymer Seite. Wahrscheinlich auch deshalb wird der Spruch oft fälschlich dem edlen Othello aus Shakespeares gleichnamiger Tragödie zugeschrieben. Denn die Bedeutung, die der Spruch heute hat, passt eindeutig besser zu Othello als zu Muley Hassan.

━ ━ ━ ━ ━ ━ ━ ━ ━ ━

Der kälteste Winter meines Lebens war ein Sommer in San Francisco
Mark Twain (Samuel Langhorne Clemens)
(*1835 †1910)

Wer immer einen derartig miserablen Sommer in der Hauptstadt des Sonnenscheinstaates Kalifornien erlebte, dass er zu solchem Verdikt inspiriert wurde - der Schriftsteller Mark Twain war es nicht. In seiner halb autobiografischen Reiseerzählung *Roughing it* schrieb er vielmehr: „Das Klima von San Francisco ist mild und einzigartig gleichbleibend. Das Thermometer steht das ganze Jahr bei etwa 21 Grad Celsius."

Der Staat bin ich
Ludwig XIV. von Frankreich (*1638 †1715)

Kein Ausspruch des „Sonnenkönigs" ist berühmter und keiner charakterisiert ihn und seinen Machtanspruch besser. Aber hat er ihn wirklich gesagt? Das ist höchst zweifelhaft. Denn angeblich sollen die berühmten Worte „L'état c'est moi" am 13. April 1655 im französischen Parlament gefallen sein, als der Parlamentspräsident den 17-jährigen König bat, auf die Interessen des Staates Rücksicht zu nehmen. Doch in den Parlamentsakten jener Sitzung findet sich der Ausspruch nicht. Möglicherweise ist er also nur gut erfunden. Gegen die Authentizität spricht auch, dass Ludwig erst 1661 nach dem Tod seines ersten Ministers, Kardinal Jules Mazarin, die Alleinherrschaft antrat. Außerdem galt Ludwig als charmanter, höflicher Mann, der zwar vor Selbstsicherheit strotzte, aber keine plumpe Arroganz an den Tag legte. Zudem sah er sich durchaus dem Wohl des Staates und seiner Untertanen verpflichtet und betrieb eine sehr engagierte Politik - in die er sich allerdings von niemandem hereinreden ließ. Trotzdem bringt das Schlagwort das Wesen des Absolutismus gut auf den Punkt und kein anderer Herrscher verkörperte den Absolutismus so wie der französische Sonnenkönig.

„Große Männer" II

Alle großen Menschen bilden sich ein, mehr oder weniger inspiriert zu sein.
(Joseph Joubert, französischer Autor, 1754-1824)

✳✳✳

Billige Ausgaben großer Bücher können Freude bereiten. Billige Ausgaben großer Männer sind absolut unerträglich.
(Oscar Wilde, irischer Autor, 1854-1900)

Der Weg ist das Ziel
Laotse (6. Jh. v. Chr.)

Dieser Satz wird entweder dem chinesischen Philosophen Laotse oder seinem jüngeren Kollegen Konfuzius (um 551-um 470 v. Chr.) zugeschrieben. Bewiesen ist er für keinen der beiden. Laotsezitate bergen schon das Problem in sich, dass man nicht einmal weiß, ob ein Philosoph dieses Namens je gelebt hat. Allgemein gilt er als Autor des Buches *Tao Te King*, das vermutlich im 4. Jh. v. Chr. niedergeschrieben wurde, und als Begründer der philosophisch-religiösen Schule des Taoismus. Der Ausspruch „Der Weg ist das Ziel" lässt sich jedoch als Kerngedanke des Taoismus verstehen, denn Tao bedeutet Weg, aber auch Lebensweg oder Lebenssinn bzw. „der das Ziel seiende Weg".

Der Zweck heiligt die Mittel
Niccolò Machiavelli (*1469 †1527)

Diese Devise hätte der italienische Autor und Politiker Machiavelli sicher sofort unterschrieben, geschrieben hat er sie jedoch nicht. Allenfalls hat mit diesen kurzen Worten später irgendjemand eine Devise auf den Punkt gebracht, die Machiavelli in seinen Werken ausführlich erläuterte: dass nämlich ein guter Zweck nahezu alle Mittel rechtfertigt, die nötig sind, um ihn zu erreichen. Ein solcher Zweck, der auch Tyrannei und Verbrechen legitimiert, war für Machiavelli beispielsweise die Stabilität eines Staatswesens. Ein guter Politiker musste laut Machiavelli für das Gemeinwohl alles tun - wenn nötig, auch das Unmoralische. Aber es musste eben im Sinne des Allgemeinwohls sein. Für den bloßen persönlichen Machterhalt rechtfertigte Machiavelli das Anwenden unmoralischer Mittel nicht.

Ein Archäologe ist der beste Ehemann, den eine Frau haben kann. Je älter sie wird, desto mehr ist er an ihr interessiert
Agatha Christie (*1890 †1976)

Die „Lady of Crime" war in zweiter Ehe mit dem Archäologen Max Mallowan (1904-78) verheiratet und mit ihrem Ehemann oft bei Ausgrabungen in Vorderasien unterwegs, was sich auch in manchen ihrer Bücher niederschlug. Mallowan war es dann, der 1954 in einem Interview den obigen Spruch seiner Gattin zum Besten gab, der anschließend schnell die Runde machte. Agatha Christie behauptete jedoch später, sie habe dies nie gesagt. Die Mutter von Miss Marple und Hercule Poirot hatte aber durchaus einen sarkastischen Humor. Von ihr sollen auch Sprüche stammen wie „Nichts ist beglückender, als den Menschen zu finden, den man den Rest seines Lebens ärgern kann" oder „Ich habe Journalisten nie gemocht. Ich habe sie in meinen Büchern alle sterben lassen."

Männer und Frauen

Die kluge Frau folgt ihrem Mann, wohin sie will.

Eine Frau muss ihr Gewissen, ihren Teint und ihren Ruf blütenrein halten. Bei einem Mann reicht es schon, wenn Ruf und Gewissen nicht gegen die gültigen Lebensmittelverordnungen verstoßen.

Ein tobender Mann ist dynamisch, eine tobende Frau hysterisch.

Erst die Männer sind auf die Idee gekommen, ihre nächtlichen Unternehmungen Tagungen zu nennen.

Männer suchen das gewisse Etwas, Frauen etwas Gewisses.

Wo die Frau nicht kocht, da kocht der Mann.

Gerechtigkeit muss werden, ginge auch die Welt zugrunde
Kaiser Ferdinand I. (*1503 †1564)

Das lateinische Motto „Fiat iustitia aut pereat mundus" war der Wappenspruch von Kaiser Ferdinand I. Doch er besagt keineswegs, dass Recht ohne jede Rücksicht auf die Konsequenzen durchgesetzt werden muss, sondern dass die Welt zugrunde geht, wenn es keine Gerechtigkeit gibt (wörtlich: Gerechtigkeit muss werden oder die Welt geht zugrunde). Später wurde das Wörtchen „aut" (oder) jedoch weggelassen, wodurch der Spruch einen völlig anderen Sinn bekam.

Jetzt wächst zusammen, was zusammengehört
Willy Brandt (*1913 †1992)

Diese Worte von Ex-Bundeskanzler Willy Brandt sind wohl der meistzitierte Spruch zur deutschen Wiedervereinigung. Aber wann hat er ihn gesagt? In den Original-Tondokumenten der Ansprachen, die Brandt am 10. November 1989 in Berlin hielt, ist zwar die Rede davon, dass jetzt nicht nur Deutschland, sondern auch Europa wieder zusammenwachse, doch der knackige Spruch kommt so nicht vor. Erst in späteren Abdrucken ist er teilweise eingefügt worden. Brandts Witwe jedoch erklärte, ihr Mann habe sich auf dem Flug nach Berlin Notizen für seine Rede gemacht und dabei dieses Leitmotto notiert. Außerdem sagte Brandt dann in Berlin einem WDR-Reporter: „Dies ist eine schöne Bestätigung bisherigen Bemühens, aber auch eine Aufforderung an uns alle, nun noch eine Menge zusätzlich zu tun, damit das wieder zusammengefügt wird, was zusammengehört." Brandt brachte also durchaus diesen Gedanken unter das Volk, auch wenn der Satz so in seiner originalen Rede nicht vorkam. Übrigens: Schlaumeier haben die Formulierung „.... fügte ich rittlings zusammen, was zusammengehörte" in dem pornografischen Roman *Josephine Mutzenbacher* von 1906 gefunden. Aber dass Brandt daraus zitierte, darf man durchaus bezweifeln.

Mens sana in corpore sano
Juvenal (*um 60 †um 127)

Doch, diesen Ausspruch hat der römische Satiriker Juvenal gemacht, wie sich leicht in seiner zehnten Satire nachlesen lässt. Er hat ihn jedoch nie so gemeint, wie er meist zitiert wird. Juvenal riet nämlich all denjenigen, die das Bedürfnis hätten, sich mit Bitten an die Götter zu wenden, sich wenigstens etwas Sinnvolles zu wünschen: „Orandum est, ut sit mens sana in corpore sano" (Man sollte darum beten, dass ein gesunder Geist in einem ge 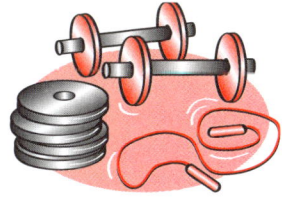 sunden Körper sei). Doch dass dies oft der Fall ist, daran glaubte Juvenal selbst nicht. Auf keinen Fall wollte er sagen, dass körperliche Ertüchtigung auch einen positiven Effekt auf den geistigen Zustand eines Menschen haben könne. Dafür war das Rom seiner Zeit zu voll von hirnlosen Muskelprotzen.

Mensch, lerne tanzen, sonst wissen die Engel im Himmel nichts mit dir anzufangen
Augustinus von Hippo (*354 †430)

Ein schöner Satz, der sich jedoch nirgends im Werk des heiligen Augustinus, einem der vier großen Kirchenväter der lateinischen Christenheit, finden lässt. Dass aber diese Bemerkung seit dem 4. oder 5. Jahrhundert mündlich korrekt überliefert wurde, ist recht unwahrscheinlich. Außerdem war der Bischof von Hippo - jedenfalls nach seiner Bekehrung - nicht unbedingt einer, der ein fröhliches, unbeschwertes Christentum predigte.

Nicht für die Schule, sondern für das Leben lernen wir
Lucius Annaeus Seneca
(*um 1 v. Chr. †65 n. Chr.)

So heißt es jedenfalls immer. Doch der römische Gelehrte Seneca schrieb in einem Brief an seinen Freund Lucilius das glatte Gegenteil: „Non vitae, sed scholae discimus" (Nicht für das Leben, sondern für die Schule lernen wir) ist da zu lesen. Allerdings kann man trotzdem nicht behaupten, Seneca sei das Wort im Munde umgedreht worden. Denn der Philosoph beklagte damit, dass in den Schulen leider eben nicht für das Leben gelernt würde, wie es eigentlich sein solle. Der Parole, man solle nicht für die Schule, sondern für das Leben lernen, hätte er sicher zugestimmt.

Spontisprüche II: Lieber ...

Lieber ein erregter Bekannter als ein unbekannter Erreger.

Lieber ein Scherzkeks als gar nichts zu essen.

Lieber ein Zebra streifen als einen Bullen anfahren.

Lieber eine Fünf in Deutsch als überhaupt keine persönliche Note.

Lieber eine dunkle Kneipe als ein lichter Arbeitsplatz.

Lieber eine Meise als gar keinen Vogel.

Lieber einen Bauch vom Saufen als einen Buckel vom Arbeiten.

Lieber einen steilen Zahn als gar kein Gebiss.

Lieber einen teuren Abend als eine billige Nacht.

Lieber Eis am Stiel als Dreck am Stecken.

Play it again, Sam!
Casablanca (US-Film, 1943)

Mit diesen Worten fordert angeblich Ilsa Lund (Ingrid Bergman, 1915-82) im Kultfilm *Casablanca* den Pianisten Sam auf, *As Time Goes By* zu spielen, das Lied, das er früher in Paris oft für sie und ihren Geliebten Rick gespielt hatte. In Wahrheit sagt Ilsa jedoch: „Play it once, Sam. For old time's sake." (Spiel es einmal, Sam. Um der alten Zeiten willen). „Play it again, Sam!" wurde zuerst in einer Parodie der Marx-Brothers verwendet und dann zum Titel eines Woody-Allen-Films, in dem *Casablanca* eine Hauptrolle spielt.

Schau mir in die Augen, Kleines!
Casablanca (US-Film, 1943)

Das sagen weder Humphrey Bogart (1899-1957) in *Casablanca* noch sein deutscher Synchronsprecher Joachim Kemmer (1939-2000). Kemmer sagt in der deutschen Version: „Ich seh' dir in die Augen, Kleines!" Bogart nuschelt im Original „Here's looking at you, kid" (Du stehst unter Beobachtung, Kleines). Und im Drehbuch stand eigentlich „Here's good luck for you!" (Viel Glück für dich). Doch auch die Version „Schau mir in die Augen, Kleines" wurde einmal gesagt, nämlich in der ersten deutschen Synchronisation, in der Paul Klinger (1907-71) den Rick sprach.

Sehr geehrte Damen und Herren, liebe Neger!
Heinrich Lübke (*1894 †1972)

Heinrich Lübke ist vermutlich für die meisten Deutschen der unbekannteste aller bisherigen Bundespräsidenten, obwohl er von 1959 bis 1969 ganze zehn Jahre im Amt war. Und wenn man doch etwas von ihm weiß, dann sind es diese peinlichen Begrüßungsworte, die er 1962 auf einem Staatsbesuch in Liberia gesprochen haben soll. Doch seitdem haben Journalisten eingehende Recherchen betrieben und kein Indiz dafür gefunden, dass sie tatsächlich gesagt wurden. Nicht mal auf der Schallplatte *Heinrich Lübke redet für Deutschland*, die 1966 erschien und sich über die zahlreichen sprachlichen Entgleisungen des Bundespräsidenten lustig machte, sind sie enthalten.

Und sie bewegt sich doch
Galileo Galilei (*1564 †1642)

Diese Worte soll der berühmte Astronom gemurmelt haben, als er 1633 nach seiner Verurteilung den Gerichtssaal der kirchlichen Inquisition verließ. Ob er das jedoch wirklich tat, ist äußerst umstritten. Nachdem die Anekdote lange Zeit kritiklos überliefert wurde, begann man in der Moderne nach einer historischen Quelle zu forschen und fand die erste schriftliche Erwähnung Mitte des 18. Jahrhunderts. Damit wurde die Geschichte zur Legende erklärt, die erst lange nach Galileos Tod auftauchte. Doch inzwischen wurde ein spanisches Gemälde gefunden, auf dem der Satz dargestellt ist. Dieses ist wohl nur wenige Jahre nach Galileos Tod entstanden. Also muss die Geschichte viel älter sein, was ihren Wahrheitsgehalt wieder etwas wahrscheinlicher macht. Nach den Gesetzen der Wahrscheinlichkeit dürfte Galileo diese Bemerkung aber nicht im Gerichtssaal gemacht haben oder zumindest nicht so laut, dass es irgendwelche Zeugen dafür gegeben haben konnte, da er sonst eine weit schlimmere Verurteilung als den eben verhängten Hausarrest plus Publikationsverbot riskiert hätte. Aber sicherlich hat er im privaten Kreis später öfter seiner ungebrochenen Überzeugung Ausdruck verliehen, dass sich die Erde eben doch bewegt. Sehr unwahrscheinlich dagegen ist die Überlieferung, die den Ausspruch nicht Galilei, sondern dem wegen Ketzerei verbrannten Giordano Bruno (1548-1600) als letzte Worte in den Mund legt. Erstens wurde Bruno nicht wegen Aussagen über die Erdbewegung verurteilt. Zweitens gibt es Berichte, er sei mit gefesselter Zunge verbrannt worden, um nicht mehr zum Volk sprechen zu können. Als letztes Wort Brunos gilt seine Bemerkung zu seinem Todesurteil: „Mit größerer Furcht verkündet ihr vielleicht dieses Urteil gegen mich, als ich es entgegennehme."

Stell dir vor, es ist Krieg und keiner geht hin
Carl Sandburg (*1878 †1967)

Ein kleines Mädchen sieht eine Militärparade und will wissen, was Soldaten sind. Als sie es verstanden hat, sagt sie: „Eines Tages werden sie einen Krieg machen und keiner wird hingehen." Diese nur wenige Zeilen lange Geschichte erzählte der US-amerikanische Journalist Carl Sandburg 1936 in seinem Gedichtband *The People, Yes* (Das Volk, jawohl). Daraus wurde dann der griffigere Spruch „Stell dir vor, es ist Krieg und keiner geht hin", der manchmal noch mit dem warnenden Zusatz „Dann kommt der Krieg zu euch" versehen und damit in sein Gegenteil umgedreht wird. Aber es gibt keinen Beleg, dass diese Variante, wie manchmal behauptet, von Bertolt Brecht (1898-1956) stammt.

Spontisprüche III: Lieber ...

Lieber in die Sonne als hinterm Mond.

Lieber in Form als infam.

Lieber Kies in der Tasche als Sand im Getriebe.

Lieber locker vom Hocker als hektisch über'n Ecktisch.

Lieber mal blau sein als sich ewig schwarz ärgern.

Lieber Milch trinken als Quark reden.

Lieber mit allen Wassern gewaschen als nicht ganz sauber.

Lieber natürliche Dummheit als künstliche Intelligenz.

Lieber neureich als nie reich.

Lieber oberaffengeil als unterallersau.

Vertrauen ist gut, Kontrolle ist besser
Lenin (Wladimir Iljitsch Uljanow) (*1870 †1924)

Dies war sicherlich eine Devise Lenins, doch so gesagt hat er es nicht. Stattdessen zitierte er gerne ein altes russisches Sprichwort, das „Dowjeraj, no prowerai" (Vertraue, aber kontrolliere) lautete. Den Spruch „Vertrauen ist gut, Kontrolle ist besser" hat vermutlich irgendjemand geprägt, der diese Worte Lenins ins Deutsche zu übersetzen hatte.

Und wenn ich wüsste, dass morgen die Welt unterginge, würde ich heute noch ein Apfelbäumchen pflanzen
Martin Luther (*1483 †1546)

Ein schöner Satz. Doch von wem er stammt, ist völlig ungewiss. Er wird oft Luther zugeschrieben, ist aber in keinem von dessen Werken belegt und die ersten Quellen, die den Reformator als Verfasser nennen, stammen aus dem 20. Jahrhundert. Auch Eduard Mörike (1804-75) und Friedrich Rückert (1788-1866) werden gelegentlich als Schöpfer genannt - mit genauso wenig Indizien für ihre Verfasserschaft. Ebenso unbelegt sind andere angebliche Lutherzitate wie „Jeder Mann muss in seinem Leben drei Dinge zuwege bringen: einen Sohn zeugen, einen Baum pflanzen und ein Haus bauen" oder „Warum rülpset und furzet ihr nicht? Hat es euch nicht geschmecket?"

„Große Männer" III

Leider werden wirklich in der Geschichte immer diejenigen Männer als „groß" gefeiert, die viele Kriege begonnen und gewonnen haben. Aus diesen Gründen habe ich mich nie für Geschichtshelden wie Napoleon, Friedrich den Großen, Alexander oder Julius Caesar begeistern können.
(Bernhard Grzimek, deutscher Zoologe, 1909-87)

Im Abgrund der Geschichte ist für alle Platz.
(Paul Valéry, französischer Autor, 1871-1945)

Wenn es den Kaiser juckt, so müssen sich die Völker kratzen.
(Heinrich Heine, deutscher Autor, 1797-1856)

Wenn du zum Weibe gehst, vergiss die Peitsche nicht
Friedrich Nietzsche (*1844 †1900)

„Du gehst zu Frauen?", fragt ein altes Weiblein den Propheten Zarathustra in Nietzsches Werk *Also sprach Zarathustra*. „Vergiss die Peitsche nicht!" Aber interessanter als der genaue Wortlaut von Nietzsches Aussage ist die Frage, wie sie denn gemeint ist. Gewöhnlich wird davon ausgegangen, Nietzsche habe sagen wollen, man dürfe nicht vergessen eine Peitsche mitzunehmen, um die Frauen gegebenenfalls zu züchtigen. Tatsächlich spricht Nietzsche an anderen Stellen des Buches davon, dass die Frauen sich unterzuordnen hätten. Andererseits betont er aber auch, wie gefährlich Frauen seien: „Der Mann fürchtet sich vor dem Weibe." Deshalb könnte der Spruch auch gut als Warnung gemeint gewesen sein, nicht zu vergessen, dass Frauen über Werkzeuge verfügen, mit denen sie Männer verletzen können. Im realen Leben jedenfalls ließ sich Nietzsche einmal vor einen Karren gespannt fotografieren, während die angebetete, aber wohl nie eroberte Lou Andreas-Salomé (1861-1937) neckisch mit einem Peitschchen droht. Auch zu anderen Frauen glückte Nietzsche keine befriedigende Beziehung.

Zurück zur Natur!
Jean-Jacques Rousseau (*1712 †1778)

Dieses Schlagwort wird oft dem Genfer Philosophen zugeschrieben. Aber er hat es weder geschaffen, noch trifft es seine Philosophie im Kern. Wahr ist, dass Rousseau der Meinung war, die Menschen seien von Natur aus gut. Deshalb müsse zum Beispiel die Erziehung von Kindern bei diesem guten Naturzustand ansetzen und dürfe nur so behutsam geschehen, dass das natürliche Gute nicht zerstört werde. Ebenso glaubte Rousseau daran, dass es einen Zustand natürlicher Gleichheit unter den Menschen gegeben habe, der durch die Erfindung des Privateigentums zerstört worden sei. Auch hier forderte er eine „Rückbesinnung". Aber er trat nie dafür ein, dass die Menschheit in einem primitiven Naturzustand verharren solle.

Die dunklen Seiten der Geschichte

Der Irrsinn ist bei Einzelnen etwas Seltenes. Aber bei Gruppen, Parteien, Völkern, Zeiten die Regel.

(Friedrich Nietzsche, deutscher Philosoph, 1844-1900)

Jeder Tyrann, der gelebt hat, hat an die Freiheit für sich selbst geglaubt.

(Elbert Hubbard, US-amerikanischer Autor, 1856-1915)

Wenn Karrieren schwindelnde Höhen erreichen, ist der Schwindel häufig nicht mehr nachzuweisen.

*(Werner Schneyder, österreichischer Kabarettist, *1937)*

FÄLSCHLICH ZUGESCHRIEBEN

2

Zitate müssen nicht nur gut sein, sondern auch einen einigermaßen prominenten Verfasser haben. Sonst werden sie höchstens unter Rubriken wie „Volksmund", „Spontispruch" oder „Deutsches Sprichwort" der Nachwelt überliefert. Doch auch Prominente benutzen zuweilen Zitate oder zitieren Sprichwörter, sodass es immer wieder vorkommt, dass ihnen ein Zitat zugesprochen wird, das in Wahrheit aus dem Mund eines weniger berühmten Menschen stammt.

Ach, ist der Rasen schön grün
Loriot (Vicco von Bülow) (*1923)

 Mit Sprüchen wie diesem oder „Wo laufen Sie denn? Wenn Sie sich nur nicht verlaufen?" nervt in Loriots Sketch *Auf der Rennbahn* ein ignoranter Freund einen Rennbahnenthusiasten. Doch von Loriot stammen in diesem Fall nur die Bilder mit seinen charakteristischen knollennasigen Männchen. Der Ton, mit dem sie unterlegt sind, ist eine Originalaufnahme von Wilhelm Bendow (1884-1950), einem bekannten Berliner Kabarettisten und Schauspieler der Vorkriegszeit, der diesen Sketch auch geschrieben hat.

An die Wand drücken, dass sie quietschen
Otto von Bismarck (*1815 †1898)

Zu Beginn des Jahres 1878 scheiterten Verhandlungen zwischen Kanzler Bismarck und einigen Abgeordneten der Nationalliberalen Partei über eine Zusammenarbeit. Daraufhin soll Bismarck erklärt haben, er werde die Nationalliberalen an die Wand drücken, bis sie quietschen. Zwölf Jahre später bestritt der inzwischen entlassene Bismarck in einem Zeitungsinterview, dergleichen jemals gesagt zu haben. Weder habe er Probleme mit den Nationalliberalen gehabt, noch entspreche diese Ausdrucksweise seinem Wesen. Wer die Formulierung wirklich prägte, bleibt im Dunkeln. Im Januar 1933 jedenfalls vertrat Ex-Kanzler Franz von Papen (1879-1969) energisch die Politik, Hitler zum Reichskanzler zu ernennen, ihn aber mit konservativen Ministern - darunter ihm selbst als Vizekanzler - „einzurahmen". „In zwei Monaten haben wir Hitler in die Ecke gedrückt, dass er quietscht", kündigte Papen großspurig an. Keinen Monat später war er einer von denen, die nach dem Reichstagsbrand dazu drängten, Hitler mit der „Verordnung zum Schutz von Volk und Staat" quasidiktatorische Vollmachten zu geben.

Auch du, Brutus?
Gaius Julius Caesar (*100 v. Chr. †44 v. Chr.)

Mit diesen Worten auf den Lippen soll Julius Caesar gestorben sein. In Wahrheit stammen sie jedoch von William Shakespeare (1564-1616). Über Caesars Tod gibt es verschiedene antike Überlieferungen. Nach der einen brach er wortlos zusammen, als ihn die Dolche seiner Verschwörer trafen. Angesichts der Tatsache, dass er unmittelbar hintereinander acht Stiche in den Rücken erhielt, ist das auch die wahrscheinlichste. Nach der anderen soll er auf Griechisch „Kai sy teknon?" (Auch du, mein Kind?) ausgerufen haben, als er unter den Mördern auch Marcus Junius Brutus erblickte (85-42 v. Chr.). Brutus hatte Caesar anfangs bekämpft, im Jahr 48 v. Chr. aber Frieden mit ihm geschlossen und war in den Kreis von Caesars engsten Vertrauten aufgenommen worden. Dass es Caesar auch seelisch getroffen hat, falls er wirklich Brutus unter seinen Mördern entdeckte, ist also wahrscheinlich. Doch hinter diesen angeblich letzten Worten könnte auch noch etwas anderes stecken. Brutus' Mutter Servilia war früher Caesars Geliebte gewesen und es gab - recht unwahrscheinliche - Gerüchte, der 15 Jahre jüngere Brutus sei in Wahrheit Caesars Sohn. Gut möglich also, dass die Vorstellung, Caesar könne sterbend tatsächlich seinen Sohn unter den Mördern entdeckt haben, die Fantasie seiner Zeitgenossen anstachelte und so zu dieser Geschichte führte. Shakespeare jedenfalls spielte nur auf die geistige Verbundenheit von Mörder und Opfer an, als er Caesar in seinem Stück *The Tragedy of Julius Caesar* ausrufen lässt: „Et tu, Brute? Then fall, Caesar." (Auch du, Brutus? Dann falle, Caesar.)

Das Runde muss ins Eckige

Sepp Herberger (*1897 †1977)

Das klingt nach einem der Kultsätze von Sepp Herberger aus der Reihe „Der Ball ist rund" und „Ein Spiel dauert 90 Minuten". Doch die Formulierung ist jünger. Vermutlich war Helmut Schulte (*1957) der Urheber, der unter anderem Trainer von Schalke 04 und dem FC St. Pauli gewesen ist. Er sagte einmal „Ball rund muss in Tor eckig", woraus anschließend dieser oft zitierte Satz wurde.

~~~~~~~~~~~~~~~~

Die einzigen Traditionen der königlichen Marine sind Rum, Sodomie und die Peitsche
Winston Churchill (*1874 †1965)

Churchill, der seine eigene militärische Ausbildung bei der Kavallerie erhalten hatte, begann seinen politischen Aufstieg 1911 als Erster Lord der britischen Admiralität, also als Chef der Marine, die er modernisierte. Aber nicht deshalb kann er nicht der Schöpfer dieser harschen Kritik sein, die ihm schon zu Lebzeiten zugeschrieben wurde. Stattdessen gibt es eine verlässliche Aussage eines Mitarbeiters, dass Churchill einmal, auf seine angebliche Urheberschaft angesprochen, gewünscht habe, der Spruch sei von ihm. Gleiches gilt für die gegen seinen Alliierten General de Gaulle gemünzte Bemerkung: „Das schwerste Kreuz, das ich zu tragen habe, ist das Kreuz von Lothringen" (de Gaulles Feldzeichen). Dieser Satz stammte von Churchills Gesandtem in Frankreich, Louis Spears (1886-1974). Churchill erklärte 1948, es tue ihm leid, dass er dies nicht gesagt habe, denn es sei „ziemlich witzig. Und so wahr!"

Die Gnade der späten Geburt
Helmut Kohl (*1930)

Helmut Kohl betonte mehrmals, er habe mit dem Nationalsozialismus nichts zu tun, da er 1945 erst 15 Jahre alt gewesen sei, und sprach „von der Gnade der späten Geburt". Im Januar 1984 tat er dies auch im israelischen Parlament, was als äußerst taktlos angesehen wurde. Doch Kohl ist nicht der Erfinder dieser Formulierung. 2004 verriet Günter Gaus (1929-2004), Kohls Redenschreiber hätten die Wendung von ihm übernommen. In seinem Buch *Widersprüche* benutzte Gaus die Formulierung aber nicht, um jede persönliche Verantwortung während der Nazizeit abzuwehren, sondern verriet, dass nur sein Alter, nicht seine damalige Überzeugung ihn daran gehindert habe, die Offizierslaufbahn in Hitlers Marine einzuschlagen.

Die Würfel sind gefallen
Gaius Julius Caesar (*100 v. Chr. †44 v. Chr.)

Diese berühmten Worte soll Caesar getan haben, als er im Jahr 49 v. Chr. mit einer Armee den Fluss Rubikon überschritt und damit einen Bürgerkrieg in Rom auslöste. Das mag auch richtig sein. Bloß handelt es sich nicht um ein Originalzitat von Caesar. Der sagte nämlich laut den Historikern Plutarch (um 45-125) und Appian (um 90-160) auf Griechisch „Anerriphtho kybos" (Geworfen sollen die Würfel sein; lat.: Alea iacta est) und das war ein Spruch, der damals bei Glücksspielern gängig war. Die älteste bekannte Erwähnung findet sich in einer Komödie des griechischen Dichters Menandros (um 341-291 v. Chr.), die nur fragmentarisch erhalten ist. Auf jeden Fall meinte die griechische Version des Spruches nicht, dass eine Entscheidung gefallen ist, wie das heute meist mit der deutschen Version ausgedrückt wird, sondern dass ein Wagnis mit offenem Ausgang eingegangen wurde. Der Spieler hat die Würfel geworfen, aber es ist noch nicht bekannt, wie sie fallen werden.

Fortschritt

Als ich mein Amt angetreten habe, wussten nur Teilchenphysiker, was das Web war. Jetzt hat sogar meine Katze eine eigene Homepage.
(Bill Clinton,
US-amerikanischer Politiker, *1946)

Die Welt ist überhaupt nur dadurch weitergekommen, dass irgendjemand die Courage gehabt hat, an Dinge zu rühren, von denen die Leute, in deren Interesse das lag, durch Jahrhunderte behauptet haben, dass man nicht an sie rühren darf.
(Arthur Schnitzler,
österreichischer Autor, 1862-1931)

Erfahrung ist nicht das, was dir passiert. Es ist das, was du mit dem tust, was dir passiert.
(Aldous Huxley,
britischer Autor, 1894-1963)

Dein Lebensunterhalt besteht aus dem, was du bekommst, dein Leben aus dem, was du gibst
Winston Churchill (*1874 †1965)

Im englischen Original lautet der Spruch: „You make a living by what you get, you make a life by what you give." Doch was heißt Original? Der Satz wird oft Winston Churchill zugeschrieben, doch intensive Recherchen des Churchill-Centers ergaben keinen Beleg, dass der britische Premier ihn wirklich gesagt hatte. Ein anderer möglicher Kandidat ist der britische Militär Norman MacEwen (1881-1953). Doch Beweise gibt es auch für seine Urheberschaft nicht. Allerdings vertrat Churchill durchaus in seinen Reden die Überzeugung, dass man sich für höhere Ziele engagieren müsse, wolle man ein sinnvolles Leben führen.

Ein Bild sagt mehr als 1000 Worte
Chinesisches Sprichwort

Oftmals wird auch die romantische Variante „Ein Blick sagt mehr als 1000 Worte" verwendet. Mit den Sätzen „Ein Blick ist soviel wert wie 1000 Worte" und „Ein Bild ist soviel wert wie 10.000 Worte" warb 1921 und 1927 ein US-amerikanischer Werbefachmann namens Fred R. Barnard in einem Fachmagazin der Werbebranche für sein Unternehmen. Als Quelle gab er für das erste einen japanischen Philosophen an, das zweite bezeichnete er als chinesisches Sprichwort. Später sagte er dann, er habe die Sätze als chinesische Sprichwörter ausgegeben, damit die Leute sie ernster nähmen. Allerdings haben auch schon Andere vor Barnard diesen Gedanken ausgedrückt, etwa der russische Autor Iwan Turgenew (1818-83), der meinte, ein Bild könne auf einen Blick mehr zeigen, als Dutzende von Buchseiten erklären.

Erfindungen

Faulheit ist die Mutter aller Erfindungen.
(Curt Goetz, deutsch-schweizerischer Autor und Schauspieler, 1888-1960)

Gute Gedanken haben wie Bummelzüge oft Verspätung.
(Giovannino Guareschi, italienischer Autor, 1908-68)

Jemand mit einer neuen Idee gilt so lange als Spinner, bis sich die Sache durchgesetzt hat.
(Mark Twain, US-amerikanischer Autor, 1835-1910)

Dem Ingeniör ist nichts zu schwör
Walt Disney (*1901 †1966)

Das weiß jedes Kind: Dieser Satz ist das Motto von Daniel Düsentrieb, dem schrulligen Erfinder aus Entenhausen. Doch erstens war Walt Disney zwar der Gründer des Disney-Filmimperiums, die meisten populären Disneyfiguren jedoch wurden von seinen Mitarbeitern kreiert. So ist Daniel Düsentrieb (engl. Gyro Gearloose) eine Schöpfung von Carl Barks (1901-2000) - wie die meisten anderen Bewohner von Entenhausen auch. Das Düsentrieb-Motto aber stammt auch nicht von Barks, sondern von der deutschen Übersetzerin der Comics, Erika Fuchs (1906-2005). Doch auch Erika Fuchs hat auf eine Inspirationsquelle zurückgegriffen: ein Gedicht namens *Ingenieurlied* von Heinrich Seidel (1842-1906), dem Konstrukteur des Anhalter Bahnhofs in Berlin. Darin heißt es: „Dem Ingenieur ist nichts zu schwere. Er lacht und spricht: Wenn dieses nicht, so geht doch das!"

Es gibt drei Arten von Lügen: Lügen, verdammte Lügen und Statistiken
Benjamin Disraeli (*1804 †1881)

Ebenso wenig wie der deutsche Spruch „Ich glaube keiner Statistik, die ich nicht selbst gefälscht habe" von Winston Churchill ist, so ist auch diese Verdammung von Statistiken, die vor allem im englischsprachigen Raum verbreitet ist, nicht von Disraeli. Man kennt jedoch die Quelle des Missverständnisses. Mark Twain (1835-1910) hängte den Spruch in einem seiner Werke irrtümlich dem britischen Premier an, da dieser ihn einmal benutzte. In Wahrheit ist er wohl älter, bezog sich ursprünglich aber nicht auf Statistiken, sondern auf Expertenaussagen.

Es gibt einige Dinge, die wahr sind und einige Dinge, die wichtig sind. Leider sind die wahren nicht wichtig und die wichtigen nicht wahr
Winston Churchill (*1874 †1965)

Im Original lautet dieses Zitat ein wenig anders. Es heißt: „There were some things that were true, and some things that were trite; but what was true was trite, and what was not trite was not true." (Es gab da einige Dinge, die wahr waren und einige, die banal waren, aber was wahr war, war banal, und was nicht banal war, war nicht wahr.) Das Ganze stammte von Arthur Balfour (1848-1930), einem von Churchills Vorgängern als britischer Premier. Churchill zitierte ihn in einem seiner Bücher und bekam den Satz - leicht zurechtgemacht - dann selbst angehängt.

Kombiniere, lieber Watson
Arthur Conan Doyle
(*1859 †1930)

Da Meisterdetektiv Sherlock Holmes diesen Spruch bzw. „Ich kombiniere ..." ständig im Munde führt, müsste ihn – logisch kombiniert – eigentlich der Holmes-Erfinder Conan Doyle geschaffen haben. Hat er aber nicht. Zwar redet Sherlock Holmes auch in den Büchern und Kurzgeschichten gerne und ausführlich über seine Methode des Kombinierens, doch diesen Spruch sagt er so nirgends. Er ist eine Übersetzung des englischen „Elementary, my dear Watson", das erst mit den Sherlock-Holmes-Verfilmungen zum Markenzeichen des berühmten Detektivs wurde. Doch auch in den Filmen kommt der Spruch nicht so oft vor, wie man aufgrund der Tatsache, dass er zum Markenzeichen des Meisterdetektivs wurde, denken sollte.

Bildung I

Bildung ist bewundernswert. Aber man sollte sich von Zeit zu Zeit daran erinnern, dass das wirklich Wissenswerte nicht gelehrt werden kann.
(Oscar Wilde, irischer Autor, 1854-1900)

Das Abitur ist des Deutschen wahres Vaterland.
(Heinrich Böll, deutscher Autor, 1917-85)

Gute Bildung ist für die Jugend ein Zuchtmittel, für das Alter ein Trost, für die Armen Reichtum und für die Reichen ein Schmuck
(Diogenes, griechischer Philosoph, um 399-323 v. Chr.)

Kunst kommt von Können, nicht von Wollen, sonst hieße es Wulst
Karl Valentin (*1882 †1948)

„Kunst kommt von Können oder Kennen her, vielleicht von beiden, wenigstens muss sie beides in gehörigem Grad verbinden", schrieb im Jahr 1800 der Dichter Johann Gottfried Herder (1744-1803). Die „Wulst"-Ergänzung nahm dann der Kabarettist Ludwig Fulda (1862-1939) im Jahr 1894 vor. Doch Fulda ist in Vergessenheit geraten und sein Bonmot deswegen allen möglichen anderen Künstlern und Kabarettisten in den Mund gelegt worden, vor allem Karl Valentin. Aber auch NS-Propagandaminister Joseph Goebbels (1897-1945) wird manchmal als Verfasser genannt, da ein Pressetext aus seinem Ministerium zur Ausstellung „Entartete Kunst" 1938 mit diesem Zitat begann (allerdings schrieb man „Wunst" statt „Wulst"). „Es ist wirklich Wunst, was sich uns hier entgegenwölbt. Und so sinnlos dieses Wort klingt, genauso sinnlos glotzen uns die Kleckereien an, die mit Malerei nur dem Material nach etwas zu tun haben", heißt es weiter zur Ausstellung, in der unter anderem Chagall, Corinth, Dix, Feininger, Kandinsky, Klee, Kokoschka, Macke, Marc und Nolde zu sehen waren.

Manche Menschen kann man immer an der Nase herumführen, manchmal kann man alle Menschen an der Nase herumführen, aber niemals kann man alle Menschen immer an der Nase herumführen

Abraham Lincoln (*1809 †1865)

Hat er es gesagt oder nicht? Manche Zitate fordern eine intensive Recherche und dieses gehört dazu. Angeblich soll der US-Präsident diese Bemerkung bei einer Rede im Jahr 1858 in Illinois gemacht haben. 1905 befragten Journalisten dann Zeitzeugen dieser Rede, die sich jedoch nicht an den Satz erinnern konnten, dafür fanden sich plötzlich Zeugen, die den Satz zu anderer Gelegenheit gehört haben wollten, was sich jedoch auch nicht erhärten ließ. Es kam sogar der Verdacht auf, die Bemerkung stamme ursprünglich von dem Zirkusgründer Phineas Taylor Barnum (1810-91) und Lincoln habe diesen nur zitiert. Letztendlich beweisen lässt sich die Urheberschaft wohl nicht mehr, auch wenn die Diskussion in den USA immer noch im Gange ist. Die älteste bisher entdeckte Quelle für den Spruch ist jedenfalls ein Zeitungsartikel aus dem Jahr 1886, in dem Lincoln mit diesen Worten zitiert wird.

Eifersucht ist eine Leidenschaft, die mit Eifer sucht, was Leiden schafft

Miguel de Cervantes Saavedra (*1547 †1616)

Der spanische Nationaldichter wird gerne als Schöpfer dieses tiefsinnigen Sprachspiels bezeichnet. Und tatsächlich: Wirft man einen Blick in Cervantes' Kurzstück *Der wachsame Posten (La guarda cuydadosa)*, kann man diesen Stoßseufzer eines verliebten Soldaten nachlesen. Allerdings nur, wenn man eine deutsche Ausgabe zur Hand hat. Im spanischen Original steht „O zelos, zelos! Quan mejores llamaran duelos, duelos", was wörtlich übersetzt bedeutet: „Oh, Eifersüchte, Eifersüchte! Wie viel besser sollte man euch Schmerzen, Schmerzen nennen!" Ist also Cervantes' Übersetzer Hermann Kurz (1813-73) der geistreiche Erfinder dieser Zeile? Wahrscheinlich nicht. Angeblich soll sie von dem Theologen und Schriftsteller Friedrich Schleiermacher (1768-1834) stammen, der älter als Kurz war.

Freiheit oder Sozialismus

Hans Filbinger (*1913 †2007)

Mit dieser Parole gewann der baden-württembergische Ministerpräsident Hans Filbinger 1976 die Landtagswahlen - sogar mit absoluter Mehrheit. Daraufhin übernahmen CSU und CDU die Parole in der Abwandlung „Freiheit statt Sozialismus" für die Bundestagswahl im Oktober des Jahres. Der Slogan wird deshalb oft Filbinger zugeschrieben. Wahrscheinlich ist er aber nicht der Schöpfer. CSU-Chef Franz Josef Strauß (1915-88) erklärte, er wisse nicht mehr, ob die Parole ihm, Filbinger oder dem CDU-Fraktionsvorsitzenden Alfred Dregger (1920-2002) eingefallen sei. Gerhard Löwenthal (1922-2002), Leiter des *ZDF-Magazins*, soll jedoch einmal klargestellt haben, er habe den Slogan zusammen mit Strauß ausgebrütet.

Höher, schneller, weiter
Pierre de Coubertin (*1863 †1937)

Dieses Motto der Olympischen Spiele wird oft dem Initiator der neuzeitlichen Spiele zugeschrieben. Doch es stammt nicht von ihm, sondern von dem Dominikanermönch Henri Didon (1840-1900), einem Freund Coubertins, der sich vor allem um den Schulsport verdient gemacht hatte. Im lateinischen Original (Citius, altius, fortius) heißt das Motto übrigens „schneller, höher, stärker".

Ich bin nicht an Unsterblichkeit interessiert, sondern nur an dem Geschmack von Tee
Laotse (6. Jh. v. Chr.)

Dieser Ausspruch wird gelegentlich dem Philosophen Laotse zugeschrieben, doch er ist viel jünger und stammt von einem Dichter: Lu Tong, der von 790 bis 835 lebte. Er soll sein Leben lang die chinesische Teekultur studiert haben. Jedenfalls hinterließ er nur Gedichte, die sich mit Tee beschäftigten.

Lernen I

Der Geist ist nicht wie ein Gefäß, das gefüllt werden soll, sondern wie Holz, das lediglich entzündet werden will.
(Plutarch, griechischer Autor, um 45-125)

Die Schule sei keine Tretmühle, sondern ein heiterer Tummelplatz des Geistes.
(Johann Amos Comenius, böhmischer Pädagoge, 1592-1670)

Geistige Nahrung ist wie jede andere; es ist angenehmer und zuträglicher, sie mit dem Löffel als mit der Schaufel zu nehmen.
(Mark Twain, US-amerikanischer Autor, 1835-1910)

Künstler

Der gute Künstler ist jener, den man verstehen kann. Es ist der schlechte Künstler, der immer „missverstanden" wird. *(Gilbert Keith Chesterton, englischer Autor, 1874-1936)*

Künstler ist nur einer, der aus der Lösung ein Rätsel machen kann. *(Karl Kraus, österreichischer Autor, 1874-1936)*

Mein Ruf als unbekannter Autor ist weltweit. *(Ambrose Bierce, US-amerikanischer Autor, 1842-1914)*

Nur Künstler und Kinder sehen das Leben, wie es ist. *(Hugo von Hofmannsthal, österreichischer Autor, 1874-1929)*

Ich glaube keiner Statistik, die ich nicht selbst gefälscht habe
Winston Churchill (*1874 †1965)

In Deutschland kennt fast jeder dieses angebliche Churchillzitat, in Großbritannien dagegen ist es so gut wie unbekannt. Warum? Da Churchill zudem Statistiken häufig zur Entscheidungsfindung und Erfolgskontrolle seiner Politik heranzog, liegt der Verdacht auf der Hand, dass es ihm fälschlich zugeschrieben wurde. Das ließ die Mitarbeiter des Statistischen Landesamtes Baden-Württemberg nicht ruhen. Nach umfangreichen Recherchen kamen sie zu dem Schluss, dass es vermutlich Goebbels Propagandaministerium war, das diesen Spruch in die Welt setzte, um den Kriegsgegner zu diffamieren. Zwar wurde noch kein direkter Beweis dafür gefunden, aber unzählige andere Presseanweisungen, in denen Churchill als notorischer Lügner, „Zahlenakrobat" oder „General Bluff" dargestellt wird.

In Tyrannos!
Friedrich von Schiller (*1759 †1805)

Dieser Aufruf „Gegen die Tyrannen" stand Schillers *Die Räuber* voran und wurde in der Folge immer wieder von Protestbewegungen und Revolutionären gebraucht. Doch das Motto gehört nicht eigentlich zum Stück, sondern fand sich nur auf dem Titelblatt der zweiten Auflage. Vermutlich geriet es auch gar nicht auf Schillers Initiative dorthin, sondern durch eine Eigenmächtigkeit seines Druckers oder Verlegers. Denn Schiller selbst hat dem Stück schon ein Zitat vorangestellt, das dem antiken Arzt Hippokrates (um 460-370 v. Chr.) zugeschrieben wird: „Quae medicamenta non sanant, ferrum sanat, quae ferrum non sanat, ignis sanat." (Was Medikamente nicht heilen, heilt das Eisen, was das Eisen nicht heilt, heilt das Feuer.) Schiller machte damit also auch schon deutlich, dass er in manchen Fällen Gewalt als legitimes Mittel gegen gesellschaftliches Unrecht ansah, wenn andere Möglichkeiten versagen. Dass er zusätzlich noch den deutlicheren Aufruf „In Tyrannos" für notwendig hielt, ist deshalb eher unwahrscheinlich.

Nach uns die Sintflut
Jeanne-Antoinette Poisson, Madame de Pompadour (*1721 †1764)

In einem Zitatenbuch von 1898 heißt es, diesen Ausspruch habe wohl die Mätresse des französischen Königs Ludwig XV. getan, nachdem das französische Finanzsystem zusammengebrochen sei. Zwar werde er manchmal auch dem österreichischen Kanzler Klemens von Metternich (1773-1859) zugeschrieben, der habe aber wohl nur die Pompadour zitiert. Anderswo wird behauptet, die Pompadour habe den Spruch nach der französischen Niederlage bei Rossbach 1757 gesagt. Belege oder zeitnahe Quellen, die der berühmt-berüchtigten Königsgeliebten diesen Satz zuschreiben, existieren jedoch nicht. Stattdessen schrieb 1758 ein Zeitgenosse der Pompadour, ein gewisser Abbé de Mably (1709-85), die französischen Parlamentiers benähmen sich, als käme nach ihnen die Sintflut. Deshalb ist es wahrscheinlich, dass der Spruch gar nicht von der Marquise stammt, sondern ihr später angehängt wurde, weil auch sie sich in den Augen der Franzosen benahm, als käme nach ihr die Sintflut. Das jedoch galt für den ganzen französischen Adel dieser Zeit. Die Pompadour war als Bürgerliche, die es an die Spitze der Macht geschafft hatte, zwar besonders verhasst, aber keineswegs verschwendungssüchtiger als andere und deutlich weniger intrigant als viele andere königliche Günstlinge in der Geschichte.

Nur die Stärksten überleben
Charles Darwin (*1809 †1882)

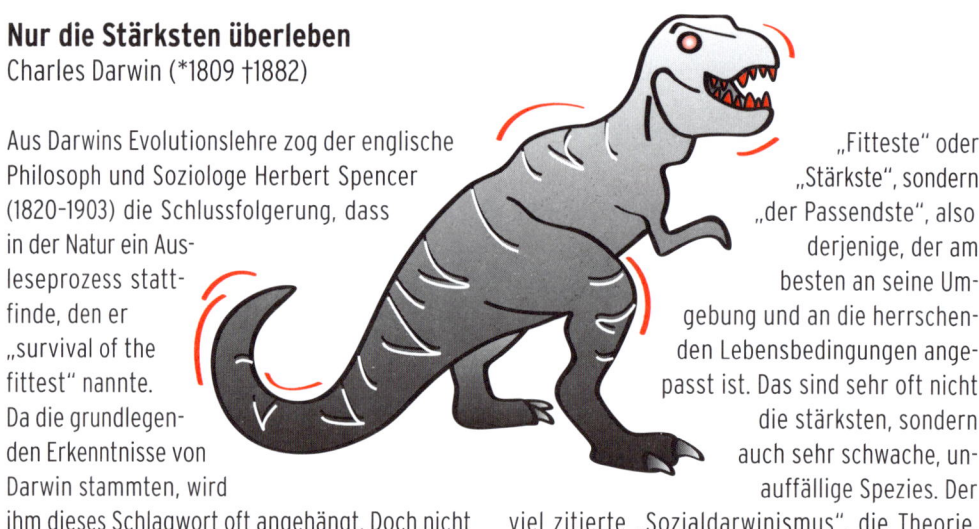

Aus Darwins Evolutionslehre zog der englische Philosoph und Soziologe Herbert Spencer (1820-1903) die Schlussfolgerung, dass in der Natur ein Ausleseprozess stattfinde, den er „survival of the fittest" nannte. Da die grundlegenden Erkenntnisse von Darwin stammten, wird ihm dieses Schlagwort oft angehängt. Doch nicht nur der Autor, sondern auch der Sinn dieser Worte wird oft falsch wiedergegeben. Das englische „fittest" bedeutet nämlich nicht der „Fitteste" oder „Stärkste", sondern „der Passendste", also derjenige, der am besten an seine Umgebung und an die herrschenden Lebensbedingungen angepasst ist. Das sind sehr oft nicht die stärksten, sondern auch sehr schwache, unauffällige Spezies. Der viel zitierte „Sozialdarwinismus", die Theorie, dass sich der Starke erbarmungslos auf Kosten des Schwachen durchsetze, beruht also auf einem Missverständnis.

Lernen II

Lernen ist wie Rudern gegen den Strom. Hört man damit auf, treibt man zurück.
(Laotse, chinesischer Philosoph, 6. Jh. v. Chr.)

Persönlich bin ich immer bereit zu lernen, mag es aber nicht immer, belehrt zu werden.
(Winston Churchill, britischer Politiker, 1874-1965)

Sagst du's mir, so vergesse ich es. Zeigst du's mir, so merke ich es mir vielleicht. Lässt du mich teilhaben, so verstehe ich es.
(Chinesisches Sprichwort)

Wo mein Verstand, meine Fantasie oder mein Interesse nicht gefesselt wurden, konnte oder wollte ich nicht lernen.
(Winston Churchill)

Ora et labora!
Benedikt von Nursia (*um 480 †547)

Es stimmt, dass der heilige Benedikt das abendländische Mönchtum geschaffen hat, das sich durch die Verbindung von Gebet und tätiger Arbeit auszeichnet – im Gegensatz zum älteren, rein kontemplativen Mönchstum der griechischen Kirche. Doch das gängige Schlagwort „Bete und arbeite" stammt nicht von Benedikt, sondern entstand erst im Spätmittelalter. Es ist wiederum eine Kurzform der Weisheit „Ora et labora, deus adest sine mora", die ausdrückt, dass derjenige, der bete und arbeite, den Beistand Gottes ohne Verzug erwarten könne.

Problembär
Edmund Stoiber (*1941)

Als im Mai 2006 ein junger Braunbär, der von Fachleuten „JJ1" und von der Öffentlichkeit „Bruno" genannt wurde, in Österreich und Bayern Hühnerställe und Bienenstöcke aufbrach, rechtfertigte der damalige bayerische Ministerpräsident die erteilte Abschussgenehmigung, indem er auf einer Pressekonferenz wortreich zwischen Normalbären und Problem- oder Schadbären unterschied. „Problembär" wurde daraufhin zum viel gebrauchten Begriff, vor allem auch in der Politik, wo Journalisten und politische Gegner einzelne Akteure zu „Problembären" ihrer Partei erklärten. Erfunden hat Stoiber den Ausdruck jedoch nicht. In Österreich wurden schon zehn Jahre zuvor wilde Braunbären, die zu wenig Scheu vor Menschen und menschlichen Siedlungen hatten und wiederholt Schafe rissen, als Problembären bezeichnet.

Solange ich atme, hoffe ich
Marcus Tullius Cicero (*106 v. Chr. †43 v. Chr.)

Auf Lateinisch klingt der Satz noch besser: „Dum spiro spero" – also eines großen Redners wie Cicero würdig. Er schrieb ihn nur nie. Stattdessen findet sich in einem seiner Briefe der Satz: „Man sagt, solange man am Leben ist, sei Hoffnung" (Dum anima est, spes esse dicitur). Er zitiert also ein gängiges Sprichwort, das zwar den gleichen Gedanken ausdrückt, aber das Wortspiel „spiro spero" noch nicht enthält. Wer daraus die gängige lateinische Kurzform machte, die gerade in Schottland als Wappenspruch beliebt ist, ist unbekannt.

Vorwärts immer, rückwärts nimmer
Erich Honecker (*1912 †1994)

Diese Parole zitierte der DDR-Staatschef und Generalsekretär der SED gerne und oft, und es wurden im Volksmund viele Witze darüber gemacht (etwa „Wo wir sind, ist vorn, und wenn wir hinten sind, ist hinten vorne"), aber erfunden hat er sie nicht. Auf wessen Konto sie geht, ist unbekannt. Honecker selbst bezeichnete sie in seiner Rede zum 40. Jahrestag der DDR als eine „in der Gründerzeit der DDR geprägte Losung."

Ein Mädchen oder Weibchen wünscht Papageno sich
Wolfgang Amadeus Mozart (*1756 †1791)

Man kann die berühmte Arie des Papageno aus der *Zauberflöte* nehmen oder das „Der Hölle Rache kocht in meinem Herzen" der Königin der Nacht oder jede beliebige andere Arie aus Mozarts Opern: Die Texte stammen nicht von Mozart, sondern von seinen Librettisten. Im Fall der Zauberflöte war das der Theaterleiter Emanuel Schikaneder (1751-1812), der auch den ersten Papageno sang, bei der *Hochzeit des Figaro*, *Don Giovanni* oder *Così fan tutte* der Italiener Lorenzo da Ponte (1749-1838) und bei den übrigen Opern verschiedene weniger bekannte Librettisten. Zwar dürfte Mozart auf manche Stelle Einfluss genommen und auch einzelne eigene Ideen beigesteuert haben – erfunden wurden Papageno und Co jedenfalls von anderen.

Künstlerische Inspiration

Die chemische Analyse der sogenannten dichterischen Inspiration ergibt 99 Prozent Whiskey und ein Prozent Schweiß.
(William Faulkner, US-amerikanischer Autor, 1897-1962)

Heutzutage machen drei Pointen und eine Lüge einen Autor.
(Georg Christoph Lichtenberg, deutscher Gelehrter, 1742-99)

Je mehr ihm das Leben entglitt, desto mehr wurde er Dichter.
(Wilhelm Raabe, deutscher Autor, 1831-1910)

Kunst ist keine Sache. Sie ist ein Weg.
(Elbert Hubbard, US-amerikanischer Autor, 1856-1915)

Wenn du mit 25 kein Liberaler bist, dann hast du kein Herz, aber wenn du mit 35 kein Konservativer bist, dann hast du keinen Verstand
Winston Churchill (*1874 †1965)

Diesen Spruch gibt es in diversen Variationen und es kursieren ebenso viele angebliche Verfasser. So wird er auch Bismarck, George Bernard Shaw, Bertrand Russell, Aristide Briand, Georges Clemenceau, Woodrow Wilson, Lloyd George oder Benjamin Disraeli zugeschrieben. Der US-amerikanische Autor Ralph Keyes machte als früheste Quelle jedoch den französischen Politiker François Guizot (1787-1874) aus, der einmal erklärte: „Mit 20 kein Republikaner sein, beweist einen Mangel an Herz, mit 30 immer noch einer sein, beweist einen Mangel an Verstand." Guizot, dessen Vater während der Französischen Revolution unter der Guillotine starb, war ein Anhänger der konstitutionellen Monarchie. Er begann seine politische Karriere nach Napoleons Sturz in der wiederhergestellten Bourbonenmonarchie, gehörte 1830 aber zu den führenden Kräften der Julirevolution, die schließlich den liberaleren König Louis Philippe von Orléans auf den Thron brachte. Guizot, der erst Unterrichtungsminister, dann Außenminister wurde, ist aber auch wesentlich mitverantwortlich, dass die Regierung des „Bürgerkönigs" Louis Philippe immer autoritärer wurde und 1848 schließlich gestürzt wurde. Übrigens: Churchill war in seiner Jugend Mitglied der konservativen Partei und wechselte mit 30 Jahren zu den Liberalen (und mit 50 wieder zu den Konservativen zurück).

Elf Freunde müsst ihr sein
Sepp Herberger (*1897 †1977)

Der ehemalige Nationaltrainer hat eine ganze Reihe von Fußballweisheiten erfunden, die immer noch gerne zitiert werden, doch der Spruch von den elf Freunden, der ihm ebenfalls oft zugeschrieben wird, ist auf jeden Fall älter. Er findet sich in dem 1920 erschienenen Buch *Tore, Technik, Taktik* des Trainers Richard Girulatis (1878-1963), der unter anderem den HSV und Hertha BSC Berlin trainiert hatte und Lehrmaterialien für den DFB erstellte. Ob aber Girulatis Erfinder der Parole ist, steht damit noch lange nicht fest.

Ein lupenreiner Demokrat
Gerhard Schröder (*1944)

Dass Ex-Bundeskanzler Gerhard Schröder den früheren russischen Präsidenten Wladimir Putin (*1952) einen „lupenreinen Demokraten" nannte, hängt ihm bis heute nach. Doch genau genommen hat Schröder dies nie gesagt. Die Formulierung stammt in Wahrheit von dem ARD-Moderator Reinhold Beckmann (*1956), der Schröder im November 2004 in seiner Talkshow fragte, ob er Putin für einen „lupenreinen Demokraten" halte. Schröder bejahte die Frage lediglich. Allerdings war seine Antwort „Ja, ich bin überzeugt, dass er das ist", ein äußerst klares Bekenntnis zu Putin.

Wenn sie kein Brot haben, sollen sie doch Kuchen essen
Marie Antoinette von Frankreich (*1755 †1793)

Wenig charakterisiert die französische Königin, die während der Revolution hingerichtet wurde, besser als dieser Ausspruch. Marie Antoinette war in der Tat äußerst naiv und hatte von den Nöten und Sorgen der Menschen keine Ahnung. Ein solcher Ausspruch wäre ihr durchaus zuzutrauen gewesen. Doch der Satz entstand bereits, als die künftige Königin noch ein Kind war. Der rebellische Philosoph Jean-

Jacques Rousseau (1712-78) ließ in seinem Werk *Confessiones* eine Fürstin auftreten, die genau das sagte. Marie Antoinette könnte das also höchstens zitiert haben. Doch das ist unwahrscheinlich. Denn erstens las sie bestimmt nicht Rousseau, zweitens hätte es eher zu ihrem Charakter gepasst, so etwas aus Gedankenlosigkeit zu sagen. Zynisch und hartherzig war sie jedoch nicht.

Bildungslücken

Wenn ein Buch und ein Kopf zusammenstoßen und es klingt hohl, ist das allemal im Buch?

(Georg Christoph Lichtenberg, deutscher Gelehrter, 1742-99)

Wer nichts weiß, muss alles glauben.

(Marie von Ebner-Eschenbach, österreichische Autorin, 1830-1916)

Wir leben im Zeitalter der Überarbeiteten und Untergebildeten: dem Zeitalter, in dem die Menschen so betriebsam sind, dass sie völlig verdummen.

(Oscar Wilde, irischer Autor, 1854-1900)

Wer ein Jud' ist, bestimme ich
Hermann Göring (*1893 †1946)

Der nationalsozialistische Generalfeldmarschall hatte eine ausgesprochene Vorliebe für Kunst und Theater und wenn es um seine privaten Leidenschaften ging, dann war er schon mal bereit, über die offizielle nationalsozialistische Rassenlehre hinwegzusehen. Wenn er den Satz „Wer ein Jude ist, bestimme ich" aber tatsächlich einmal gesagt hat, dann hat er nur Karl Lueger (1844-1910) zitiert, einen früheren Bürgermeister von Wien, der ein ausgesprochener antisemitischer Hetzer war. Allerdings sagte Lueger kurz vor seinem Tod: „Der Antisemitismus ist ein sehr gutes Agitationsmittel, um in der Politik hinaufzukommen. Wenn man aber einmal oben ist, kann man ihn nimmer brauchen, denn er ist ein Pöbelsport." Lueger war eines der großen Vorbilder Hitlers.

Schlaue Sprüche über Dumme

Die Dummen haben das Pulver nicht erfunden, aber sie schießen damit.

Die Entfernung zwischen Brett und Kopf nennt man Horizont.

Selten Dumme sind nicht selten, aber dumm.

Der Hubraum eines Autos sollte nie den des Gehirns des Fahrers übersteigen.

Steter Tropfen leert das Hirn.

Viele Menschen sind zu gut erzogen, um mit vollem Mund zu sprechen, aber haben keine Bedenken, dies mit leerem Kopf zu tun.

Wer zu spät kommt, den bestraft das Leben
Michail Gorbatschow (*1931)

Mit diesen Worten soll der russische Staatschef 1989 bei seinem Besuch zum 40. Gründungstag der DDR bei Erich Honecker (1912-94) Reformen angemahnt haben. Doch hinterher ließ sich kein Beleg dafür finden. Sind die berühmten Worte also gar nicht gefallen? Die *Frankfurter Allgemeine* ging dem Ganzen nach und kam zu folgendem Ergebnis: Am 6. Oktober sagte Gorbatschow zu einem Reporter: „Gefahren warten nur auf jene, die nicht auf das Leben reagieren." Einen Tag später erklärte er bei seiner offiziellen Festrede: „Wenn wir zurückbleiben, bestraft uns das Leben sofort." Bei der abendlichen Pressekonferenz erklärte dann sein persönlicher Sprecher Gennadi Gerassimow (*1930), Gorbatschows Botschaft an Honecker habe gelautet: „Those who are late will be punished by life itself."

Wir sind Zwerge, die auf den Schultern von Riesen stehen
Isaac Newton (*1643 †1727)

Newton verwendete dieses Bild tatsächlich. In einem Brief an einen Freund erklärte er seine Erkenntnisse mit dem Satz: „Wenn ich weiter sehen konnte, so deshalb, weil ich auf den Schultern von Riesen stand." Deswegen hat er diese Umschreibung für die Nutzung bereits vorhandener Erkenntnisse aber nicht erfunden. Sie war damals bereits lange bekannt. 1159 schrieb der Theologe Johann von Salisbury: „Bernhard von Chartres sagte, wir seien gleichsam Zwerge, die auf den Schultern von Riesen sitzen, um mehr und Entfernteres als diese sehen zu können – freilich nicht dank eigener scharfer Sehkraft oder Körpergröße, sondern weil die Größe der Riesen uns emporhebt." Ob sein Kollege Bernhard († nach 1124) wirklich der Erste war oder seinerseits wieder nur zitierte, ist natürlich nicht mehr nachzuprüfen. Immerhin erzählte schon der antike Dichter Ovid (43 v. Chr.-17. n. Chr.), der Philosoph Pythagoras (6. Jh. v. Chr.) habe einmal gesagt, er betrachte die Menschheit von den Schultern des Riesen Atlas aus.

BOSHAFTES UND SCHLAGFERTIGES

Schlagfertig sind wir alle, nur fallen den meisten von uns die passenden Antworten erst dann ein, wenn die entsprechende Situation vorüber ist. Kein Wunder also, dass schlagfertige Sprüche die Runde machen und oft zitiert werden. Gerade auch Politiker können von sich Reden machen, wenn sie nicht nur Wohlausgewogenes von sich geben, sondern mit geistreichen und witzigen Sprüchen brillieren. Dabei waren die sogenannten „politischen Urgesteine" wie Wehner, Strauß oder Fischer oft alles andere als zimperlich und zogen mit drastischer Bosheit über den politischen Gegner her.

Als Katholik könnte ich sogar Papst werden
Joschka Fischer (*1948)

So konterte der Politiker 1998 auf misstrauische Fragen, ob er als ehemaliger Anführer von Studentenprotesten und rebellischer Grüner wirklich Außenminister werden könne. Als er das Amt dann tatsächlich innehatte, überraschte der frühere „Turnschuhminister" mit dreiteiligen Anzügen und brachte es zum beliebtesten Politiker Deutschlands. Seine katholische Karriere dagegen beschränkt sich bislang auf die Ministrantenrolle in seiner Kindheit.

Wahrheit

Vom Wahrsagen lässt sich wohl leben, aber nicht vom Wahrheit sagen.
(Georg Christoph Lichtenberg, deutscher Gelehrter, 1742-99)

Wenn Lügen Haare wären, wir wären rau wie Bären und hätten keine Glatzen.
(Wilhelm Busch, deutscher Autor und Zeichner, 1832-1908)

Wer die Wahrheit sagt, braucht ein schnelles Pferd. *(Chinesisches Sprichwort)*

Wer hinter die Puppenbühne geht, sieht die Drähte.
(Wilhelm Busch)

Bill Gates wäre in Deutschland allein deshalb gescheitert, weil nach der Baunutzungsverordnung in einer Garage keine Fenster drin sein dürfen
Jürgen Rüttgers (*1951)

Mit diesem Hinweis auf die bescheidenen Anfänge des Weltunternehmens Microsoft geißelte der nordrhein-westfälische Ministerpräsident einst den deutschen Bürokratismus. Der Vergleich wird gerne zitiert, doch so ganz stichfest ist er nicht. Erstens haben sehr viele deutsche Garagen auch Fenster. Es ist eher die Nutzung einer Garage für Fremdzwecke, die rechtliche Probleme bereiten könnte. Zweitens sind Bill Gates' Anfänge in einer Garage zwar viel zitiert, aber bislang nicht belegt. Denn als „Garagenfirmen" gelten in den USA nicht nur Firmen, die tatsächlich in einer Garage ihren Anfang nahmen, sondern auch solche, die in Schuppen, Kellern oder umgewidmeten Privaträumen ganz klein gestartet waren. Tatsächlich in einer Garage begonnen haben etwa Bill Hewlett (1913–2001) und David Packard (1912–96), die Gründer von Hewlett-Packard.

Bleiben Sie doch sitzen, nachdem der andere den Quark geredet hat. Machen Sie daraus nicht noch eine Torte!
Herbert Wehner (*1906 †1990)

Diese Replik gehört noch zu den liebenswerteren, mit denen der stellvertretende Vorsitzende der SPD-Bundestagsfraktion seine politischen Gegner einzudecken beliebte. Andere CDU-Abgeordnete wurden von ihm schon mal als „Putzlumpen", „Bierzeltredner" oder „Generalschwätzer" bezeichnet oder bekamen etwa zu hören: „Wir können ja nicht auch noch die Dummheit verstaatlichen, die Sie verkörpern", „Es gibt Würstchen in diesem Parlament, die sind den Mostrich nicht wert, den man auf sie streichen müsste, um sie genießbar zu machen" oder „Der deutsche Spießer ist ein Darm, gefüllt mit Furcht und Hoffnung, dass Gott erbarm! Sie sind ein Beweisstück dafür." Einen rechtsextremen Abgeordneten war Wehner sogar einmal tätlich angegangen, worauf dieser eine Treppe hinunterfiel. Wehner wurde daraufhin für zehn Sitzungen aus dem Bundestag ausgeschlossen.

Spontisprüche aus der DDR I

Aktionsplan: Überbieten, ohne zu erfüllen.

Der Letzte, der geht, macht das Licht aus. Erich, mach das Licht aus! Du bist der Letzte.

Erich währt am längsten, Walter schützt vor Torheit nicht.

In der DDR sind jetzt an den Schuhen die Absätze vorn, damit jeder Bürger das Gefühl hat, dass es bergauf geht.

Es geht nicht um Bananen – es geht um die Wurst!

Es ist leichter, mit der Partei zu irren, als alleine im Recht zu sein.

Gestern standen wir noch am Abgrund, heute sind wir einen Schritt weiter.

Keine Bretter für die Laube,
für das Auto keine Schraube
und zum Scheißen kein Papier,
aber einen Kosmonauten haben wir.

Das war schon Quatsch und wird noch quätscher
Herbert Wehner (*1906 †1990)

Mit diesen Worten kommentierte 1969 der SPD-Politiker, damals Bundesminister für gesamtdeutsche Fragen, den Wunsch der Union nach der Einführung eines Mehrheitswahlrechtes. Eine solche Reform hätte bedeutet, dass nur diejenigen Abgeordneten in den Bundestag einzögen, die in ihrem Wahlkreis die Mehrheit der Stimmen bekommen hätten. Kleinere Parteien wären damit so gut wie chancenlos gewesen, Abgeordnete zu stellen. Die SPD hatte der Union eigentlich 1966 die Einführung des Mehrheitswahlrechts zugesagt, um eine große Koalition zustande zu bringen, verschleppte die Sache danach allerdings bewusst. Woraus gerade Herbert Wehner kaum einen Hehl machte. Unter anderem dadurch konnte die SPD die FDP, der das Mehrheitswahlrecht in erster Linie geschadet hätte, für eine sozialliberale Koalition gewinnen. Und so wählt Deutschland heute immer noch nach dem Verhältniswahlrecht, was bedeutet: Die Anzahl der Abgeordnetensitze einer Partei steht in direktem Verhältnis zu der Gesamtzahl der Stimmen, die sie bundesweit erhalten hat (vorausgesetzt, es sind über 50 Prozent).

Der Rasen sieht alt und gebraucht aus. Irgendwie erinnert er mich an die Kleider der Kelly Family
Bernard „Beni" Thurnheer (*1949)

Vergleiche wie dieser und ein nicht zu bremsender Redefluss machten den Schweizer Fußballkommentator Beni Thurnheer als „Schnurri der Nation" populär. Einmal ließ sich Turnheer sogar vom Theaterpublikum in Winterthur einen Begriff vorgeben, den er in seiner nächsten Livereportage unterbringen würde. Das Publikum entschied sich für Handarbeitslehrer. So kam es, dass Thurnheer die Verletzung des Nationalspielers Philippe Senderos (*1985) bei der WM 2006 mit der Bemerkung kommentierte: „Jetzt muss ein Arzt her, da genügt ein Handarbeitslehrer nicht mehr." Worauf es prompt einen wütenden Protest vom Dachverband der Schweizer Lehrer und Lehrerinnen gab.

Die Dinger kann man nur morgens anziehen – zum Eierabschrecken
Peter Neururer (*1955)

So der Kommentar des Duisburger Trainers zu den neuen Auswärtstrikots des Vereins für die Saison 2008/2009, die in einem extrem auffälligen Violettton namens „Deep Purple" gehalten waren. Zu Hause dagegen treten die „Zebras", wie die Duisburger Spieler genannt werden, weiter in dem traditionellen blau-weißen Streifendesign an.

Spontisprüche IV: Lieber ...
Lieber fernsehmüde als radioaktiv.
Lieber Feste feiern als feste arbeiten.
Lieber Frieden auf Erden als Krieg der Sterne.
Lieber fröhlich im Bett als traurig bei der Arbeit.
Lieber fünf Minuten feige als ein Leben lang tot.

Drei Zentner fleischgewordene Vergangenheit
Joschka Fischer (*1948)

Mit diesem wenig schmeichelhaften Bild sagte der damals seinerseits deutlich über zwei Zentner schwere Fischer Bundeskanzler Helmut Kohl 1995 sein politisches Ende voraus. „Sie sind Geschichte im guten und im schlechten Sinn, das haben Sie immer so gewollt. Aber in Zukunft werden Sie nicht mehr sein." Es dauerte dann allerdings noch drei Jahre, bis Kohl abgewählt wurde.

Spontisprüche V: Lieber …
Lieber Glück im Unglück als Pech in der Strähne.
Lieber heimlich schlau als unheimlich doof.
Lieber Hochstapler als Tieffflieger.
Lieber hoch zu Ross als unter aller Sau.
Lieber Hosenträger als gar keinen Halt.

Ein Buch, an dem nichts stimmt außer den Seitenzahlen
Oswald Spengler (*1880 †1936)

Das Buch, das Spengler derart abqualifizierte, enthielt tatsächlich die krudesten pseudowissenschaftlichen Theorien – die von manchen Menschen aber sehr ernst genommen wurden. Es handelte sich um Alfred Rosenbergs *Der Mythus des 20. Jahrhunderts*, das die ideologische Grundlage des nationalsozialistischen Rassenwahns darstellte. Dabei bemühte auch Spengler selbst recht pseudowissenschaftliche Thesen, um in seinem Hauptwerk *Der Untergang des*

Eher werden Sie sich halbieren als die Arbeitslosenquote
Joschka Fischer (*1948)

Er werde die Arbeitslosenquote bis zum Jahr 2000 halbieren, versprach Bundeskanzler Helmut Kohl (*1930) im Jahr 1997, worauf Fischer mit dieser Anspielung auf das Übergewicht des Kanzlers reagierte. Die Arbeitslosigkeit sank dann bis zum Jahr 2000 tatsächlich, zwar nicht auf die Hälfte, aber immerhin von 12,7 auf 10,7 Prozent. Allerdings war ab 1998 nicht mehr Helmut Kohl Bundeskanzler, sondern Gerhard Schröder (*1944) – und Fischer Außenminister dieser Regierung. Im Übrigen hatte Fischer 1996 zu joggen begonnen und nahm im Laufe der Zeit 40 Kilo ab. Eine Halbierung war das nicht, aber ein Gewichtsverlust, der alle Diäten Helmut Kohls am Wolfgangsee in den Schatten stellte. Bleibend war der Gewichtsverlust bei keinem von beiden.

● ● ● ● ● ● ● ● ● ● ● ● ● ● ● ● ●

Abendlandes einen Niedergang der westlichen Kultur zu konstatieren. Spengler spielte auch mit dem Gedanken, dass vielleicht ein starker Führer Europa retten könnte. Deshalb wurde er anfangs von den Nazis umworben. Doch die NSDAP war für ihn schon 1932 „die Organisation der Arbeitslosen durch die Arbeitsscheuen" und nach den Röhmputsch-Morden wandte er sich endgültig vom Faschismus ab. Was aber Rosenbergs *Mythus* angeht, wurde dieser von den Nazigrößen zwar nach außen hin propagiert, aber nach innen nicht ernst genommen. Goebbels soll das Buch einen „intellektuellen Rülpser" genannt haben und Hitler fand es zu kompliziert, um es zu lesen.

Ein Esel stellt sich Gott als Esel vor. Der Papst stellt sich Gott als Mann vor
Uta Ranke-Heinemann (*1927)

Die älteste Tochter des ehemaligen Bundespräsidenten Gustav Heinemann (1899-1976) ist eine der schärfsten deutschen Kirchenkritikerinnen. Dabei machte sie anfangs in der katholischen Kirche eine beachtliche Karriere und habilitierte 1969 als erste Frau der Welt in katholischer Theologie. Als sie 1987 jedoch gestand, nicht an die Jungfrauengeburt glauben zu können, wurde ihr die Lehrerlaubnis erzogen. Mit dem jetzigen Papst, Joseph Ratzinger (*1927), war sie während ihrer Studienzeit befreundet gewesen, auch wenn sie über ihn lästert: „Er hatte schon immer die Aura eines Kardinals: hochintelligent bei Abwesenheit jeglicher Erotik." Auch theologisch waren sich die beiden damals noch nahegestanden, da Ratzinger noch liberaler und Ranke-Heinemann noch weniger radikal war.

Ein guter Jurist und auch sonst von mäßigem Verstande
Ludwig Thoma (*1867 †1921)

So stellt Thoma den königlichen Landgerichtsrat Alois Eschenberger, den Helden seiner Geschichte *Der Vertrag* vor. Der Clou: Thoma selbst war Jurist und arbeitete lange Jahre als Anwalt. Aber gerade das brachte ihn dazu, in seinen Werken die Juristerei von allen Seiten aufs Korn zu nehmen. Alois Eschenberger jedenfalls besteht darauf, den Verkauf gebrauchter Bettwäsche im Wert von zwei Mark mit einem formvollendeten Kaufvertrag abzusichern und ist am Ende doch der Gelackmeierte, weil er einen praktischen, nicht juristischen Fehler macht.

Ein Schwanz, der gleichzeitig mit zwei Hunden wedelt
Franz Josef Strauß (*1915 †1988)

So charakterisierte der CSU-Vorsitzende im Jahr 1977 die FDP. Die war damals tief gespalten in einen Flügel, der die Koalition mit der SPD fortsetzen wollte, und einen anderen, der unverhohlen mit der Union flirtete und für einen Wechsel der Lager plädierte. Tatsächlich war es wohl vor allem die Kanzlerkandidatur des Lästerers Strauß bei den Bundestagswahlen 1980, die die Koalitionspartner FDP und SPD noch einmal notdürftig zusammenschweißte. 1982 entschied sich die FDP dann für die Union, was dazu führte, dass Helmut Kohl Kanzler wurde. Die FDP hatte sich schon 1961 den Ruf erworben, wetterwendisch zu sein, als sie im Wahlkampf erklärt hatte, keinesfalls noch einmal mit Adenauer zusammenzuarbeiten, aber dann doch mit ihm koalierte. 1966 wurde sie während der Regierungszeit der Großen Koalition zur einzigen Oppositionspartei, 1969 begann die Zusammenarbeit mit der SPD.

Es gibt eine Bescheidenheit, die nur der Mantel des Hochmuts ist
Carmen Sylva (Elisabeth von Rumänien) (*1843 †1916)

Diese Feststellung traf die rumänische Königin Elisabeth in einer Aphorismensammlung mit dem Titel *Vom Amboss* (auch: *Gedanken einer Königin*), die sogar einen Preis der Académie Française gewann. Elisabeth, die aus dem kleinen deutschen Fürstentum Wied stammte, hatte sich schon früh intensiv mit Literatur beschäftigt und vor allem Märchen und Gedichte geschrieben. Als Königin von Rumänien widmete sie sich auch intensiv den Märchen, Mythen und Volksdichtungen des Landes. Außerdem war sie eine sozial sehr engagierte Fürstin, die im russisch-türkischen Krieg (1877-78) Verwundete gepflegt hatte. Trotz ihres Ranges sympathisierte sie auch mit der Sozialdemokratie und der republikanischen Regierungsform. Allerdings galt sie auch als naiv und weltfremd.

Es gibt Irrtümer, es gibt Fälschungen und es gibt Straußreden
Helmut Schmidt (*1918)

In ihrer aktiven Zeit schenkten sich der damalige Bundeskanzler Helmut Schmidt und der bayerische Ministerpräsident Franz Josef Strauß nichts. Strauß (1915-88) sagte u. a. über Schmidt: „Der Unterschied zu Helmut Schmidt ist, dass ich immer exakt richtig liege und er immer exakt falsch." Er meinte aber auch: „Wenn er mich anredet ,alter Gauner' und ich sage ,alter Lump', so ist das durchaus eine von gegenseitiger Wertschätzung und realistischer Kennzeichnung getragene Formulierung." Und er gestand sogar zu: „Helmut Schmidt hat sicher einen gesunden Menschenverstand und macht auch gelegentlich davon Gebrauch."

Die Grenzen des Intellekts

Ach, die Welt ist so geräumig, und der Kopf ist so beschränkt.
> (Wilhelm Busch, deutscher Autor und Zeichner, 1832-1908)

✳✳✳

Auch die Bretter, die mancher vor dem Kopf trägt, können die Welt bedeuten.
> (Werner Finck, deutscher Kabarettist, 1902-78)

✳✳✳

Auch wenn 50 Millionen Menschen Blödsinn reden, bleibt es immer noch Blödsinn.
> (Anatole France, französischer Autor, 1844-1924)

✳✳✳

Bevor man den Kopf schüttelt, sollte man sich vergewissern, dass man einen hat.
> (Hans Kasper, deutscher Autor, 1916-90)

Es ist mir egal, wer unter mir Kanzler wird
Franz Josef Strauß (*1915 †1988)

Diese großspurige Erklärung gab der CSU-Vorsitzende 1975 in einem Interview. Seit dem Ende der Großen Koalition 1969 war Strauß bei allen Bundestagswahlen in den sogenannten „Schattenkabinetten" der Union als Finanzminister vorgesehen gewesen. Als aber auch Helmut Kohl 1976 wieder gegen Schmidt verlor, verlor Strauß die Geduld und drohte, die Union mit der CDU aufzukündigen und die CSU zur Bundespartei zu machen. Später nahm er den Beschluss wieder zurück, durfte aber bei der nächsten Bundestagswahl 1980 selbst für das Kanzleramt kandidieren. Allerdings hatte auch er keinen Erfolg, sodass 1982 beim Lagerwechsel der FDP wieder Helmut Kohl (*1930) die Chance erhielt, die er dann auch zu nutzen wusste. Auch sonst hatte Strauß keine Hemmungen, sich selbst ins rechte Licht zu stellen. Einmal meinte er, sein politischer Stil sei eine Mischung aus Heinrich VIII. und Ludwig XIV. Ein andermal nannte er sich den „deutschen Thatcher" oder erklärte, er wäre Deutschnationaler und verlange bedingungslosen Gehorsam.

Es wäre eine Tragödie, wenn jemand Mister Gladstone in die Themse stoßen würde. Und eine Katastrophe, wenn ihn jemand wieder herauszöge
Benjamin Disraeli (*1804 †1881)

Disraeli und Gladstone waren die beiden großen Premierminister des Viktorianischen Zeitalters, konnten einander jedoch überhaupt nicht ausstehen und verfolgten einen höchst unterschiedlichen politischen Kurs. Der konservative Disraeli war gerade einmal ein Jahr lang Premier gewesen, als er 1869 von dem Liberalen William Ewart Gladstone (1809-98) abgelöst wurde. 1874 kam dann wieder Disraeli ans Ruder, 1880 Gladstone. Während Disraeli vor allem eine aktive Außenpolitik betrieb, die das britische Empire auf den Höhepunkt seiner Macht brachte, stand Gladstone dem Kolonialismus sehr kritisch gegenüber und kümmerte sich um innenpolitische Reformen. Besonders unpopulär war sein Versuch, den Konflikt mit Irland durch Kompromisse zu entschärfen, was 1886 zu seinem Sturz führte. Im Gegensatz zu Disraeli gelang es Gladstone auch nie, das Wohlwollen der Königin zu erlangen.

Spontisprüche VI: Lieber ...

Lieber Petting statt Pershing.

Lieber reich und gesund als arm und krank.

Lieber reicher Engel als armer Teufel.

Lieber Rosinen im Kopf als Tomaten auf den Augen.

Lieber Sitzenbleiben als Schlangestehen.

Lieber Schweißperlen als gar keinen Schmuck.

Lieber sechs Stunden Uni am Tag als gar keinen Schlaf.

Lieber spät und richtig als nie und falsch.

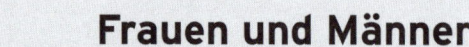

Frauen und Männer

Die Frau wird erst an dem Tag mit dem Mann wirklich gleichberechtigt sein, an dem man auf einen bedeutenden Posten eine inkompetente Frau beruft.
(Françoise Giroud, französische Autorin und Politikerin, 1916-2003)

Frauen wären anziehender, wenn man ihnen in die Arme fallen könnte, ohne ihnen in die Hände zu fallen.
(Ambrose Bierce, US-amerikanischer Autor, 1842-1914)

Man tut das meiste im Leben, auch wenn man andere Gründe vorschützt, der Frauen wegen.
(Hermann Hesse, deutsch-schweizerischer Autor, 1877-1962)

Für Geld ist er imstande, alles zu begehen: selbst eine gute Tat
Antoine de Rivarol (*1753 †1801)

Derjenige, dem diese bissigen Worte galten, war Honoré Gabriel de Mirabeau (1749-91), ein französischer Staatsmann zur Zeit der französischen Revolution. Der adlige Mirabeau, für Verschwendungssucht und skandalöse Liebesaffären bekannt, war bei Ausbruch der Revolution einer der entscheidenden Figuren. Als Ludwig XVI. im Jahr 1789 die Nationalversammlung auflösen wollte, war er es, der den Gesandten des Königs erklärte: „Wir sind die Repräsentanten der Nation. Die Nation gibt Befehle und empfängt keine." Der Marquis wurde dann Vorsitzender der Nationalversammlung. 1791 starb er überraschend, möglicherweise an Gift. Als man später herausfand, dass während seiner ganzen

Tätigkeit als Revolutionspolitiker seine gewaltigen Schulden aus der königlichen Schatulle bezahlt worden waren, war die Empörung groß und er wurde als völlig unmoralischer Mensch abgekanzelt. Doch das ist falsch: Mirabeau war ein extremer Freigeist, der sich weder dem König noch den Abgeordneten des dritten Standes verpflichtet fühlte, sondern nur Frankreich. Dieses wollte er in eine konstitutionelle Monarchie mit großen persönlichen Freiheitsrechten umwandeln, weil er das für das Beste hielt. Das Mandat der Nationalversammlung nahm er genauso als Tribut wie das Geld des Königs, ließ sich aber von keiner der beiden Seiten in seinem Kurs beeinflussen.

Geißler wird nicht Verteidigungsminister, eher wird Rita Süssmuth deutsche Schönheitskönigin
Franz Josef Strauß (*1915 †1988)

Der ehemalige bayerische Ministerpräsident nahm von seinen scharfen Attacken auch die „Partei-freunde" von der Union nicht aus. Doch der ehemalige Familienminister Geißler (*1930) und seine Nach-folgerin in diesem Amt, Rita Süssmuth (*1937), kamen noch gut weg. Über Helmut Kohl (*1930) sagte Strauß vor der Bundestagswahl 1976 vor Parteifreunden: „Er ist total unfähig; ihm fehlen die charak-terlichen, die geistigen und die politischen Fähigkeiten. Ihm fehlt alles." Strauß erklärte, Kohl, dessen Kandidatur er nur um des Friedens Willen unterstützt habe, werde niemals Bundeskanzler werden. Hier irrte er sich, wenn Kohl auch noch sechs Jahre dazu brauchte. Geißler aber wurde nach den Wahlen 1987 tatsächlich nicht Verteidigungsminister. Stattdessen übernahm Manfred Wörner (1934-94) dieses Amt.

Gepriesen ist der Mann, der, wenn er nichts zu sagen hat, davon absieht, dieser Tatsache in Worten Ausdruck zu verleihen
George Eliot (Mary Ann Evans) (*1819 †1880)

„... der uns nicht auffordert, einen Haufen Hirse-samen zu durchsuchen, um sicher zu sein, dass sich keine Perle darin befindet." Mit diesen Wor-ten spottete die englische Schriftstellerin George Eliot in ihrem letzten Werk *Impressions of Theo-phrastus Such*, einer Sammlung von Betrachtun-gen, über leere Schwätzer. Eliot, die mit Werken wie *Silas Marner* und *Middlemarch*, die das Leben im ländlichen England unter die Lupe nehmen, als eine der wichtigsten Autorinnen des viktoriani-schen Englands gilt, schrieb unter einem männ-lichen Pseudonym, um von ihren Lesern ernster genommen zu werden. Außerdem wollte sie ihr Privatleben von der Öffentlichkeit abschirmen. Die von ihren Eltern streng puritanisch erzogene Autorin lebte nämlich jahrelang mit einem ver-heirateten Mann zusammen.

Ehe

Es ist das Geheimnis einer guten Ehe, einer Serienaufführung immer wieder Premieren-stimmung zu geben.
(Max Ophüls, französisch-deutscher Regisseur, 1902-57)

Es ist schlimm, wenn zwei Eheleute einander langweilen; viel schlimmer jedoch ist es, wenn nur einer von ihnen den andren lang-weilt.
(Marie von Ebner-Eschenbach, österreichische Autorin, 1830-1916)

In der Ehe muss man einen unaufhörlichen Kampf gegen ein Ungeheuer führen, das alles verschlingt: die Gewohnheit.
(Honoré de Balzac, französischer Autor, 1799-1850)

Gut sehen kann ich schlecht, aber schlecht hören kann ich gut
Josef Frings (*1887 †1978)

„Jot lure kann isch schläch, äver schläch hüre, dat kann isch jot", sagte der populäre Kölner Erzbischof und Kardinal wörtlich, als er einmal auf sein immer stärker nachlassendes Augenlicht angesprochen wurde. Am Ende seines Lebens war Frings fast blind. Doch nicht nur seine Volkstümlichkeit und sein Humor machten Frings beliebt, sondern auch die Tatsache, dass er noch während des Naziregimes die Judenverfolgung ein „himmelschreiendes Unrecht" genannt hatte und nach dem Krieg die Nöte der Bevölkerung ernst nahm. So äußerte er 1946 in einer Predigt Verständnis für Diebstahl innerhalb gewisser Grenzen, worauf die Kölner begannen, Mundraub als „fringsen" zu bezeichnen. Frings war auch Mitbegründer der Hilfswerke Misereor und Adveniat.

Über die Dummheit I

Dummheit, die man bei anderen sieht, wirkt meist erhebend aufs Gemüt.
(Wilhelm Busch, deutscher Autor und Zeichner, 1832-1908)

Einen Dummkopf betrügen heißt, den Verstand zu rächen.
(Giacomo Casanova, italienischer Abenteurer, 1725-98)

Es gibt Leute, die glauben, alles wäre vernünftig, wenn man es mit einem ernsthaften Gesicht tut.
(Georg Christoph Lichtenberg, deutscher Gelehrter, 1742-99)

Spontisprüche aus der DDR II

Kommunismus ist, wenn jeder von jedem genug hat.

Lieber geschlossen hinter Erich Honecker als einzeln vor Erich Mielke.

Paragraf 1: Die Partei hat immer recht. Paragraf 2: Hat sie einmal nicht recht, tritt umgehend Paragraf 1 in Kraft.

Planung ist das Ersetzen des Zufalls durch den Irrtum.

Stell dir vor, es ist Sozialismus und keiner geht weg.

Über Italien lacht die Sonne. Über die DDR lacht die ganze Welt.

Warum gibt es in der DDR keine Bankräuber? Weil sie zu lange auf ein Fluchtauto warten müssten.

Hören Sie doch endlich auf, den Franzosen auf den Wecker zu gehen!
Georges Pompidou (*1911 †1974)

Derart soll der französische Premierminister Georges Pompidou 1966 Jacques Chirac (*1932) angeherrscht haben, als der ihm Gesetze zur Unterschrift vorlegte. Chirac stand damals an der Spitze von Pompidous persönlichem Mitarbeiterstab und wurde vom Staatspräsidenten auch als „mein Bulldozer" bezeichnet, da er so durchsetzungsfähig war und alle Dinge prompt erledigte. Trotz Anschnauzern wie obigem förderte Pompidou die Karriere Chiracs, der 1974 selbst französischer Premierminister wurde.

Ich bin von Ihnen nicht verehrt
Herbert Wehner (*1906 †1990)

Kein bundesdeutscher Politiker wurde bis heute vom Bundestagspräsidium öfter zur Ordnung gerufen als Herbert Wehner. In 34 Jahren erhielt er insgesamt 78 Ordnungsrufe, und als er 1983 ausschied, meinte Bundestagspräsident Richard Stücklen (1916-2002): „Mein bester Kunde ist abgetreten." Der CDU-Abgeordnete Gerhard Reddemann (1932-2008) versuchte 1971 bei einer immer wieder unterbrochenen Rede, Wehner den Wind aus den Segeln zu nehmen, indem er ihn direkt ansprach: „Verehrter Herr Kollege Wehner..." Doch Wehner blaffte zurück: „Ich bin von Ihnen nicht verehrt." Ein andermal, als ihm der CDU-Abgeordnete Alois Mertes (1921-85) vorwarf, die Tatsachen auf den Kopf zu stellen, entgegnete Wehner: „Ich habe wenigstens einen, aber Sie nicht."

Ich habe meine Beisetzung proben wollen
Philip Dormer Stanhope,
4. Earl of Chesterfield (*1694 †1773)

Diese Antwort gab der todkranke britische Adlige, als er nach einer Ausfahrt mit seiner Kutsche gefragt wurde, ob er frische Luft habe schnappen wollen. Ein andermal erklärte er, er und sein Freund James O'Hara (1682-1774), der zweite Baron Tyrawley, seien seit zwei Jahren tot, zögen es aber vor, dies nicht bekannt werden zu lassen. Vor seinem Rückzug ins Privatleben war Chesterfield Beamter am Königshof und für kurze Zeit Verwalter von Irland gewesen. Bekannt aber wurde er vor allem posthum durch die Briefe an seinen Sohn. Sie enthalten vor allem Belehrungen, wie sich ein perfekter Gentleman zu benehmen hat, werfen dabei aber auch einen entlarvenden Blick auf das gesellschaftliche Leben im England des 18. Jahrhunderts.

Dumme und Gescheite I
Alberne Leute sagen Dummheiten. Gescheite Leute machen sie.
(Marie von Ebner-Eschenbach, österreichische Autorin, 1830-1916)

Der Dumme wundert sich, der Weise fragt.
(Benjamin Disraeli, britischer Politiker, 1804-81)

Die Dummheit drängt sich vor, um gesehen zu werden; die Klugheit steht zurück, um zu sehen.
(Carmen Sylva, rumänische Königin, 1843-1916)

Die klugen Menschen suchen sich selbst die Erfahrungen aus, die sie zu machen wünschen.
(Aldous Huxley, britischer Autor, 1894-1963)

In Deutschland kann es keine Revolution geben, weil man dazu den Rasen betreten müsste
Joseph Stalin (Iossib Dschughaschwili)
(*1878 †1953)

Ob dieser Satz wirklich von Stalin stammt, ist unsicher. Aber über das Missverhältnis von deutscher Ordnungsliebe und möglichen Revolutionen haben sich auch schon Andere lustig gemacht.

Etwa der anarchistische Schriftsteller Erich Mühsam (1878-1934) in seinem Gedicht vom *Revoluzzer*, der im Zivilberuf Lampenputzer ist und sich eine Revolution wünscht, bei der den Gaslaternen kein Schaden zugefügt wird. Und auch Joschka Fischer (*1948) gestand einmal, dass er als „ordentlicher Sponti" natürlich schon für seine erste, 500 Mark teure Rostlaube einen ADAC-Schutzbrief abgeschlossen habe. „Lachen Sie nicht, so ist der deutsche Anarchist eben."

Spontisprüche VII: Lieber ...

Lieber süßen Nebel als sauren Regen.

Lieber träumen unter Bäumen als schaffen unter Affen.

Lieber ungebunden als angebunden.

Lieber voll heimkommen als leer ausgehen.

Lieber von Picasso gemalt als vom Schicksal gezeichnet.

Lieber Wein, Weib und Gesang als Bier, Mann und Gebrüll.

Jetzt bin ich der ex-beliebteste Spieler der Eintracht
Jan Åge Fjørtoft (*1967)

Derart gelassen reagierte der Frankfurter Publikumsliebling und norwegische Nationalspieler, als er einmal wegen eines verschossenen Elfmeters zur Rede gestellt wurde. Fjørtoft hatte auch keinen Grund, sich wirklich um sein Image Sorgen zu machen. Zum einen schoss er am 29. Mai 1999 ein sensationelles Tor zum 5:1 gegen Kaiserslautern, das Frankfurt den nicht mehr für möglich gehaltenen Klassenerhalt sicherte (ein 4:1 hätte nicht genügt), zweitens waren seine lockeren - und oft selbstironischen - Sprüche legendär. Als sein Trainer Felix Magath ihn nach langer Zeit auf der Reservebank wieder einmal spielen ließ, erklärte er etwa: „Der Trainer hatte nach den ganzen Ausfällen im Angriff nur noch die Wahl zwischen mir und dem Busfahrer. Da der Busfahrer seine Schuhe nicht dabei hatte, habe ich gespielt." Nach Karriereende meinte er, er und Magath hätten auch in dieser Zeit, in der er nicht spielen durfte, immer viel Spaß miteinander gehabt: „Ich bin mit ihm in den Wald gelaufen und rückwärts, ohne atmen zu können, wieder herausgekommen." Überhaupt hatte Fjørtoft maßgeblich zu Magaths Image als besonders harter Trainer beigetragen, indem er Sprüche riss wie „Ob Felix Magath auch die Titanic gerettet hätte, weiß ich nicht - auf jeden Fall wären alle Überlebenden topfit gewesen" oder „Magaths Training ist wie ein Zahnarzttermin. Man fürchtet sich vorher, aber danach fühlt man sich besser."

Kohl erzeugt Blähungen und treibt schwarze Dämpfe ins Gehirn
Heinz Kühn (*1912 †1992)

Eigentlich stammt diese Behauptung nicht von dem ehemaligen nordrhein-westfälischen Ministerpräsidenten und SPD-Politiker Kühn, sondern aus einem Kochbuch von 1641. Doch Kühn kam auf die Idee, dieses 1976 mit in den Bundestag zu nehmen und nach einer Rede des damaligen Fraktionsvorsitzenden der Unionsparteien, Helmut Kohl (*1930), daraus zu zitieren.

Ich habe nicht mehr Fehler als Andere gemacht. Meine waren nur spektakulärer
Oliver Reck (*1965)

So begründete der ehemalige Torhüter Oliver Reck einmal seinen Spitznamen „Pannen-Olli". Die Statistik gibt dem ehemaligen Keeper von Kickers Offenbach, Werder Bremen und Schalke recht. Er ist einer der deutschen Torhüter, die die meisten Zu-Null-Spiele aufweisen können (173 Stück) und beendete die Bundesliga-Saison 1987/88 mit nur 22 Gegentoren, dem zweitniedrigsten Ergebnis in der Bundesliga-Geschichte. In der Nationalmannschaft allerdings war er immer nur Ersatz und brachte es auf ein einziges Länderspiel.

Ich habe noch alles, was ich vor zwanzig Jahren hatte. Es hängt nur ein bisschen tiefer
Gypsy Rose Lee (Rose Louise Hovick) (*1911 †1970)

Und wurde nicht mehr so offen gezeigt wie in der Jugend. Denn Gypsy Rose Lee hatte eine äußerst bewegte Jugend und war als Stripteasetänzerin aufgetreten. Später entwickelte sie dann einen eigenen, besonders witzigen Strip-Stil, der sie auch in besseren Kreisen populär machte. Außerdem begann sie auch als Schauspielerin aufzutreten und Krimis zu schreiben, sodass sie auch noch ein allseits beliebter Star war, als sie es vorzog, lieber verhüllt aufzutreten.

Dumme und Gescheite II

Die Menge meint, alles zu wissen und alles zu begreifen, und je dümmer sie ist, desto weiter erscheint ihr ihr Horizont. *(Anton Tschechow, russischer Autor, 1860-1904)*

Dumme Gedanken hat jeder, aber der Weise verschweigt sie.
(Wilhelm Busch, deutscher Autor und Zeichner, 1832-1908)

Einen Gescheiten kann man überzeugen, einen Dummen muss man überreden.
(Curt Goetz, deutsch-schweizerischer Autor und Schauspieler, 1888-1960)

Ich liebe Politiker auf Wahlplakaten. Sie sind tragbar, geräuschlos und leicht zu entfernen
Loriot (Vicco von Bülow) (*1923)

Mit diesen wohlgesetzten Worten fällte der Meister des gepflegten Humors im Jahr 1993 ein vernichtendes Urteil über die gesamte Politikerkaste. Doch er widmete sich im Laufe seines Schaffens auch den Geräuschen der Politiker: ihren Reden. So spielte er z. B. den fiktiven Abgeordneten Werner Bornheim, dessen Rede komplett aus aneinandergereihten Floskeln und Halbsätzen wie „Politik bedeutet, und davon sollte man ausgehen, das ist doch - ohne darum herumzureden - in Anbetracht der Situation, in der wir uns befinden ..." bestand oder unterlegte Reden von Strauß, Wehner und Schmidt mit Cartoons, die die Politiker als knollennasige Männchen zeigten.

Spontisprüche aus der DDR III

Warum ist in der DDR das Klopapier so rau? Damit auch noch der letzte Arsch rot wird.

Was ist der Unterschied zwischen dem Eiffelturm und dem Politbüro? Beim Eiffelturm sind die größten Nieten unten.

Was ist der Unterschied zwischen der DDR-Führung und einer Waschmaschine? Die Waschmaschine kann man entkalken.

Was ist der Unterschied zwischen einem Ei und einem DDR-Bürger? Das Ei kann nur einmal in die Pfanne gehauen werden.

Was ist der Unterschied zwischen Marx und Murx? Marx ist die Theorie.

Wer hat den weitesten Weg zum Klo? Honecker. Er muss wegen jedem Scheiß nach Moskau.

Lieber ewiges Talent als gar kein Talent!
Mehmet Scholl (*1970)

Mit diesem Spruch reagierte der Nationalspieler auf Kritik, er sei ein „ewiges Talent" gewesen und habe es nie zum Führungsspieler geschafft. Einerseits war Scholl oft durch Verletzungen gehandicapt, andererseits aber gab er auch in späteren Jahren noch gerne den großen Jungen. Seine flapsigen Sprüche in Interviews waren legendär, funktionierten aber nicht immer, obwohl er einmal behauptete: „Meine Unbekümmertheit wandelte sich in kontrollierte Spontanität." Seine berühmteste Entgleisung, das angebliche Lebensmotto „Hängt die Grünen, solange es noch Bäume gibt", das für viel Empörung gesorgt hatte, konterte er später mit der Behauptung, er würde die Grünen wählen, er könne sie schließlich nicht hängen lassen. Und nach einer besonders schweren Niederlage erklärte er locker-flockig: „Oliver Kahn wollte sich gerade ertränken. Da konnte ich ihn so eben noch von abhalten. Und der Rest der Mannschaft hat sich in der Toilette eingeschlossen."

Mann, wir Schwatten müssen doch zusammenhalten!
Anthony Baffoe (*1965)

Mit diesen Worten beschwerte sich der deutsch-ghanaische Fußballspieler einmal beim schwarz ge-
kleideten Schiedsrichter über eine gelbe Karte. Baffoe ist der Sohn eines Diplomaten und gebürtiger
Bonner. Er spielte unter anderem für den 1. FC Köln, Rot-Weiß Oberhausen, die Stuttgarter Kickers und
Fortuna Düsseldorf (wobei sich die Punkrockband *Die Toten Hosen* am Aufbringen der Ablösesumme be-
teiligte), aber auch 16-mal für die ghanaische Nationalmannschaft. Baffoe erklärte nach Karriereende,
er habe trotz mancher lockeren Sprüche aber auch oft unter dem damals noch größeren Rassismus im
deutschen Fußball gelitten. Dagegen habe er während seiner Zeit in Frankreich (1992 bis 1997 beim FC
Metz) genossen, dass ein Mix von schwarzen und weißen Spielern dort bereits Normalität gewesen sei.

Humor I

An dem Punkt, wo der Spaß aufhört, beginnt der Humor.   (Werner Finck, deutscher Kabarettist, 1902-78)

Der Humor ist keine Gabe des Geistes, er ist eine Gabe des Herzens.

(Ludwig Börne, deutscher Autor, 1786-1837)

Der Verstand ist Brot, das sättigt. Der Witz ist Gewürz, das esslustig macht.   (Ludwig Börne)

Die schwierigste Turnübung ist immer noch, sich selbst auf den Arm zu nehmen.   (Werner Finck)

Mit Verlaub, Herr Präsident, Sie sind ein Arschloch
Joschka Fischer (*1948)

1983 zog Joschka Fischer als Parlamentarischer Geschäftsführer der neu gegründeten Grünen in den
Bundestag ein und trat die Nachfolge Herbert Wehners als oberster Provokateur und Schöpfer unfläti-
ger Zwischenrufe an. Die Regierungspolitiker wurden als „braun schimmernde Nachlassverwalter der
nationalsozialistischen Ausländer-Polizeiverordnung", „christliche Drecksschleuder", „Dinosaurier des
Kalten Krieges", „Schmalspurpolitiker" oder „bleifreier Hanswurst" betitelt und der Bundestag als
„Affenfelsen" oder „unglaubliche Alkoholikerversammlung". Am bekanntesten wurde die „Arschloch-
affäre". Der Beschimpfte war Bundestagsvizepräsident Richard Stücklen (1916-2002), der zuvor den Grünen Jürgen Reents (*1949) von der Tagung ausgeschlossen hatte, weil er Helmut Kohl als „von Flick frei-
gekauft" bezeichnet hatte. Zudem hatte Stücklen der Grünen-Abgeordneten Christa Nickels (*1952), die
eine Sitzungsunterbrechung beantragte, das Mikrofon abgestellt. Fischer nahm die Beschimpfung aber
schon am Folgetag zurück. Später verriet er auch, seine Mutter habe ihn angerufen und zur Rede gestellt.

49

Seit ich fühle, habe ich Goethe gehasst, seit ich denke, weiß ich, warum
Ludwig Börne (Juda Löb Baruch) (*1786 †1837)

Vor dem beißenden Witz und der spitzen Feder des Journalisten Ludwig Börne blieb im beginnenden 19. Jahrhundert keine Koryphäe der deutschen Literatur verschont. Sowohl mit Altmeister Goethe (1749-1832) als auch mit dem unkonventionellen Heinrich Heine (1797-1856) verband ihn eine fundierte Feindschaft. Denn Börne forderte von den Künstlern mehr politisches Engagement und einen entschiedeneren Einsatz für ein demokratisches Deutschland, Bürgerrechte und die Abschaffung der Monarchie. „Im Dienste der Wahrheit genügt es nicht, Geist zu zeigen, man muss auch Mut zeigen", schrieb er etwa seinem früheren Freund Heine, der ihm nicht radikal genug war. Auf Goethe war Börne jedoch wirklich schlecht zu sprechen. In seinen Augen war der kein Dichterfürst, sondern ein Fürstendichter – einer, der im Dienst der Fürsten stand, die für Börne allesamt Tyrannen waren, und sich nur über die kleinen Leute lustig machte, nicht aber über die Großen. Dass so jemand solche Verehrung genoss, wie das bei Goethe der Fall war, war in Börnes Augen ein gewaltiges Hindernis für den Fortschritt in Deutschland. Die literarische Qualität von Goethes Werk war Börne vor diesem Hintergrund gleichgültig.

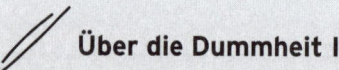

Über die Dummheit II

Geduld mit der Streitsucht der Einfältigen! Es ist nicht leicht, zu begreifen, dass man nicht begreift.
(Marie von Ebner-Eschenbach, österreichische Autorin, 1830-1916)

Geistlose kann man nicht begeistern, aber fanatisieren kann man sie.
(Marie von Ebner-Eschenbach)

Genialität hat ihre Grenzen, Dummheit ist nicht derart gehandicapt.
(Elbert Hubbard, US-amerikanischer Autor, 1856-1915)

Wahrheit und Lüge

Der Beste muss mitunter lügen. Zuweilen tut er's mit Vergnügen.
(Wilhelm Busch, deutscher Autor und Zeichner, 1832-1908)

Der felsenfesten Wahrheit bringt der Mensch Verehrung nicht entgegen, wohl aber einer schönen Lüge.
(Gilbert Keith Chesterton, englischer Autor, 1874-1936)

Der wesentliche Unterschied zwischen einer Katze und einer Lüge besteht darin, dass eine Katze nur neun Leben hat.
(Mark Twain, US-amerikanischer Autor, 1835-1910)

Selbst im Falle einer Revolution würden die Deutschen sich nur Steuerfreiheit, nie Gedankenfreiheit zu erkämpfen suchen
Friedrich Hebbel (*1813 †1863)

So notierte Hebbel 1836 in sein Tagebuch. Zwölf Jahre später musste der Dichter, der mit sozialkritischen Dramen wie *Maria Magdalena* bekannt geworden war, einsehen, dass er seinen Landsleuten Unrecht getan hatte. Bei den Märzaufständen von 1848 waren Bürgerrechte und eine demokratische Verfassung sehr wohl das wesentliche Ziel der Rebellen. Allerdings war der Widerstand nicht stark genug, um sich gegen die Fürsten durchzusetzen, und nicht radikal genug, um diese zu stürzen. Das galt aber auch für Hebbel selbst. Er gehörte selbst zu den gemäßigten Revolutionären, die 1848 für eine konstitutionelle Monarchie eintraten. Er kandidierte auch für die Frankfurter Nationalversammlung, wurde aber nicht gewählt.

Sie Übelkrähe!
Herbert Wehner (*1906 †1990)

So beschimpfte der Vorsitzende der SPD-Bundestagsfraktion den Berliner CDU-Abgeordneten Jürgen Wohlrabe (1936-95). Den jungen Abgeordneten Jürgen Todenhöfer (*1940) bezeichnete er in einer Debatte um Südafrika als „Hodentöter". Auch sonst ging Wehner gnadenlos mit den Polit-Kollegen um. Andere Mitglieder des Bundestags wurden von ihm als „professoraler Dummkopf", „Flaschenkopf", „Düffel-Doffel", „Frühstücksverleumder", „redender Pfefferkuchenmann", „Pappkamerad", „Absteiger", „Wurmfortsatz" oder „Genosse Arschloch" bezeichnet. Eine Rede des CDU-Abgeordneten Hans Katzer (1919-96) kommentierte er mit den Worten: „Gut gebrüllt, Kätzchen." Norbert Blüm (*1935) nannte er „Mauerblümchen", Hans-Dietrich Genscher (*1927) „den mit den Ohren" und zu Michael Glos (*1944) sagte er: „Wenn man Sie sieht, vergeht einem die Lust am Kinderkriegen." Heiner Geißler (*1930) wiederum nannte Wehner „die größte parlamentarische Haubitze aller Zeiten".

Strauß ist die Kröte, die man schlucken muss
Helmut Schmidt (*1918)

So kommentierte Schmidt, damals SPD-Fraktionsführer, 1966 die Tatsache, dass Franz Josef Strauß (1915-88), früher als Verteidigungsminister eines der großen Feindbilder der SPD, Finanzminister der Großen Koalition werden sollte. Die Kröte erwies sich dann aber als nicht gar zu groß, denn Strauß und der SPD-Wirtschaftsminister Karl Schiller (1911-94) arbeiteten sehr erfolgreich bei der Bekämpfung der damaligen Wirtschaftskrise zusammen. Doch auch Strauß wusste gegen Schmidt auszuteilen. 1975 erklärte er in einem Interview, ihm habe Schmidt den Ruhm zu verdanken, den er 1962 als Krisenmanager bei der Sturmflut in Hamburg erworben habe: „Ich habe die Hubschrauber nach Norden geschickt."

Verrat, Sire, ist nur eine Frage des Datums
Charles-Maurice de Talleyrand (*1754 †1838)

Dies erwiderte der französische Staatsmann Talleyrand dem russischen Zaren Alexander I. (1777-1825), als dieser auf dem Wiener Kongress den sächsischen König Friedrich August I. (1750-1827) als Verräter bezeichnete. Zwar war Talleyrand ein Zyniker, der es schaffte, sich nacheinander mit den französischen Revolutionären, mit Napoleon und nach dessen Sturz mit den Bourbonen zu arrangieren, doch er hatte recht. Als die Befreiungskämpfe gegen Napoleon auf die Siegerspur gerieten, fielen nacheinander alle Fürsten der Rheinbundstaaten von ihm ab. Maximilian I. Joseph von Bayern (1756-1825) etwa wechselte ganze zehn Tage vor der Völkerschlacht bei Leipzig die Fronten. Dafür wurde Bayern auf dem Wiener Kongress reichlich belohnt, indem es das Land mehrerer aufgelöster fränkischer Bistümer erhielt. Auch Friedrich August I. von Sachsen hätte sich 1813 gerne der antinapoleonischen Koalition angeschlossen. Doch Napoleons Truppen hielten sein Land besetzt, sodass er gar keinen Kontakt zur antinapoleonischen Koalition aufnehmen konnte. Mehr noch: Die Monarchen von Russland und Preußen hatten auch kein Interesse daran, Sachsen auf ihre Seite zu ziehen, da sie bereits vereinbart hatten, das „verräterische" Land zu bestrafen. Preußen wollte sich große Teile von dessen Staatsgebiet einverleiben, Russland das Herzogtum Warschau, über das die sächsischen Könige ebenfalls regiert hatten. So kam es auf dem Wiener Kongress dann auch.

Aufrichtigkeit

Die Freunde nennen sich aufrichtig, die Feinde sind es: daher man ihren Tadel zur Selbsterkenntnis nutzen sollte als eine bittere Arznei.
(Arthur Schopenhauer, deutscher Philosoph, 1788-1860)

Mir ist aufgefallen, dass zwei Dinge im Vatikan sehr schwer zu bekommen sind: Ehrlichkeit und eine gute Tasse Kaffee.
(Papst Johannes Paul I., 1912-78)

Wahre Worte sind nicht angenehm, angenehme Worte sind nicht wahr.
(Laotse, chinesischer Philosoph, 6. Jh. v. Chr.)

Während die Vorfahren des ehrenwerten Gentleman brutale Wilde auf einer unbekannten Insel waren, waren meine Priester im Tempel Salomos
Benjamin Disraeli (*1804 †1881)

Der britische Premierminister Benjamin Disraeli war zwar seit seinem 14. Lebensjahr anglikanischer Christ, verteidigte aber zeitlebens selbstbewusst seine jüdische Herkunft. Das hielt seine politischen Gegner jedoch nicht davon ab, immer wieder zu antisemitischen Ausfällen zu greifen, wenn sie seine Politik kritisierten. In Karikaturen wurde er sogar als ritueller Kinderschlächter gezeigt, der sich an dem Kind Britannia vergreift. Viele Biografen glauben, dass seine Herkunft maßgeblich zu Disraelis immensem Ehrgeiz beitrug, der sich mit einer ebenso ambitionierten wie erfolgreichen Außenpolitik auszahlte.

Was passiert, wenn in der Sahara der Sozialismus eingeführt wird? Zehn Jahre überhaupt nichts, und dann wird der Sand knapp

Franz Josef Strauß (*1915 †1988)

Der CSU-Chef war bekannt dafür, scharf, aber auch unterhaltsam auszuteilen, wenn es gegen den politischen Gegner ging. Dabei warf er Sozialisten, Kommunisten und Sozialdemokraten gerne in einen Topf und lästerte: „Demokratischer Kommunismus ist das gleiche begriffliche Monstrum wie geröstete Schneebälle." Insbesondere warf er allem, was „rot" war, gerne vor, völlig inkompetent in Geldangelegenheiten zu sein. Dabei hatte er während der Großen Koalition von 1966 bis 1969 sehr gut mit dem SPD-Wirtschaftsminister Karl Schiller (1911-94) bei der Überwindung der damaligen Wirtschaftskrise zusammengearbeitet. Später behauptete er allerdings, er sei der Koch gewesen und Schiller eher der Kellner, dessen Job im Wesentlichen darin bestanden habe, die guten Nachrichten zu überbringen. Allgemein aber gilt Schiller als einer der bedeutendsten deutschen Wirtschaftspolitiker. Auch Helmut Schmidt und dessen wirtschaftlichen Sachverstand schätzte Strauß in Wahrheit mehr, als er zuzugeben gewillt war.

Dichtung und Wahrheit I

Die beste Tarnung ist die Wahrheit. Die glaubt einem keiner. *(Max Frisch, Schweizer Autor, 1911-91)*

Die Verleumdung, das freche Gespenst, setzt sich auf die edelsten Gräber. *(Heinrich Heine, deutscher Autor, 1797-1856)*

Die Wahrheit ist das Kostbarste, was wir besitzen. Gehen wir sparsam damit um. *(Mark Twain, US-amerikanischer Autor, 1835-1910)*

Eine entsetzliche Menge Lügen schwirrt in der Welt herum, und das Schlimmste daran ist, dass die Hälfte davon wahr ist. *(Winston Churchill, britischer Politiker, 1874-1965)*

Selbstüberschätzung

Wenn man einen Riesen sieht, so untersuche man erst den Stand der Sonne und gebe acht, ob es nicht der Schatten eines Pygmäen ist.

(Novalis, deutscher Autor, 1772-1801)

Die Leute können ein Großmaul nicht ausstehen. Aber zuhören werden sie ihm immer.

(Muhammad Ali, US-amerikanischer Boxer, *1942)

Es gibt keinen Breitengrad, der nicht glaubt, er wäre der Äquator geworden, wenn alles mit rechten Dingen zugegangen wäre.

(Mark Twain, US-amerikanischer Autor, 1835-1910)

Wenn es notwendig wäre, als bayerischer König Ludwig II. ins Kanzleramt zu kommen, würde er im Starnberger See schwimmen und einen Schwan küssen
Joschka Fischer (*1948)

Derart lästerte Fischer 1997 in einem Interview über Gerhard Schröders brennenden Ehrgeiz, Bundeskanzler zu werden. Und: „Wenn die Mehrheit es morgen erfordert, dass er sich zu Kaiser Wilhelm stilisiert, würde er sich einen wunderbaren Zwirbelbart zulegen." Das hinderte Fischer nicht daran, mit Schröder (*1944) ein Jahr später zu koalieren. Angeblich hatten sich die beiden schon Anfang der 1980er-Jahre ausgemalt, wie es wäre, einmal gemeinsam als Kanzler und Außenminister eine Koalition zu führen. „Ich kenne den Gerhard Schröder schon ewig. Sie glauben doch nicht im Ernst, dass ich seine Schauspielerei nur eine Sekunde für bare Münze nehme", erklärte Fischer bei anderer Gelegenheit, auf Seitenhiebe Schröders gegenüber den Grünen angesprochen.

Humor II

Humor ist der Schwimmgürtel auf dem Strom des Lebens.   (Wilhelm Raabe, deutscher Autor, 1831-1910)

Humor ist die äußerste Freiheit des Geistes. Wahrer Humor ist immer souverän.
(Christian Morgenstern, deutscher Autor, 1871-1914)

Humor ist wie Salz der Erde, und wer gut durchsalzen ist, bleibt lange frisch.
(Karel Čapek, tschechischer Autor, 1890-1938)

Witz ist wie Kaviar. Er sollte nur in kleinen Bissen genossen und nicht dick aufgetragen werden wie Marmelade.   (Noel Coward, englischer Schauspieler und Autor, 1899-1973)

Über die Dummheit III

In Paris hat man eine gewisse Art, einen Menschen zu erledigen, indem man sagt: Er hat ein gutes Herz. Dieser Satz bedeutet ebenso viel wie: Der arme Junge ist dumm wie ein Rhinozeros.
(Honoré de Balzac, französischer Autor, 1799-1850)

Lach nie über die Dummheit der Anderen. Sie ist deine Chance.
(Winston Churchill, britischer Politiker, 1874-1965)

Mit der Intelligenz ist es wie mit Marmelade. Je weniger man davon hat, desto mehr schmiert man damit herum.
(Französisches Sprichwort)

Wie das Schwert Karls des Großen: lang und flach
Voltaire (François Marie Arouet) (*1694 †1778)

Diese Antwort soll Voltaire einmal gegeben haben, als er gefragt wurde, wie er eine bestimmte Grabrede gefunden habe. So richtig zum geflügelten Wort ist der Vergleich nicht geworden, aber gelegentlich nimmt doch jemand Anleihe bei Voltaire, um Reden abzuqualifizieren. So kommentierte etwa der PDS-Politiker Roland Claus (*1954) im September 1990 in der letzten DDR-Volkskammer die ausführlichen Worte des damaligen Staatssekretärs für wirtschaftliche Zusammenarbeit, Oswald Wutzke (*1936), die Rede sei eine aus der Kategorie des Schwerts Karls des Großen gewesen: „Sehr lang, sehr breit, aber auch sehr flach."

Wir wollten beide nach Berlin
Hans Meyer (*1942)

Diese hinterhältige Antwort gab Trainer Hans Meyer 2007 auf eine Journalistenfrage, was den bayerischen Ministerpräsidenten Edmund Stoiber und den fränkischen Fußballclub 1. FC Nürnberg unterscheide. Denn jeder wusste damals, wie die Berlin-Ambitionen beider Parteien ausgegangen waren. Der von Meyer trainierte „Club" hatte damals das Finale des DFB-Pokals in Berlin nicht nur erreicht, sondern sogar gewonnen, während der bayerische Ministerpräsident an Berlin gescheitert war, als er 2002 die Bundeskanzlerwahl verloren hatte. 2005 verzichtete er dann freiwillig auf Berlin, indem er sich entschied, nicht Wirtschaftsminister im Kabinett von Angela Merkel zu werden, sondern als bayerischer Ministerpräsident in München zu bleiben. Von vielen wurde Stoibers Verzicht aber als zweites Scheitern an Berlin gesehen. In der Folge begann sein Stern zu verblassen, was 2007 schließlich zu seinem Rücktritt führte.

Zimmermann ist als Löwe gesprungen und als Bettvorleger gelandet
Joschka Fischer (*1948)

Dieses zynische Verdikt fällte der Grünen-Politiker Joschka Fischer im Jahr 1984 über den damaligen Innenminister Friedrich Zimmermann (*1925). Dieser war auch für den Umweltschutz zuständig. Doch gerade in diesem Bereich erfüllte Zimmermann die in ihn gesetzten Hoffnungen nicht. Als zwei Jahre später das Atomkraftwerk von Tschernobyl explodierte, wurde Walter Wallmann (*1932) erster deutscher Umweltminister. Fischers Vergleich wird von Politikern aller Parteien immer wieder gerne benutzt, um die Aktivitäten der Gegenseite ins Lächerliche zu ziehen. Dabei hat jedoch der Tiger dem Löwen den Rang abgelaufen, seit die Europa-Abgeordnete Ilka Schröder (*1978) im Jahr 2000 dem Europaparlament vorgeworfen hatte, als Tiger gesprungen zu sein, nachdem ein groß angekündigter Untersuchungsausschuss nicht zustande gekommen war.

Dichtung und Wahrheit II

Die Wirklichkeit ist seltsamer als die Dichtung, aber das liegt daran, dass die Dichtung sich an Wahrscheinlichkeiten halten muss, die Wirklichkeit nicht.

(Mark Twain, US-amerikanischer Autor, 1835-1910)

Erzähl den Leuten, die dich kennen, kein Anglerlatein und schon gar nicht Leuten, die die Fische kennen.

(Mark Twain)

Es wird niemals so viel gelogen, wie vor der Wahl, während des Krieges und nach der Jagd.

(Otto von Bismarck, deutscher Politiker, 1815-98)

APHORISMEN – DIE KLEINEN WEISHEITEN

Was ist eigentlich ein Aphorismus genau? Die Beantwortung dieser Frage hat Literaten aller Zeiten wiederum zu Aphorismen inspiriert: geistreichen Sprüchen, die durch gekonnten Gebrauch der Sprache möglichst viel Überdenkenswertes auf knappstem Raum zusammenfassen. „Ein guter Aphorismus ist die Weisheit eines ganzen Buches in einem einzigen Satz", meinte beispielsweise der preußische Dichter und Romancier Theodor Fontane (1819-98). Seine Zeitgenossin, die Dichterin Marie von Ebner-Eschenbach (1830-1916) nannte einen Aphorismus den „letzten Ring einer langen Gedankenkette". Der österreichische Schriftsteller Robert Musil (1880-1942) sprach vom „kleinstmöglichen Ganzen", der zeitgenössische Publizist Helmut Arntzen (*1931) von einem Gedanken, der „auf dem Sprung ist", der US-Amerikaner Ambrose Bierce (1842-1914) aber respektlos von einer „vorverdauten Weisheit".

Aphorismus: weitere Erklärungsversuche

Aphorismen: kleine geistquälende Quälgeister. (Gabriel Laub, deutsch-tschechisch-polnischer Autor, 1928-98)

Aphorismus: Hobelspäne vom Baum der Erkenntnis. (Hanns-Hermann Kersten, deutscher Autor, 1928-86)

Aphorismus: ein Handstreich mit dem Kopf. (Karlheinz Deschner, deutscher Autor, *1924)

Der Aphorismus hat vor jeder anderen Literaturgattung den Vorteil, dass man ihn nicht weglegt, bevor man ihn zu Ende gelesen hat. (Gabriel Laub)

Der Aphorismus ist wie die Biene mit Golde beladen und mit einem Stachel versehen.
(Carmen Sylva, Königin von Rumänien, 1843-1916)

Ein Aphorismus spießt die Wahrheit auf, ohne sie zu beschädigen. (Carl Merz, österreichischer Autor, 1906-79)

Ein Aphoristiker ist ein Mensch, der sich wie ein Kind freut, weil es ihm gelungen ist, sich etwas auszudenken, was wahrscheinlich schon bei den alten Phöniziern ein uraltes Sprichwort war.
(Wiesław Brudziński, polnischer Autor, *1920)

Alter ist immer noch das einzige Mittel, das man entdeckt hat, um lange zu leben
Daniel-François-Esprit Auber (*1782 †1871)

Der Begriff Alter wird leicht mit allem Möglichen emotional aufgeladen, was das Alter eben oft mit sich bringt: körperlichen Verfall im Negativen, Lebenserfahrung im Positiven. Der französische Komponist Auber bringt ihn ganz neutral auf das zurück, was Alter in erster Linie ist: lange zu leben. Wie das aussieht, hängt immer vom Einzelfall ab. Auber jedenfalls wurde nicht nur 89 Jahre alt, er war bis zum Jahr vor seinem Tod auch noch Leiter des Pariser Konservatoriums und hatte seine letzte Oper *Rêves d'amour* („Liebesträume") mit 87 Jahren geschrieben. Die späten Werke waren zwar nicht mehr die ganz großen Erfolge, doch dem Publikum gefielen die Stücke des geistreichen und großzügigen Musikers nach wie vor.

Freiheit

Jene, die grundlegende Freiheit aufgeben würden, um eine geringe vorübergehende Sicherheit zu gewinnen, verdienen weder Freiheit noch Sicherheit.
(Benjamin Franklin, US-amerikanischer Gelehrter und Politiker, 1706-90)

Zwischen dem Schwachen und dem Starken ist es die Freiheit, die unterdrückt, und das Gesetz, das befreit.
(Jean Baptiste Henri Lacordaire, französischer Theologe, 1802-61)

Zu sagen „Hier herrscht Freiheit", ist immer ein Irrtum oder auch eine Lüge, denn Freiheit herrscht nicht.
(Erich Fried, österreichischer Autor, 1921-88)

Jeder will Freiheit haben und niemand will sie geben.
(Oliver Cromwell, englischer Politiker, 1599-1658)

Autoverkäufer verkaufen Autos, Versicherungsvertreter verkaufen Versicherungen. Und Volksvertreter?
Stanisław Jerzy Lec (*1909 †1966)

Dieses hintersinnige Sprachspiel, das die Motive der Politiker in Zweifel zieht, stammt von dem wohl berühmtesten polnischen Aphoristiker. Sein Schaffen im stalinistischen Nachkriegspolen kommentierte er mit dem Bonmot: „Wenn es nichts zu lachen gibt, kommen Satiriker auf die Welt". Der deutsche Autor Wolfgang Eschker (*1941) huldigte ihm mit dem Satz „Aphorismen können verLECen". Lec, dessen bekanntestes Werk die Aphorismensammlung *Unfrisierte Gedanken* ist, war 1959 bis 1950 für kurze Zeit sogar Mitglied der polnischen Botschaft in Wien, machte sich bei den Regierenden aber unbeliebt und verlegte seinen Wohnsitz vorübergehend nach Israel.

Freundschaft I

Ein Freund ist einer, der alles von dir weiß und dich trotzdem liebt. *(Elbert Hubbard, US-amerikanischer Autor, 1856-1915)*

Die Albernheit ist der Prüfstein der Freundschaft sowohl als der Liebe. *(Peter Bamm, deutscher Autor, 1897-1975)*

Es gibt Menschen, deren einmalige Berührung mit uns für immer den Stachel in uns zurücklässt, ihrer Achtung und ihrer Freundschaft wert zu bleiben. *(Christian Morgenstern, deutscher Autor, 1871-1914)*

Die Freunde, die man morgens um vier Uhr anrufen kann, die zählen. *(Marlene Dietrich, deutsch-amerikanische Schauspielerin, 1901-92)*

Der Mensch ist zur Freiheit verurteilt
Jean-Paul Sartre (*1905 †1980)

Freiheit? Verurteilt? Das scheint ein Widerspruch zu sein. Doch es ist auch der Kern von Sartres Existenzphilosophie. Sartre ging davon aus, dass es kein höheres Wesen gibt, das dem Menschen vorschreibt, wie er zu sein hat. Also ist jeder Mensch ganz alleine dafür verantwortlich, was er aus seinem Leben macht und welchen Sinn er darin findet. Natürlich kann er sich auch an die herrschenden Normen anlehnen und nach ihnen leben. Aber auch das ist eine Entscheidung. Ob es jedoch die richtige ist?

Der Amerikaner, der den Kolumbus zuerst entdeckte, machte eine böse Entdeckung
Georg Christoph Lichtenberg (*1742 †1799)

Diese geschliffene Kritik an der europäischen „Entdeckung" Amerikas klingt modern, stammt aber schon aus dem 18. Jahrhundert. Ihr Verfasser gilt manchen Literaturwissenschaftlern geradezu als Schöpfer des deutschen Aphorismus. Lichtenberg, Physikprofessor und gleichzeitig Literat der Aufklärung, füllte 13 Bücher, die er als *Sudelbücher* bezeichnete, mit solchen Bosheiten und Hintersinnigkeiten. Allerdings sind nur Teile davon erhalten.

Herz

Bald klopft vor Schmerz und bald vor Lust das rote Ding in meiner Brust. *(Wilhelm Busch, deutscher Autor und Zeichner, 1832-1908)*

Das Herz hat seine Gründe, die der Verstand nicht kennt. *(Blaise Pascal, französischer Mathematiker und Philosoph, 1623-62)*

Eine kleine Betriebsstörung im Verkehr zweier Herzen kann immerhin vorkommen. *(Wilhelm Busch)*

Der Tod geht uns nichts an. Denn solange wir existieren, ist der Tod nicht da, und wenn der Tod da ist, existieren wir nicht mehr
Epikur (*341 †270 v. Chr.)

Für den griechischen Philosophen Epikur war die Angst vor dem Tod die dümmste aller Ängste, denn Mensch und Tod, so schloss er messerscharf, begegnen sich nie, da ein toter Mensch eben kein Mensch mehr ist. An ein Weiterleben nach dem Tod glaubte er nicht. Den meisten heutigen Menschen wird Epikurs Schluss trotz seiner unbestreitbaren Logik trotzdem kein Trost angesichts des Sterbenmüssens sein. Er selbst und viele andere antike Philosophen schöpften aus diesem Gedanken jedoch tatsächlich Gelassenheit angesichts des Todes. Epikur beispielsweise wurde in seinen letzten Lebenswochen von heftigen Koliken geplagt. Er setzte sich in eine warme Badewanne, trank viel Wein und nutzte die Zeit zu ausgiebigen letzten Gesprächen mit seinen Schülern.

• • • • • • • • • • • • • • • • • • • •

Die Freiheit wird einem nicht gegeben, man muss sie nehmen
Meret Oppenheim (*1913 †1985)

In ihrer Dankesrede für den Kunstpreis der Stadt Basel im Jahr 1975 erzählte die surrealistische Künstlerin von ihrem schwierigen Weg zur Anerkennung. Während die Gesellschaft bei männlichen Künstlern doch oft ein Auge zudrücke, so Oppenheim, die mit Objekten wie einer fellbezogenen Kaffeetasse bekannt wurde, so würden, wenn eine Frau dasselbe schaffe, alle die Augen aufsperren und alte Tabus hervorkramen, warum dies nicht sein dürfe.

Träume

Am Regenbogen muss man nicht Wäsche aufhängen wollen.
(Friedrich Hebbel, deutscher Autor, 1813-63)

Aus den Träumen des Frühlings wird im Herbst Marmelade gemacht.
(Peter Bamm, deutscher Autor, 1897-1975)

Die wahren Abenteuer sind im Kopf.
(André Heller, österreichischer Künstler, *1947)

Für Luftschlösser gibt es keine Bauvorschriften.
(Gilbert Keith Chesterton, englischer Autor, 1874-1936)

Die Jungen werfen zum Spaß mit Steinen nach Fröschen. Die Frösche sterben im Ernst
Erich Fried (*1921 †1988)

Gedicht oder Aphorismus? Der österreichische Lyriker Erich Fried hat diese kleine Zwei Satz-Geschichte unter dem Titel Humorlos in seinen Gedichtband Anfechtungen aufgenommen. Viele seiner anderen Gedichte sind genauso kurz und oft sehr politisch. Ab 1979 schrieb er dann aber auch Liebesgedichte. Das bekannteste: Was es ist. Allen Einwänden von Vernunft, Berechnung, Angst, Einsicht, Stolz, Vorsicht und Erfahrung setzt darin die Liebe unverdrossen den Satz entgegen: „Es ist, was es ist."

Diplomaten sind Leute, die ungern sagen, was sie denken. Politiker denken ungern, was sie sagen
Peter Ustinov (*1921 †2004)

Ustinov wuchs selbst in einem Diplomatenhaushalt auf. Sein Vater, russischstämmig, aber in Israel geboren und in Deutschland aufgewachsen, war nach dem Ersten Weltkrieg Mitarbeiter der deutschen Botschaft in London. 1935 brach er jedoch mit Nazideutschland, wurde Brite und arbeitete für den britischen Inlandsgeheimdienst. Ustinov selbst wurde 1968 Sonderbotschafter der UNICEF und 1990 von Queen Elizabeth II. geadelt

Träume und Utopien

Am Ziele deiner Wünsche wirst du jedenfalls eines vermissen: dein Wandern zum Ziel. (Marie von Ebner-Eschenbach, österreichische Autorin, 1830-1916)

Binde deinen Wagen an einen Stern. (Ralph Waldo Emerson, US-amerikanischer Autor, 1803-82)

Die Utopien von heute sind die Realitäten von Morgen. (Henri Dunant, Schweizer Humanist, 1828-1910)

Ihr seht und sagt: warum? Aber ich träume und sage: warum nicht? (George Bernard Shaw, irischer Autor, 1856-1950)

Liebe und Leidenschaft

An Rheumatismus und an wahre Liebe glaubt man erst, wenn man davon befallen ist. (Marie von Ebner-Eschenbach, österreichische Autorin, 1830-1916)

Die Liebe besteht zu drei Vierteln aus Neugier. (Giacomo Casanova, italienischer Abenteurer, 1725-98)

Liebe ist nichts anderes als ein Boogie-Woogie der Hormone. (Henry Miller, US-amerikanischer Autor, 1891-1980)

Kein Toter ist so gut begraben wie erloschene Leidenschaft. (Marie von Ebner-Eschenbach)

Es gibt keinen Zwang, unter Zwang zu leben
Epikur (*341 †270 v. Chr.)

Manchmal stellt sich bei einem Aphorismus die Frage, ob er bloß Wortspiel ist oder doch Wahrheit in ihm steckt. Kann man sich wirklich jedem Zwang entziehen? Epikur und die stoischen Philosophen der Antike waren der Meinung: Ja, man hat immer eine Entscheidung. Auch die Entscheidung, sich Zwang zu beugen, da alle Alternativen noch schlimmer sind, ist letztendlich eine Entscheidung und damit ein Akt der Freiheit. Dass in vielen Situationen alle Alternativen ziemlich schrecklich sein können, bestritten die Stoiker nicht. Doch das änderte nichts an ihrer Grundeinstellung. Für den Philosophen Epiktet (um 50-130) war auch der Freitod eine Alternative. „So sage auch du, wenn dir etwas derart zu sein scheint, ‚Ich spiele nicht mehr mit' und entferne dich. Bleibst du aber, so jammere nicht", wies er seine Anhänger an. Er selbst brachte sich nicht um. Er ertrug seine Existenz als Sklave derart souverän, dass sein Herr beeindruckt war und ihn freiließ.

Gehirn: Ein Organ, mit dem wir denken, dass wir denken
Ambrose Bierce (*1842 †1914)

Eines der Hauptwerke des US-amerikanischen Autors ist das 1911 erschienene *Wörterbuch des Teufels*, in dem Bierce rund 1000 zynische und entlarvende „Definitionen" von Wörtern gab. So meinte er beispielsweise, Abdankung sei der „Akt, mit dem ein Souverän sein feines Gespür für die hohe Temperatur des Thrones" unter Beweis stelle, ein Egoist „ein Schuft, der mehr an sich selbst denkt als an mich". Betrug sei „die Triebkraft des Geschäftes, die Seele der Religion, der Köder der Liebeswerbung und die Grundlage politischer Macht", Werbung „der Versuch, das Denkvermögen des Menschen so lange außer Takt zu setzen, bis er genügend Geld ausgegeben hat", Toleranz „vor allem die Erkenntnis, dass es keinen Sinn hat, sich aufzuregen", das Jahr „eine Zeitspanne von 365 Enttäuschungen", ein Langweiler „ein Mensch, der redet, wenn du wünschst, dass er zuhört" und ein Zyniker „ein Schuft, dessen mangelnde Wahrnehmung Dinge sieht, wie sie sind, statt wie sie sein sollen".

Gedankenlosigkeit tötet. Andere
Stanisław Jerzy Lec (*1909 †1966)

„Das Potenzproblem des Aphoristikers: je kürzer, desto besser", witzelte Hanns-Hermann Kersten (1928-86), selbst Autor von Aphorismen, einmal. Meister auf dem Gebiet der Kürze ist sicherlich der polnische Autor Lec. In seiner Muttersprache bringt er es sogar fertig, Aphorismen zu schmieden, die nur aus einem Wort bestehen. Doch sind diese so nicht ins Deutsche übertragbar.

Lebensweisheiten

Der Mensch ist nicht das Werk der Umstände, sondern die Umstände sind ein Werk des Menschen.
(Benjamin Disraeli, britischer Politiker, 1804-81)

Leben ist, was uns zustößt, wenn wir uns etwas ganz anderes vorgenommen haben.
(Henry Miller, US-amerikanischer Autor, 1891-1980)

Der Mensch wird nicht für seine Sünden bestraft, sondern von ihnen.
(Elbert Hubbard, US-amerikanischer Autor, 1856-1915)

Es ist Unsinn, Türen zuzuschlagen, wenn man sie angelehnt lassen kann.
(James William Fulbright, US-amerikanischer Politiker, 1905-95)

Es wäre dumm, sich über die Welt zu ärgern. Sie kümmert sich nicht darum.
(Marc Aurel, römischer Kaiser, 121-180)

Liebe

Denn die Summe unseres Lebens sind die Stunden, in denen wir liebten.
(Wilhelm Busch, deutscher Autor und Zeichner, 1832-1908)

Die Liebe ist das einzige Gut, das sich vermehrt, wenn man es verschwendet. **(Persisches Sprichwort)**

Immer ist die wichtigste Stunde die gegenwärtige. Immer ist der wichtigste Mensch der, der dir gerade gegenübersteht. Immer ist die wichtigste Tat die Liebe. **(Meister Eckhart, deutscher Theologe, um 1260-1328)**

Wir sind sterblich, wo wir lieblos sind, unsterblich, wo wir lieben. **(Karl Jaspers, deutscher Philosoph, 1883-1969)**

Großbritannien und Frankreich haben die Wahl zwischen Ehrlosigkeit und Krieg. Sie wählen die Ehrlosigkeit. Sie bekommen den Krieg
Winston Churchill (*1874 †1965)

Mit diesen ebenso eleganten wie weisen Worten griff Churchill 1938 nach dem Münchner Abkom-men in einer Rede im Unterhaus den britischen Premier Neville Chamberlain (1869–1940) und all seine Anhänger an, die glaubten, sich mit Hitler friedlich verständigen zu können. Wie es sich zeigte, zog das von Churchill als ehrlos empfundene Zurückweichen vor Hitler beim Münchner Abkommen dann tatsächlich sehr schnell den Krieg nach sich.

Liebe und Ehe

Eine Ehe muss mit Phantasie betrieben werden. (Knut Hamsun, norwegischer Autor, 1859-1952)

Ist Liebe ohne Ehe ungesetzlich, dann ist Ehe ohne Liebe unmoralisch. (Sarvepalli Radhakrishnan, indischer Philosoph und Politiker, 1888-1975)

Liebe kann man erbetteln, erkaufen, geschenkt bekommen, auf der Gasse finden, aber rauben kann man sie nicht. (Hermann Hesse, deutsch-schweizer Autor, 1877-1962)

Zank ist der Rauch der Liebe. (Ludwig Börne, deutscher Autor, 1786-1837)

Charaktersache

Kannst du nicht wie der Adler fliegen, klettre nur Schritt für Schritt bergan; wer mit Mühe den Gipfel bezwang, hat auch die Welt zu Füßen liegen. (Victor Blüthgen, deutscher Autor, 1844-1920)

Vertrauen ist Mut, und Treue ist Kraft. (Marie von Ebner-Eschenbach, österreichische Autorin, 1830-1916)

Wer andere besiegt, hat Kraft. Wer sich selbst besiegt, ist stark. (Laotse, chinesischer Philosoph, 6. Jh. v. Chr.)

Ich stehe hinter jeder Regierung, bei der ich nicht sitzen muss, wenn ich nicht hinter ihr stehe
Werner Finck (*1902 †1978)

Wie es ist, „sitzen" zu müssen, hatte der Kabarettist Werner Finck selbst erfahren müssen. 1935 wurde der gar nicht so politische Komiker verhaftet und ins Konzentrationslager Esterwegen gebracht. Vermutlich verdankte er es hauptsächlich den Rivalitäten zwischen Göring und Goebbels, dass er wieder freikam und sogar auftreten durfte. Danach perfektionierte er die Kunst der scheinbar harmlosen Andeutungen, Umschreibungen und Halbsätze, meldete sich aber 1939 doch sicherheitshalber lieber zur Armee, wo er bei den Soldaten wegen seiner Unterhaltungsprogramme geschätzt war. „Wenn ich gewusst hätte, was man heute weiß: dass alles nur Mitläufer waren ...", sagte er nach dem Krieg. Er sei nicht gegen die Nazis gewesen. „Die Nazis waren gegen mich." Er entschuldigte sich auch gerne wegen seiner abgehackten Sprache, die er sich während der Nazizeit angewöhnt hatte. „Auf diese Weise ist mir manches erhalten geblieben, was ich heute noch gut gebrauchen kann", meinte er mit Verweis auf seinen Hals. Er beneide aber „alle Leute, die fließend sprechen, also flüssig, wie unsere Politiker, meistens sogar überflüssig. Aber ich muss so oft über das nachdenken, was ich sage. Das hält natürlich kolossal auf".

Niemand will die DDR wiederhaben. Aber keiner will sie sich nehmen lassen
Peter Sodann (*1936)

Mit diesem Wortspiel versucht der aus Meißen stammende Schauspieler die gemischten Gefühle zu beschreiben, die viele ehemalige DDR-Bürger ihrer alten Heimat gegenüber haben und die für „Wessis" oft so schwer zu erklären sind. Sodann selbst war schon in Studentenzeiten wegen eines Kabarettprogramms neun Monate im Gefängnis gesessen. „Als sogenannter ‚Staatsfeind' im Stasiknast, obwohl ich doch den Sozialismus wollte. So dialektisch kann ein Leben verlaufen", meint er. Und: „In diesem untergegangenen Land bin ich oft bitter enttäuscht worden, aber ich habe auch meine Träume gelebt."

Sein Gewissen war rein. Er benutzte es nie
Stanisław Jerzy Lec (*1909 †1966)

Das Thema „Schuldig werden durch Ignoranz" hat viele Autoren beschäftigt, aber kaum einer brachte es so knapp auf den Punkt wie der polnische Meisteraphorist. Recht bekannt aber ist auch die kleine Geschichte, die der Franzose Raoul Follereau (1903-77) aus einem ähnlichem Gedanken machte: „Ein Mensch erschien vor dem Gericht des Herrn: ‚Sieh, lieber Gott', so sprach er, ‚ich habe Dein Gesetz beachtet, habe nichts Unredliches, nichts Böses oder Frevelhaftes getan. Herr, meine Hände sind rein.' ‚Ohne Zweifel, ohne Zweifel', antwortete ihm der liebe Gott. ‚Doch sie sind leer.'"

Liebe und Anerkennung

Der Mensch tut viel, um geliebt zu werden, aber alles, um beneidet zu werden.
(Mark Twain, US-amerikanischer Autor, 1835–1910)

Die meisten Menschen leben für die Liebe und die Bewunderung. Doch wir sollten durch Liebe und Bewunderung leben.
(Oscar Wilde, irischer Autor, 1854–1900)

Es ist viel wertvoller, stets den Respekt der Menschen, als gelegentlich ihre Bewunderung zu haben.
(Jean-Jacques Rousseau, Genfer Philosoph, 1712–78)

Terrorismus ist der Krieg der Armen. Krieg ist der Terrorismus der Reichen
Peter Ustinov (*1921 †2004)

Speziell nach dem Attentat auf New York ist das eine brisante Aussage. Doch der britische Künstler Sir Peter Ustinov tat sie bewusst gerade damals. „Der Terrorismus, der im furchtbaren 11. September kulminierte, ist ein Krieg der Armen gegen die Reichen. Der Krieg ist ein Terrorismus der Reichen gegen die Armen", schrieb er in seinem Buch *Achtung! Vorurteile*. Diese Sammlung aus Anekdoten, Aphorismen und biografischen Erlebnissen verfasste der UNICEF-Botschafter Ustinov kurz vor seinem Tod, weil er in der Welt nach dem 11. September eine „Renaissance der Vorurteile" sah.

Vorläufig hat jeder Bauer am Sonntag nur das Hühnchen im Topf, welches er mit den Agrariern zu rupfen hat
Julius Stettenheim (*1831 †1916)

Stettenheim war seit den 1860er-Jahren vor allem in Hamburg und Berlin als Autor und Redakteur satirischer Zeitschriften wie *Kladderadatsch* oder der von ihm selbst gegründeten *Berliner Wespen* aktiv. 1896 veröffentlichte er eine Sammlung von Aphorismen und Wortspielen mit dem überaus schlichten Titel *1000 Ein- und Zweizeiler*. Der Scherz von den Agrariern (Großgrundbesitzern) und dem Huhn im Topf der Bauern knüpft an den Ausspruch des französischen Königs Henri IV. (1553-1610) an, jeder Bauer solle sonntags sein Huhn im Topf haben.

Mehr von Stettenheim

Der Hunger ist für gewisse Agitatoren ein gefundenes Fressen.

Der rote Republikaner agiert ins Blaue hinein.

Die Polizei schreitet oft aus, wenn sie einschreitet.

Ein Thron ist leicht bestiegen, aber beim Abstieg passiert oft ein Unglück.

Etwas bleibt immer hängen, sagte der Denunziant und warf einen Blick auf den Orden in seinem Knopfloch.

In jedem Parlament bildet sich eine Majorität, aber dann merkt man nicht immer, dass sie gebildet ist.

Nicht jeder, der in seinem Vaterlande nichts gilt, ist ein Prophet.

Politik verdirbt den Charakter. Manche Diplomaten können daher von Glück sagen, dass sie keinen Charakter haben.

Russland sieht in der Karte der Türkei nur eine Speisekarte.

Selbst der ungehorsamste Kronprinz folgt seinem Vater.

Umgangsformen

Es lohnt sich, beim Aufstieg freundlich zu den Mitmenschen zu sein, denn man begegnet ihnen beim Abstieg wieder.
(Harry S. Truman, US-Präsident, 1884-1972)

Nichts bedarf dringender der Verbesserung als die Angewohnheiten anderer Leute.
(Mark Twain, US-amerikanischer Autor, 1835-1910)

Siege, aber triumphiere nicht!
(Marie von Ebner-Eschenbach, österreichische Autorin, 1830-1916)

Wir schulden einem Menschen dieselbe Rücksicht wie einem Bild, das wir bedachtsam ins rechte Licht hängen.
(Ralph Waldo Emerson, US-amerikanischer Autor, 1803-82)

Wenn es nicht notwendig ist, ein Gesetz zu erlassen, dann ist es notwendig, kein Gesetz zu erlassen
Charles de Montesquieu (*1689 †1755)

Vor den schädlichen Folgen einer behördlichen Überregulierung warnte schon der berühmte französische Staatstheoretiker. An anderer Stelle schrieb er: „Nutzlose Gesetze schwächen notwendige Gesetze." Der Gesetzgebung widmete Montesquieu überhaupt den wichtigsten Teil seines politischen Werkes. Auf ihn geht die moderne Gewaltenteilung in eine gesetzgebende Gewalt (Parlament), eine die Gesetze ausführende Gewalt (Regierung) und eine die Gesetze überwachende Gewalt (Gerichtsbarkeit) zurück.

Zwischenmenschliches I

Wer nicht aus sich herausgeht, findet auch bei anderen keinen Einlass.
(Theo Kreiten, niederländischer Pianist, 1887-1960)

Schweigende Menschen sind wie ungeöffnete Schubladen: keiner weiß, was darin ist. Deshalb vermutet man Schätze.
(Honoré de Balzac, französischer Autor 1799-1850)

Viel Kälte ist unter den Menschen, weil wir nicht wagen, uns so herzlich zu geben, wie wir sind.
(Albert Schweitzer, deutsch-französischer Arzt, 1875-1965)

5 SMARTE PROMI-SPRÜCHE

Auch für Prominente machen sich originelle Aussagen bezahlt. Ein witziger und/oder geistreicher Spruch, der Eingang in den alltäglichen Wortschatz und in die Zitatesammlungen findet, steigert das Renommee oft genauso wie eine Skandalgeschichte oder ein Paparazzo-Foto, ist aber wesentlich angenehmer, was die Nebenwirkungen angeht. Bei besonders gefragten Sprücheklopfern, wie etwa Mark Twain, Oscar Wilde, der britischen Politikerin Nancy Astor, Ex-Bundestrainer Sepp Herberger oder Albert Einstein, ist es fraglich, ob sie all das, was sich heute von ihnen in Zitatesammlungen findet, auch wirklich gesagt haben. Nachprüfen lässt sich das nicht mehr, da die meisten guten Sprüche mündlich fallen. Aber zuzutrauen wären ihnen diese Bonmots in der Tat.

Aus dem Mund der Fußballkommentatoren

Bierhoff, dem letztes Jahr gegen Lille ein Eigentor misslungen ist. (Heribert Faßbender)

Ciriaco Sforza ist am Ende. Aber am Anfang war er heute auch noch nicht. (Marcel Reif)

Da hat doch jetzt tatsächlich einer eine zusätzliche Flasche aufs Spielfeld geworfen. (Werner Hansch)

Fußball ist kein Menschenrecht, aber ein Grundnahrungsmittel. (Marcel Reif)

Nach Eilts hat Vogts mit Jeremies heute wieder einen Staubsauger aus dem Köcher gezogen. (Gerd Rubenbauer)

75 Jahre sind nicht viel für eine Kathedrale. Aber für eine Frau beginnt es zu zählen
Pauline von Metternich (*1836 †1921)

Das jedenfalls meinte Pauline von Metternich, als ein Gratulant an ihrem Geburtstag meinte: „Was sind schon 75 Jahre?" Die Fürstin war die Frau des österreichischen Gesandten in Paris und betrieb dort lange Zeit einen der berühmtesten Salons. Sie wirkte stilbildend und war sozial engagiert. Gefürchtet wurde auch ihre Vorliebe für Klatsch. Besonders Kaiserin Elisabeth (1837-98) war häufig Opfer ihrer vernichtenden Urteile. Die Fähigkeit, in Würde alt zu werden, beherrschte Pauline Metternich jedenfalls besser als Kaiserin Sisi, die zunehmend einem Diäten- und Fitnesswahn verfiel.

Der Bericht über meinen Tod war stark übertrieben
Mark Twain (Samuel Langhorne Clemens) (*1835 †1910)

Zwischen 1891 und 1900 unternahm der Schriftsteller eine neunjährige Europareise, um durch bezahlte Vorträge seine Schulden abzubauen. 1897 drangen Gerüchte in die USA, er sei im Ausland verstorben. Irgendwann bekam auch Twain eine Zeitung von zu Hause in die Hände, die seinen Tod meldete. Prompt kabelte er zurück: „The report of my death was an exaggeration." Er forderte auch eine Richtigstellung. Doch angeblich – so die Anekdote weiter – weigerte man sich bei der Zeitung. Man widerrufe nie etwas einmal Gedrucktes. Twain könne jedoch gegen einen Preis von einem Dollar eine neue Geburtsanzeige aufgeben. Doch das klingt, als sei es von dem Humoristen selbst erfunden.

Es ist nichts dabei, ein Komiker zu sein, wenn die ganze Regierung für dich arbeitet
Will Rogers (*1879 †1935)

Rogers, der aus dem Indianerterritorium in Oklahoma stammte, begann seine Künstlerkarriere im Zirkus mit Lassotricks, wurde dann Schauspieler und schrieb ab 1922 Zeitungskolumnen, über die er meinte: „Ich mache keine Witze. Ich beobachte nur die Regierung." Er müsse nicht einmal übertreiben, behauptete er. Aber natürlich waren es auch die vielen Bonmots, die seine Artikel populär machten. Etwa: „Man kann nicht sagen, dass die Zivilisation keine Fortschritte macht. In jedem Krieg töten sie einen auf neue Art." Oder: „Heldentum ist eine der kurzlebigsten Professionen, die es gibt", „Du musst ein Optimist sein, um ein Demokrat zu sein, und ein Humorist, einer zu bleiben", „Was das Land braucht, sind dreckigere Fingernägel und sauberere Gesinnungen", „Zehn Männer in unserem Land können das Ganze aufkaufen und zehn Millionen können nicht genug zu essen kaufen", „Ich bin nicht Mitglied einer organisierten Partei – ich bin ein Demokrat".

Fußballersprüche
Das ganze Stadion wird gegen uns sein. Ganz Deutschland wird gegen uns sein. Etwas Schöneres gibt es gar nicht. (Oliver Kahn)

Das ist lange her. Da muss ich noch Dauerwellen gehabt haben. (Martin Pieckenhagen)

Wie war die zweite Frage? Das ist nicht einfach, ich bin schließlich Fußballer. (Mehmet Scholl)

Ich bin an der Grenze aufgewachsen. Gegen Österreicher verliert man ungern. (Bastian Schweinsteiger)

Geld ist besser als Armut, wenn auch nur aus finanziellen Gründen
Woody Allen (Allen Stuart Königsberg) (*1935)

Ob der US-Komiker mit diesem Spruch persönliche Erfahrungen thematisiert, bleibt sein Geheimnis, doch 1976 philosophierte er in einem Essay über die Sparsamkeit, Geld sei nicht nur besser als Armut, sondern auch als Gesundheit. Denn schließlich könne niemand in einen Metzgerladen gehen, den Metzger mit seiner Gesundheit beeindrucken und „erwarten, dass der dafür irgendwelche Würste rausrückt". Unter finanziellen Gesichtspunkten gesehen gebe es eben nichts, was Geld übertreffe.

Ich habe nichts zu verzollen als mein Genie
Oscar Wilde (*1854 †1900)

Dies soll der Dichter dem verdutzten New Yorker Zollbeamten erklärt haben, als er 1882 in die Vereinigten Staaten einreiste. Wilde stand damals in Großbritannien erst am Anfang seiner Karriere, unternahm aber eine große Vortragsreise in die USA und Kanada. Teilweise wurde er enthusiastisch gefeiert, teilweise wirkte der extrem dandyhafte Brite auf die Amerikaner aber auch lächerlich. Vor allem die Kritiker verrissen ihn wegen seines Auftretens. Jedenfalls verursachte Wilde in den Staaten einen großen Wirbel. Aber auch er machte sich über Amerika lustig. „Amerika hat uns niemals verziehen, dass Europa ein wenig früher entdeckt worden ist", spottete er etwa. Oder: „Jugend ist Amerikas älteste Tradition. Sie hat nun seit 300 Jahren Bestand.", oder: „Wir haben fast alles mit Amerika gemeinsam – außer natürlich der Sprache."

Trainersprüche

Zwei Dinge im Leben weiß ich: Irgendwann müssen wir alle sterben und irgendwann wirst du als Trainer immer entlassen. *(Klaus Augenthaler)*

Ich weiß, dass es in Deutschland Hunderttausende von Bundestrainern gibt. Aber ich allein stehe in der Gehaltsliste des DFB. *(Sepp Herberger)*

Sex vor dem Spiel? Das können meine Jungs halten, wie sie wollen. Nur in der Halbzeit, da geht nichts. *(Berti Vogts)*

Wir spielen am besten, wenn der Gegner nicht da ist. *(Otto Rehhagel)*

Konzepte sind Kokolores. *(Erich Ribbeck)*

Ich habe mir mit Fingernägeln meine eigene Nische gegraben
Götz Alsmann (*1957)

Wer schon mit 14 mit Anzug und Haartolle herumläuft, eine Unzahl von verschiedensten Instrumenten spielt, „jazzartige Musik mit deutschen Texten" liebt und dabei einen Hang zu Klamauk hat, der muss sich wahrlich seine eigene Nische suchen. Götz Alsmann ist vor allem durch die Sendung *Zimmer frei* bekannt, in der Prominente sich einem fiktiven WG-Eignungstest unterziehen, zu dem ernsthafte Unterhaltung, aber auch Spiele wie auf einem Kindergeburtstag gehören. „Sie führt Gespräche, ich werfe mit den Nüssen", beschreibt Alsmann die Rollenverteilung mit Co-Moderatorin Christine Westermann (*1948).

Ich hab'n Handy!
Lukas Podolski (*1985)

Mit dieser lapidaren Bemerkung tat der Fußball-spieler einst die Frage ab, welche Uhr er denn besitze. Viele seiner Kollegen dagegen, die zwar ebenfalls über Handys mit Zeitauskunft auf dem Display verfügen, schmücken sich zusätzlich mit Rolex-Uhren und anderen Nobelmarken.

Man ist nie zu alt, nur zu spät
Nina Hagen (*1955)

Dass Alter keine Rolle spielen muss, demonstrieren wenige so prägnant wie die Sängerin Nina Hagen. Sie fiel schon in ihrer Jugend auf, weil sie schräger, schriller und unberechenbarer als alle anderen war, und sie ist es auch nach ihrem 50. Geburtstag geblieben. Sie sei nun mal Punkerin, erklärte sie in Interviews, und Punk sei eine Lebenseinstellung, die unabhängig vom Alter sei. Über ihre sich viel konventioneller gebende Tochter Cosma Shiva (*1981) meint sie aber respektvoll: „Die ist mir immer einen Schritt voraus." Damit meint sie vor allem das soziale Engagement ihrer Tochter. Cosma Shiva Hagen setzt sich etwa für das Verbot von Landminen oder die Rehabilitierung ehemaliger Kindersoldaten ein.

Ich weigere mich, ein höheres Alter als 52 anzugeben. Selbst wenn meine Söhne dadurch illegitim werden
Nancy Astor (*1879 †1964)

Ganz sicher ist es nicht, ob die für ihre Schönheit und ihre geistreichen und bissigen Sprüche bekannte Amerikanerin, die in England Politikerin und Gemahlin des Walddorf-Astor-Erben wurde, dies wirklich gesagt hat. Wenn ja, dann müsste man der Frau, die politisch zwar konservativ war, aber gerne feministische Sprüche machte, vorwerfen, nur ihre fünf Söhne im Blick gehabt, aber ihre 1909 geborene Tochter unterschlagen zu haben. Zu den Bonmots, die Lady Astor populär machten, gehörten etwa: „Frauen müssen die Welt sicher für Männer machen, da Männer sie so verdammt unsicher für Frauen gemacht haben", „Wir Frauen reden zu viel, aber selbst dann erzählen wir nicht die Hälfte von dem, was wir wissen" oder „Die Strafe für Erfolg ist, von den Leuten gelangweilt zu werden, die Sie vorher brüskiert haben."

Fußballfunktionäre
Bevor wir für einen Torwart 15 bis 20 Millionen Mark bezahlen, stelle ich mich selbst ins Tor.
(Reiner Calmund)

Das Wort „mental" gab es zu meiner Zeit als Spieler gar nicht. Nur eine Zahnpasta, die so ähnlich hieß.
(Rudi Assauer)

Ich bin schon zufrieden, wenn wir die Eröffnungsfeier nicht verlieren.
(Günther Beckstein über die WM 2006)

Wir haben kein Problem, nur zu wenig Punkte und zu wenig Tore. *(Walter Hellmich)*

Wenn der Schnee geschmolzen ist, siehst du, wo die Kacke liegt. *(Rudi Assauer)*

Man muss die Tatsachen kennen, bevor man sie verdrehen kann
Mark Twain (Samuel Langhorne Clemens) (*1835 †1910)

Diesen Ratschlag gab der US-Schriftsteller einmal seinem Kollegen Rudyard Kipling (1865–1936). Wörtlich forderte er ihn auf: „Get your facts first, and then you can distort them." Kipling arbeitete zeitweise als Auslandskorrespondent in Indien, nahm aber eine sehr romantisch verklärende Haltung gegenüber dem Kolonialismus ein.
Der Tod seines Sohnes im Ersten Weltkrieg stürzte ihn schließlich in eine Krise. Er verfasste folgenden Grabspruch für John: „If any question why we died, tell them, because our fathers lied." (Wenn's Fragen gibt, warum wir starben, sagt ihnen, weil unsere Väter gelogen haben).

Werbeslogans I

Alle reden vom Wetter. Wir nicht
(Deutsche Bahn)

Alles für diesen Moment
(Lufthansa, Passagierflüge)

Aus Erfahrung gut
(AEG, Haushaltsgeräte)

Bei ARD und ZDF sitzen sie in der ersten Reihe
(Öffentlich-rechtliches Fernsehen)

Da weiß man, was man hat
(VW, Automobile; Persil, Waschmittel)

Da werden Sie geholfen
(11800, Telefonauskunft)

Der Tag geht. Johnny Walker kommt
(Johnny Walker, Whiskey)

Die feine englische Art
(After Eight, Schokolade)

Die zarteste Versuchung seit es Schokolade gibt
(Milka, Schokolade)

Du bist Deutschland
(DuBistDeutschland.de, Internetprojekt)

Mein Mann versteht nichts von der Küche, ich nichts vom Fußball
Eva Herberger (*1897 †1989)

Eine traditionelle Rollenverteilung: Aber die Frau des ersten Bundestrainers bewies mit dieser Antwort, dass sie ebenso knappe und lakonische Sätze zu formulieren wusste wie ihr Mann. Die Ehe von Sepp und Eva Herberger galt jedenfalls als sehr glücklich, auch wenn Herberger die vielen Trainingslager der Nationalmannschaft einmal mit dem Satz rechtfertigte: „Die Ehe dauert immer länger als die aktive Laufbahn." Dies sollte ein kleiner Trost für die zu Hause bleibenden Frauen sein.

Reichtum

Ich hab was gegen Millionäre, aber wenn ich die Chance hätte, einer zu werden, könnte ich für nichts garantieren. *(Mark Twain, US-amerikanischer Autor, 1835-1910)*

Reichtum ist jedes Einkommen, das mindestens 100 Dollar im Jahr über dem Einkommen vom Mann der Schwester der Ehefrau liegt. *(H. L. Mencken, US-amerikanischer Autor, 1880-1956)*

Reichtum sollte nur einen Zweck haben: Armut abzuschaffen. *(Julius Nyerere, tansanischer Politiker, 1922-99)*

Werbeslogans II

Ein ganzer Kerl dank Chappi
(Chappi, Hundefutter)

Er läuft und läuft und läuft ...
(VW-Käfer, Automobile; Energizer, Batterien)

Es gibt viel zu tun. Packen wir es an
(Esso, Benzin)

Für das Beste im Mann *(Gilette, Rasierer)*

Geht nicht gibt's nicht
(Wolfgang Denz, Unternehmensberater;
Praktiker, Baumärkte)

Geiz ist geil! *(Saturn, Elektrogeräte)*

Haribo macht Kinder froh und Erwachsene
ebenso *(Haribo, Süßwaren)*

Konsum

Ein jeder Wunsch, wenn er erfüllt, kriegt
augenblicklich Junge. *(Wilhelm Busch,*
deutscher Autor und Zeichner, 1832-1908)

Reklame ist die Kunst, auf den Kopf zu
zielen und die Brieftasche zu treffen.
(Vance Packard, US-amerikanischer
Publizist, 1914-96)

Sattheit enthält, wie jede andere Kraft,
immer auch ein bestimmtes Maß an
Frechheit, und dies äußert sich vor allem
darin, dass der Satte dem Hungrigen
Lehren erteilt. *(Anton Tschechow,*
russischer Autor, 1860-1904)

Mit Drogen hatte ich nie Probleme – höchstens mit der Polizei
Keith Richards (*1943)

Ob der Rolling-Stones-Gitarrist wirklich keine Probleme mit seiner Heroinabhängigkeit hatte, darf man bezweifeln. Dass die Polizei aber mehrmals Drogen in unerlaubten Mengen bei ihm fand, brachte ihm zwar diverse Gerichtsverfahren, jedoch nie mehr als Bewährungsstrafe ein. Außerdem gestand Richards im Alter, dass er und Kollege Mick Jagger (*1943) den Medien früher die übertriebenen Berichte über das wilde Rock'n'Roller-Leben geliefert hätten, die diese gerne hören wollten. Dadurch hatte er sich ein derart wildes Image zugelegt, dass ihm viele auch glaubten, als er 2007 behauptete, er habe die Asche seines Vaters zusammen mit Kokain geschnupft. Alles nur ein Jux, ließ er jedoch wenig später erklären.

Nun siegt mal schön!
Theodor Heuss (*1884 †1963)

Mit diesem lockeren Spruch verabschiedete der damalige Bundespräsident eine Truppe Soldaten im Jahr 1958 – nein, nicht in den Krieg – ins Manöver. Die Worte machten daraufhin schnell in der Presse die Runde und Heuss fragte sich selbst: „Bist du mit diesem Wort, das zum Siegen ermuntert, für die Leute ein ‚Militarist' geworden, oder bist du ein scherzender Ironiker geblieben, der die ganze Sache nicht recht ernst nimmt?" Der Umgang mit der Bundeswehr war damals tatsächlich noch eine recht heikle Sache, schließlich war erst drei Jahre zuvor nach heftigen politischen Auseinandersetzungen die Wiederbewaffnung beschlossen worden. Es waren dann auch eher die Befürworter der Wiederbewaffnung, die sich an Heuss' Worten stießen und ihn zu schnoddrig und wenig staatsmännisch fanden.

Fußballanalysen

Branco tanzt und ich grätsche. Das ist der Unterschied zwischen Kamerun und Norwegen. *(Jan Åge Fjørtoft)*

Brasilianer waren sie noch nie, die Griechen. *(Thomas König)*

Die Schweden sind keine Holländer – das hat man ganz genau gesehen. *(Franz Beckenbauer)*

Wenn wir Deutschen tanzen, und nebenan tanzen Brasilianer, dann sieht das bei uns eben aus wie bei Kühlschränken. *(Berti Vogts)*

Heute hat man wieder mal gesehen, dass Jungs, die nicht Fußball spielen können, einem trotzdem das Spiel verderben können. *(Dirk Kuyt)*

Das war heute so ein Tag, an dem man sich beim Nasebohren den Finger bricht. *(Franz Beckenbauer)*

So ist Fußball. Manchmal gewinnt der Bessere
Lukas Podolski (*1985)

Diese lapidare Bemerkung des Nationalstürmers wurde 2006 von der Deutschen Akademie für Fußballkultur zum Fußballspruch des Jahres gewählt. Podolski brachte nicht nur auf den Punkt, dass im Fußball keineswegs immer die bessere Mannschaft als Sieger vom Platz geht, sondern machte diese Aussage auch noch nach einer besonders bitteren eigenen Niederlage: dem Aus bei der Heimweltmeisterschaft 2006 gegen Italien im Halbfinale. Den Fußballspruch des Jahres 2007 machte dann Trainer Hans Meyer (*1942): „In schöner Regelmäßigkeit ist Fußball doch immer das Gleiche." 2008 entschied sich die Jury für die Bemerkung des österreichischen Nationaltrainers Josef Hickersberger (*1948) während der WM 2008: „Wir haben nur unsere Stärken trainiert, deswegen war das Training heute nach 15 Minuten abgeschlossen." Dabei spielte seine Mannschaft bei der WM besser als viele Kritiker erwartet hatten.

Härte beim Fußball

Hass gehört nicht ins Stadion. Solche Gefühle soll man gemeinsam mit seiner Frau im Wohnzimmer ausleben.

(Berti Vogts)

Ich werde mir Mühe geben und ab jetzt versuchen, nur noch sympathisch zu grätschen.

(Jeff Strasser)

Wir brauchen wieder Spieler, die Gras fressen. Und wenn es sein muss, rohes.

(Jürgen Friedrich)

Wir haben mit der notwendigen fairen Brutalität gespielt.

(Christian Beeck)

Wir werden die Tabellenspitze mit Messer und Gabel verteidigen.

(Martin Wagner)

Tizian ist ja auch 102 geworden, und ich male nicht mal
Konrad Adenauer (*1876 †1967)

Als Adenauer 1949 Bundeskanzler wurde, war er bereits 73 Jahre alt und wahrscheinlich hätte damals niemand geglaubt, dass er 14 Jahre lang der mächtigste Mann im Staat bleiben würde. Erst Helmut Kohl amtierte noch länger, war aber bedeutend jünger an Jahren, als er sein Amt antrat. Natürlich blieb es nicht aus, dass Adenauers Alter immer wieder Thema wurde. Er kokettierte gerne damit - etwa, indem er einmal behauptete, gar nicht mehr so genau zu wissen wie alt er sei, um beim nächsten Mal unwirsch zu entgegnen: „Ich weiß selbst, wie alt ich bin." Der kanadische Premierminister jedenfalls soll nach der Begegnung mit Adenauer ausgerufen haben: „Du meine Güte, was für ein junger Mann - für dieses Alter."

Werbeslogans III

Neckermann macht's möglich	(Neckermann, Versandhandel)
Nicht immer, aber immer öfter	(Clausthaler alkoholfrei, Bier)
Nicht nur sauber, sondern rein	(Ariel, Waschmittel)
Nichts ist unmöglich	(Toyota, Automobile)
Nur Fliegen ist schöner	(Opel GT, Automobile)
Nur wo Nutella draufsteht, ist auch Nutella drin	(Nutella, Nussnugatcreme)
Quadratisch. Praktisch. Gut	(Ritter Sport, Schokolade)
Persil bleibt Persil	(Persil, Waschmittel)
Wir können alles. Außer Hochdeutsch	(Baden-Württemberg, Bundesland)
Wohnst du noch oder lebst du schon?	(IKEA, Einrichtungshäuser)

Wenn man nicht weiß, was man zu einer Gesellschaft anziehen soll, kommt man am besten als Erste. Dann haben die anderen das Gefühl, falsch angezogen zu sein
Dagmar Koller (*1939)

Ein guter Rat! Allerdings hatte die österreichische Schauspielerin und Sängerin nie ein Problem, eine gute Figur zu machen, sei es als Operettenstar, als Fernsehmoderatorin oder als Politikergattin. Denn als Frau von Bürgermeister Helmut Zilk (1927-2008) war Koller auch zehn Jahre lang die First Lady von Wien. Zuvor war Zilk österreichischer Kultusminister gewesen.

Fußballweisheiten jenseits von Herberger

Der Ball ist der springende Punkt.
(Dettmar Cramer)

Der Konjunktiv ist der Feind des Verlierers.
(Jens Lehmann)

Die ersten 90 Minuten sind die schwersten.
(Bobby Robson)

Fußball ist Ding, Dang, Dong. Es gibt nicht nur Ding.
(Giovanni Trappatoni)

Fußball ist einfach: Rein das Ding - und ab nach Hause.
(Lukas Podolski)

Im Leben gibt es nicht nur Sahnestücke, es gibt auch harten Butterkuchen.
(Dieter Burdenski)

Besitz

Manche Menschen haben nur das eine von ihrem Vermögen: die Angst, es zu verlieren. *(Antoine de Rivarol, französischer Autor, 1753-1801)*

Ich meine, wir sollten das, was wir besitzen, bisweilen uns so anzusehen bemühen, wie es uns vorschweben würde, wenn wir es verloren hätten. *(Arthur Schopenhauer, deutscher Philosoph, 1788-1860)*

Esel ziehen Häcksel dem Gold vor. Es steht in deinem Belieben, daraus deine eigenen Schlüsse zu ziehen. *(Heraklit, griechischer Philosoph, um 540-480 v. Chr.)*

Wir waren zu dritt in dieser Ehe – es war also etwas überfüllt
Diana Mountbatten-Windsor (*1961 †1997)

1995, drei Jahre nach ihrer offiziellen Trennung von dem britischen Thronfolger Charles (*1948), gab die britische Prinzessin Diana ein spektakuläres Interview, in dem sie über alle Probleme ihrer Ehe sprach. Sie gab eigene Affären zu, erklärte aber auch, dass ihr Mann immer noch eng mit seiner Jugendliebe Camilla Parker-Bowles (*1947) verbunden sei. Auf die Frage, welche Rolle Camilla beim Scheitern der Ehe gespielt habe, erwiderte Diana: „Well, there were three of us in this marriage, so it was a bit crowded." Das Interview verursachte einen großen öffentlichen Wirbel, dem bald die formelle Scheidung folgte.

Gerade bedeutende Politiker sind auch immer wieder mit prägnanten Aussagen bekannt geworden, in denen sie Leitlinien ihrer Politik in einen eingängigen Slogan packten. Teilweise stehen diese Sprüche exemplarisch für ihre Schöpfer und deren Persönlichkeit, teilweise wurden diese Devisen aber auch von anderen Politikern späterer Zeiten übernommen und bei passenden Gelegenheiten zitiert, wobei oftmals die Umstände, unter denen sie entstanden, nicht mehr im Bewusstsein sind.

Arm, aber sexy
Klaus Wowereit (*1953)

So charakterisierte der Berliner Bürgermeister im November 2003 in einem Interview seine Stadt. Tatsächlich hatte Berlin damals rund 60 Milliarden Euro Schulden. Viele nötige Investitionen konnten nicht getätigt werden, etwa die Sanierung von Schulgebäuden oder Straßen. Doch Touristen aus ganz Europa strömten in die deutsche Hauptstadt, da sowohl die Unterkünfte als auch Gastronomie und Clubs weit billiger als in anderen europäischen Metropolen waren. Vor allem junge Briten zogen es vor, über das Wochenende mit einem Billigflieger nach Berlin zu jetten, anstatt sich im teuren London zu vergnügen. Zudem lockten gerade Angebote und kleine Geschäfte, die von kreativen Menschen mit wenig Geld gemacht wurden. Allerdings wurden Wowereit auch heftige Vorwürfe gemacht. Wenn es etwa um die Lebensrealitäten armer Familien oder die Misere an manchen Schulen ging, betonten seine Kritiker, dass Armut keineswegs sexy sei, sondern unerträglich.

Politiker und Volk

Das schwierigste Problem für den Politiker besteht darin, den Steuerzahler zu schröpfen, ohne den Wähler zu schädigen.
(Amerikanisches Sprichwort)

Der Politiker denkt an die nächste Wahl, der Staatsmann an die nächste Generation.
(William Ewart Gladstone, britischer Politiker, 1809-98)

Der Wahnsinn aller Regierenden, vom Minister bis zum Hausmeister herab, ist, dass das Regieren ein großes Geheimnis sei, welches dem Volke zu seinem Besten verschwiegen werden muss. *(Ludwig Börne, deutscher Autor, 1786-1837)*

Blut, Schweiß und Tränen
Winston Churchill (*1874 †1965)

„Ich habe nichts anzubieten als Blut, Mühe, Tränen und Schweiß", erklärte der frisch ernannte Premierminister in seiner ersten Rede am 13. Mai 1940. Damit vollzog er einen radikalen Kurswechsel zur Vorgängerregierung unter Neville Chamberlain (1869-1940), die Hitler zwar nach dem Überfall auf Polen doch noch den Krieg erklärt hatte, jedoch nur wenige Anstalten machte, ihn zu führen. Churchill dagegen schwor Volk und Abgeordnete in seiner fulminanten Rede darauf ein, dass es keine Alternative dazu gebe, den Krieg gegen Hitler auszutragen. „Sie fragen, was unser Ziel ist?", sagte er. „Ich kann mit einem Wort antworten: Sieg. Sieg um jeden Preis, Sieg trotz allen Grauens, Sieg, egal wie lang und hart der Weg sein mag, denn ohne Sieg gibt es kein Überleben."

Blut und Eisen
Otto von Bismarck (*1815 †1898)

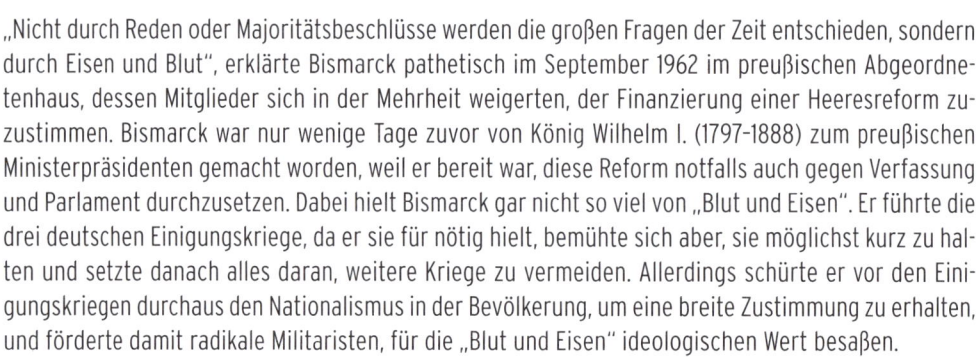

Politische Spitzen
Die Vereinigten Staaten tun immer das Richtige - nachdem sie jede andere Möglichkeit ausprobiert haben. *(Winston Churchill, britischer Politiker, 1874-1965)*

❋❋❋

Der Kapitalismus hat nicht gesiegt. Er ist übrig geblieben.
*(Gregor Gysi, deutscher Politiker, *1948)*

❋❋❋

Der Staat ist eine Notverordnung Gottes, um Böses zu verhindern. Man darf ihn nicht mit Gemütswerten behängen. *(Gustav Heinemann, deutscher Politiker, 1899-1976)*

❋❋❋

Gesetze sind wie Würste. Man sollte besser nicht dabei sein, wenn sie gemacht werden. *(Otto von Bismarck, deutscher Politiker, 1815-98)*

„Nicht durch Reden oder Majoritätsbeschlüsse werden die großen Fragen der Zeit entschieden, sondern durch Eisen und Blut", erklärte Bismarck pathetisch im September 1962 im preußischen Abgeordnetenhaus, dessen Mitglieder sich in der Mehrheit weigerten, der Finanzierung einer Heeresreform zuzustimmen. Bismarck war nur wenige Tage zuvor von König Wilhelm I. (1797-1888) zum preußischen Ministerpräsidenten gemacht worden, weil er bereit war, diese Reform notfalls auch gegen Verfassung und Parlament durchzusetzen. Dabei hielt Bismarck gar nicht so viel von „Blut und Eisen". Er führte die drei deutschen Einigungskriege, da er sie für nötig hielt, bemühte sich aber, sie möglichst kurz zu halten und setzte danach alles daran, weitere Kriege zu vermeiden. Allerdings schürte er vor den Einigungskriegen durchaus den Nationalismus in der Bevölkerung, um eine breite Zustimmung zu erhalten, und förderte damit radikale Militaristen, für die „Blut und Eisen" ideologischen Wert besaßen.

Business as usual
Winston Churchill (*1874 †1965)

„The maxim of the British People is: Business as usual", erklärte Churchill, damals britischer Marineminister, im November 1914, als er - wenige Monate nach Ausbruch des Ersten Weltkrieges - über die Auswirkungen des Krieges auf die Wirtschaft sprach. Um mögliche Panikreaktionen zu verhindern, versuchte er, die Briten und vor allem die britischen Geschäftsleute bei ihrer Ehre als coole und souveräne Menschen zu greifen und sie so darin zu bestärken, sich nicht vom Krieg beeinflussen zu lassen.

Ça ira
Benjamin Franklin (*1706 †1790)

Der Gelehrte war zwischen 1776 und 1785 US-amerikanischer Botschafter in Paris und fädelte dort eine Allianz mit Frankreich ein. Immer, wenn man ihn fragte, wie es um den Fortschritt des Unabhängigkeitskriegs bestellt sei, antwortete er mit einem locker-flockigen „Ça ira" (Wird schon gehen). Als wenige Jahre später die Französische Revolution ausbrach, wurden die zwei Worte als Schlachtruf der Aufständischen populär. 1790 entstand dann das gleichnamige Kampflied.

Das ist mehr als ein Verbrechen, das ist ein Fehler
Joseph Fouché (*1759 †1820)

Am 14. März 1804 ließ Napoleon (1769-1821) den 21-jährigen Herzog von Enghien, Louis Antoine Henri de Bourbon-Condé, ein Mitglied des französischen Königshauses, im badischen Ettenheim entführen, in einem Scheinprozess verurteilen und sieben Tage später erschießen. Das Ganze war zweifellos ein Verbrechen, doch so etwas konnte Joseph Fouché nicht erschüttern. Der hatte während der Französischen Revolution zu den Radikalen gehört, in Lyon ein Terrorregime errichtet, aber schließlich zum Sturz Robespierres beigetragen. Später verhalf er Paul Barras (1755-1828), dem Förderer Napoleons, an die Macht, unterstützte 1799 Napoleon bei dessen Staatsstreich und wurde Polizeiminister. Was die Hinrichtung des Herzogs anging, war er mit Napoleon jedoch nicht einer Meinung. Tatsächlich wurde Napoleon daraufhin im Ausland als Ungeheuer angesehen, doch mit diesem lag man sowieso schon im Krieg. Die französischen Royalisten jedoch waren durch den Mord an dem politisch ziemlich unbedeutenden Herzog so geschockt, dass sie keine weitere Gefahr darstellten. So war die Hinrichtung am Ende doch nur ein Verbrechen, aber kein politischer Fehler.

Medien

Die Menschen sind heutzutage nicht schlechter als früher. Nur die Bericht-
erstattung über ihre Taten ist gründlicher geworden.

(William Faulkner, US-amerikanischer Autor, 1897-1962)

Ich finde Fernsehen sehr belehrend. Jedes Mal, wenn es jemand anschaltet,
gehe ich in den Nebenraum und lese ein gutes Buch.

(Groucho Marx, US-amerikanischer Komiker, 1890-1977)

Nicht die Pille, das Fernsehen ist die wirksamste Methode zur Geburten-
beschränkung.

(Robert Lembke, deutscher Moderator, 1913-89)

Den Sozialismus in seinem Lauf halten weder Ochs noch Esel auf
August Bebel (*1840 †1913)

Dieser markige Spruch wurde von DDR-Staatschef Erich Honecker (1912-94) oft und gerne zitiert. Zum letzten Mal wohl im August 1989, als es in der DDR gelungen war, einen 32-Bit-Computerchip herzustellen. Doch sein Schöpfer ist nicht Honecker, sondern der Mitbegründer der SPD, August Bebel. Der äußerst populäre Bebel, der auch als „Arbeiterkaiser" bezeichnet wurde, war für seine mitreißenden Reden bekannt, sowohl vor großen Menschenmassen als auch in Reichs-
tagsdebatten. Obwohl er nicht zum linken Flügel der Partei zählte, sondern vielmehr die verschiedenen Strömungen in der SPD zusammenhielt, war Bebel getreu der marxistischen Lehre der Überzeugung, dass der Kapitalismus mit seinen ungerechten ökonomischen Verhältnissen irgendwann zwangsläufig durch den Sozialismus abgelöst werden müsse. Daran könne nicht einmal das christliche Weihnachten etwas ändern, ließ er den politischen Gegner im Reichstag mit diesem Spruch wissen.

Der wirklich Mächtige trägt seine Macht unter dem Revers, nicht im Knopfloch
Roger Peyrefitte (*1907 †2000)

Vielleicht wäre auch Peyrefitte selbst zu Macht gekommen, wenn er seine Überzeugungen weniger offen getragen hätte. Er war eigentlich für eine politische Karriere vorgesehen, schloss 1930 die elitäre École libre des sciences politiques als Jahrgangsbester ab und wurde französischer Botschaftssekretär in Athen, musste 1945 seine Karriere aber beenden. Ihm wurde Kollaboration mit den Nazis vorgeworfen, was später jedoch zurückgenommen wurde. Ausschlaggebender dürfte der Roman *Heimliche Freundschaften* gewesen sein, den er 1944 schrieb. Dies war eine Liebesgeschichte zwischen zwölf und 14 Jahre alten Jungen in einem katholischen Internat. Später trat Peyrefitte dann offen für Päderastie ein und machte sich auch mit bösen Satiren eine Menge Feinde.

Die Lage war noch nie so ernst
Konrad Adenauer (*1876 †1967)

Dies erklärte Bundeskanzler Adenauer gerne und oft, vor allem auch dann, als die schwierige Nachkriegszeit überwunden war und die junge Bundesrepublik im satten Wohlstand der Fünfziger Jahre schwelgte. Doch der Kanzler verstand es, dem Wahlvolk zu signalisieren, dass dieses Glück stets gefährdet sei und das Land deswegen weiter seiner kompetenten Führung anvertraut werden müsse. 1957 gewann er mit dem Wahlslogan „Keine Experimente" dann auch die absolute Mehrheit. Der Slogan war allerdings nicht von Adenauer, sondern von einer Werbeagentur erfunden. Adenauer soll daraufhin gesagt haben: „Wenn die Reklamefritzen dat meinen, denn machen wa dat so."

Was Politik ist

In der Politik muss man Prinzipien so hoch hängen, dass man nötigenfalls drunter hergehen kann.

(Franz Josef Strauß, deutscher Politiker, 1915-88).

✖ ✖ ✖

Politik ist der Spielraum, den die Wirtschaft ihr lässt.

*(Dieter Hildebrandt, deutscher Kabarettist, *1927)*

✖ ✖ ✖

Politik ist die Kunst des Möglichen.

(Otto von Bismarck, preußischer Politiker, 1815-98)

✖ ✖ ✖

Politik ist die Kunst, die Leute daran zu hindern, sich um das zu kümmern, was sie angeht.

(Paul Valéry, französischer Autor, 1871-1945)

Politiker I

Die bescheidenen Menschen wären die berufenen Politiker, wenn sie nicht so bescheiden wären. *(Ernst R. Hauschka, deutscher Autor, *1926)*

Politiker muss man nicht achten. Man muss auf sie achten. *(Dieter Hildebrandt, deutscher Kabarettist, *1927)*

Politiker rechnen so sehr mit der Stimme des Wählers, dass sie nicht dazu kommen, sie zu hören. *(Werner Schneyder, österreichischer Kabarettist, *1937)*

Es genügt nicht, dass wir unser Bestes tun. Manchmal müssen wir auch tun, was erforderlich ist. *(Winston Churchill, britischer Politiker, 1874-1965)*

Die Wahlversprechen von heute sind die Steuererhöhungen von morgen
William Lyon Mackenzie King (*1874 †1950)

Dieser oft von Oppositionspolitikern vorgetragene Vorwurf stammt von dem ehemaligen Premierminister Kanadas. Mackenzie King leistete nach dem Ersten Weltkrieg einen bedeutenden Beitrag zur Stabilisierung Kanadas und zur größeren Eigenständigkeit gegenüber Großbritannien. Dazu gehörte auch eine sehr erfolgreiche Steuerpolitik. 1942 sah er sich aber genötigt, eine Volksabstimmung abzuhalten, die ihn von einem Wahlversprechen entband. Es ging allerdings nicht um Finanzielles, sondern um das Versprechen, nur freiwillige Soldaten nach Übersee zu senden. Die Kanadier stimmten dabei in der Mehrheit zu, entgegen dem ursprünglichen Wahlversprechen die Wehrpflicht auch auf den Dienst in Übersee auszuweiten.

Ein braves Pferd stirbt in den Sielen
Otto von Bismarck (*1815 †1898)

1881 war Bismarck 75 Jahre alt und hatte mit der deutschen Einigung und der internationalen Einbindung des neu entstandenen Kaiserreichs schon viel erreicht. Doch mit dem Hinweis auf den braven Ackergaul wehrte er in einer Rede am 4. März jedes Ansinnen auf Rücktritt ab. Als Bismarck dann 1890 vom neuen Kaiser Wilhelm II. (1859-1941) in den Zwangsruhestand geschickt wurde, zeigte sich tatsächlich, dass es niemanden gab, der das komplizierte außenpolitische Balancespiel fortführen konnte. Bismarck hatte aber auch nie Mitarbeiter „angelernt". Er habe ein politisch unmündiges und auf starke Führungspersönlichkeiten fixiertes Volk hinterlassen, werfen manche Kritiker deshalb dem „Eisernen Kanzler" vor. Auch sei Bismarck - vor allem was die Innenpolitik betraf, in der er sowieso nie besonders erfolgreich war - zur Zeit seiner Entlassung schon sehr altersstarrsinnig und eigentlich nicht mehr regierungsfähig gewesen. Nur die Unfähigkeit seiner Nachfolger lässt seine Entlassung rückblickend als Fehler erscheinen.

Ein echter Pitbull ist nur dem Knochen verpflichtet
Joschka Fischer (*1948)

Manchmal fühle er sich angesichts der vielen politischen Querelen sehr müde, gestand der damalige Außenminister Joschka Fischer 1999 in einem Interview, doch trotzdem lasse er nicht los, so wie auch ein Hund den Knochen nicht loslasse. Er möge aggressive Untertöne und Streit, sagte er ein andermal. Wer ihn hilflos machen wolle, der müsse ihn loben. Bei Angriffen komme er erst in Fahrt.

● ● ● ● ● ● ● ● ● ● ● ● ● ● ● ●

Es ist nicht leicht, unter einem solchen Kanzler Kaiser zu sein
Wilhelm I. (*1797 †1888)

Diesen Stoßseufzer notierte Kaiser Wilhelm angesichts seines dominanten Kanzlers Bismarck (1815-98). Doch im Grunde hatte er es leicht. Die Mühsal des politischen Geschäftes übernahm nahezu komplett sein Kanzler. Wilhelm I. durfte sich ganz aufs Repräsentieren beschränken und brauchte dabei nicht zu befürchten, dass ihm Bismarck, der ein absolut loyaler Preuße war, den Glanz streitig machte. Intern allerdings setzte sich Bismarck bei politischen Differenzen immer gegen den König durch, beispielsweise als Wilhelm I. nach dem deutsch-deutschen Krieg von 1866 gerne mehr Beute gemacht hätte, Bismarck dies aber als Belastung für die geplante deutsche Einheit ansah. Aber da sich die beiden bei ihrem Ziel - einem starken, von Preußen dominierten Deutschland mit dem Haus Hohenzollern an der Spitze - einig waren, gab es auch nicht allzu viele Meinungsverschiedenheiten.

Demokratie

Alle Macht geht vom Volke aus und kommt nie wieder zurück.
(Gabriel Laub, deutsch-polnischer Satiriker, 1928-98)

Demokratie ist lustig.
(Joseph Beuys, deutscher Künstler, 1921-86)

Das demokratische System beruht auf der Überzeugung, dass man den Menschen die Wahrheit sagen kann.
(Carl Friedrich von Weizsäcker, deutscher Physiker, 1912-2007)

Die Demokratie ist ein Verfahren, das garantiert, dass wir nicht besser regiert werden, als wir es verdienen.
(George Bernard Shaw, irischer Autor, 1856-1950)

Geld

Das Geld, das man besitzt, ist das Instrument der Freiheit; dasjenige, dem man nachjagt, ist das Instrument der Knechtschaft. *(Jean-Jacques Rousseau, französisch-schweizerischer Philosoph, 1712-78)*

Der Mensch ist nicht frei, wenn er einen leeren Geldbeutel hat. *(Lech Wałęsa, polnischer Politiker, *1943)*

Um Geld verachten zu können, muss man es haben. *(Curt Goetz, deutsch-schweizerischer Autor und Schauspieler, 1888-1960)*

Vielleicht verdirbt Geld tatsächlich den Charakter. Auf keinen Fall aber macht Mangel an Geld ihn besser. *(John Steinbeck, US-amerikanischer Autor, 1902-68)*

81

Ett hett noch immer jut jejange
Konrad Adenauer (*1876 †1967)

Im schönsten Kölsch kommentierte der erste Bundeskanzler so den knappen Ausgang der Wahl am 15. September 1949. Adenauer hatte lediglich eine Stimme Mehrheit bekommen. Seine eigene, wie Spötter sagten, denn selbstverständlich hatte er selbst auch für sich gestimmt. Adenauer bekam bei dieser Wahl aber auch eine Stimme von der Opposition, die des Bayernpartei-Abge-

ordneten Johann Wartner (1883-1963). Wartner erklärte kurz vor seinem Tod, er habe entgegen dem Beschluss seiner Partei Adenauer gewählt, weil er mehrere Wahlgänge bei der Bundeskanzlerwahl als schlechtes Startsignal für die Demokratie gesehen habe. Hätte Adenauer aber im ersten Wahlgang die absolute Mehrheit verfehlt, hätte er durchaus noch mit relativer Mehrheit gewählt werden können, sodass die Geschichte der BRD damals nicht an einer Stimme hing.

Everybody's darling is everybody's Depp
Franz Josef Strauß (*1915 †1988)

Mit diesem englisch-bayerischen Wortpotpourri verteidigte der CSU-Vorsitzende seine Ecken und Kanten. Wer es allen Recht machen wolle, so seine Überzeugung, stehe am Ende als Depp ohne Einfluss dar. Viele Politikerkollegen gaben ihm da recht. „Wer in der Politik versucht, es allen Recht zu machen, wird bald everybody's Depp sein", sagte Edmund Stoiber einmal, und Gerhard Schröder meinte: „Wer versucht, jedermanns Darling zu sein, wird schnell everybody's Armleuchter."

Politiker II

Politiker sagen das, was ankommt und nicht das, worauf es ankommt. *(Hans-Olaf Henkel, deutscher Manager, *1940)*

Politiker sollten sich einfach ausdrücken und trotzdem kompliziert denken, anstatt einfach zu denken und sich kompliziert auszudrücken. *(Jean-Claude Juncker, luxemburgischer Politiker, *1954)*

Schlechte Kandidaten werden gewählt von guten Bürgern, die nicht zur Wahl gehen. *(Thomas Jefferson, US-amerikanischer Politiker, 1743-1826)*

Gerechtigkeit in der Politik

Der Palast ist nicht sicher, wenn die Hütte nicht glücklich ist. *(Benjamin Disraeli, britischer Politiker, 1804-81)*

Dies ist mein oberstes außenpolitisches Prinzip: eine gute Innenpolitik. *(William Ewart Gladstone, britischer Politiker, 1809-98)*

Es ist gefährlich, Recht zu haben, wenn die Regierung Unrecht hat. *(Voltaire, französischer Autor und Philosoph, 1694-1778)*

Glücklich das Volk, dessen Geschichte langweilig ist. *(Charles de Montesquieu, französischer Autor und Staatstheoretiker, 1689-1755)*

Freie Bahn für alle Tüchtigen, das sei unsere Losung
Theobald von Bethmann Hollweg (*1856 †1921)

Als der damalige deutsche Reichskanzler am 28. September 1916 im Reichstag diese Losung ausgab, war er selbst schon angeschlagen. Bethmann Hollweg war ein ehrenwerter Mann mit gemäßigt liberalen Ansichten, aber nicht besonders tüchtig. Seine Ernennung zum Reichskanzler 1909 nahm er nur äußerst widerstrebend an. Es gelang ihm dann auch nicht, Ordnung in die deutsche Politik zu bringen, die dafür berüchtigt war, dass vor allem der sprunghafte Kaiser Wilhelm II. (1859–1941), aber auch führende Militärs völlig unabgestimmt agier-

ten. Vor allem rechte Kreise, denen der Kanzler zu lasch war, agierten unter der Parole „Bethmann-soll-weg" gegen ihn. Vor dem Ersten Weltkrieg entschied Bethmann sich dann aber für eine riskante Politik, die einen Krieg in Kauf nahm, der auch prompt ausbrach. Während des Krieges kämpfte er – letztendlich vergebens – gegen Exzesse der Militärs wie etwa den uneingeschränkten U-Boot-Krieg. Im Juli 1917 zwang Erich Ludendorff (1865–1937), Chef der Obersten Heeresleitung, den Kaiser dann endgültig, Bethmann Hollweg zu entlassen.

Glauben Sie, meine Herren, es wird kein Haupt über Deutschland leuchten, das nicht mit einem vollen Tropfen demokratischen Öls gesalbt ist
Ludwig Uhland (*1787 †1862)

Uhland war nicht nur Dichter romantischer Balladen, sondern auch Rechtsanwalt, Professor für deutsche Sprache und ab 1819 liberaler Abgeordneter des württembergischen Landtages. Der Literat, der auch in seinen Gedichten für das Mittelalter schwärmte, trat dort energisch für das sogenannte „alte gute Recht" des Volkes aus vorabsolutistischer Zeit ein. 1848 wurde er dann württembergischer Gesandter der deutschen Nationalversammlung in der Paulskirche, die eine demokratische Verfassung für Deutschland ausarbeiten sollte. Dort tobte ein heftiger Streit zwischen den Anhängern einer republikanischen Verfassung und denen, die eine konstitutionelle Monarchie bevorzugten. Uhland forderte in seiner Rede vom 22. Januar 1849 auf jeden Fall eine demokratische Legitimation. Die Durchsetzung der Verfassung scheiterte dann aber am Widerstand der Fürsten und Deutschland erhielt 1871 mit Kaiser Wilhelm I. (1797-1888) ein Oberhaupt ohne jegliche demokratische Legitimation.

Hart in der Sache, nachgiebig in der Form
Claudio Aquaviva (*1543 †1615)

Als fünfter General des Ordens der Jesuiten war der adelige Italiener Claudio Aquaviva eine der wichtigen Gestalten seiner Zeit, da der Jesuitenorden der Träger der Gegenreformation war, die versuchte, möglichst viele Protestanten wieder für die katholische Sache zu gewinnen und so die Einheit der Christenheit wieder herzustellen. Für dieses Bemühen gab er die Devise aus: „Lasst uns stark in der Verfolgung unseres Zieles sein und nachgiebig in der Art und Weise, es zu erreichen."

I did it my way
Frank Sinatra (*1915 †1998)

Eine politische Devise von Frank Sinatra? Nun, ursprünglich war *My way* nur ein ungeheuer populärer Song von Sinatra. In dem Text, den der kanadische Sänger Paul Anka (*1941) schrieb, geht es um einen Mann, der Rückschau auf sein Leben hält und dabei feststellt: „Ich habe es auf meine Weise gemacht." 1989 jedoch erhob Gennadi Gerassimow (*1930), der außenpolitische Sprecher von Michail Gorbatschow (*1931), die Zeile zur politischen Devise, indem er erklärte, die Breschnew-Doktrin – die besagt, dass die Souveränität der Warschauer-Pakt-Staaten ihre Grenzen dort findet, wo das Interesse der sozialistischen Gemeinschaft tangiert wird – werde nun durch die Sinatra-Doktrin ersetzt: Jeder Staat des Warschauer Paktes könne auf seine Weise agieren, ohne ein Eingreifen der Sowjetunion befürchten zu müssen.

Ich hab hier bloß ein Amt und keine Meinung
Friedrich von Schiller (*1759 †1805)

Nein, dies war natürlich nicht die Überzeugung Schillers, der nicht nur mit der berühmten Zeile aus seinem *Don Carlos* „Sire, geben Sie Gedankenfreiheit" leidenschaftlich für die Freiheit der eigenen Meinung eintrat. Den Satz legt er vielmehr dem Oberst Wrangel in seinem Drama *Wallenstein* in den Mund. Das klingt nach feiger Ausflucht, doch dem Wrangel im Drama ist kein Vorwurf zu machen, denn er kommt als schwedischer Unterhändler zu Wallenstein. Sich von Wallenstein in dieser Situation nötigen zu lassen, seine privaten Ansichten zu gestehen, wäre ein grober diplomatischer Fauxpas gewesen, zumal es nicht so ist, dass Wrangel durch sein Amt versucht ist, gegen sein Gewissen zu handeln. Aber das ändert nichts daran, dass Schillers Zitat die Ausflucht von Menschen, die sich in Gewissenskonflikten tatsächlich mit ihrem Amt, ihrer Pflicht oder den Befehlen der Vorgesetzten entschuldigen, gut auf den Punkt bringt.

Ich jage nie zwei Hasen auf einmal
Otto von Bismarck (*1815 †1898)

Dies gab der preußische Ministerpräsident und Kanzler des Deutschen Reiches einmal als sein Erfolgsrezept an. Tatsächlich war Bismarck vor allem außenpolitisch ein ausgesprochener Realpolitiker, der nicht den Fehler machte, zu viel zu wollen. Außenpolitisch ging es ihm zum Beispiel vor allem darum, das neugegründete Deutsche Reich zu sichern, vor allem gegen Revanchegelüste Frankreichs nach dem Krieg von 1870/71. Dafür verzichtete er z. B. auf weitere Expansion. Kaiser Wilhelm II. (1859-1941) dagegen wusste sich nicht zu beschränken. Er jagte nach Bismarcks Entlassung aller Beute auf einmal nach. Er bemühte sich um Kolonien, die größte Flotte und eine Dominanz gegenüber den Nachbarländern und verstand nicht, warum er sich damit international immer mehr Feinde machte.

Ich liebe nicht den Staat, ich liebe meine Frau
Gustav Heinemann (*1899 †1976)

Heinemann, der von 1969 bis 1974 Bundespräsident war, war eine Gestalt, die polarisierte. Während der Nazizeit war er Rechtsberater der Bekennenden Kirche gewesen, danach kämpfte er vehement gegen die Wiederbewaffnung und vor allem gegen eine mögliche atomare Aufrüstung der Bundesrepublik. Er schied im Streit aus der CDU aus und wurde Justizminister der SPD. Als solcher setzte er eine Große Strafrechtsreform durch, die unter anderem die Strafen für Ehebruch und homosexuellen Geschlechtsverkehr aufhob. Auch sein Verständnis für die protestierenden Studenten brachte ihm von konservativer Seite viel Kritik ein. Als er mit äußerst knapper Mehrheit zum Bundespräsidenten gewählt wurde, erklärte er in seiner Antrittsrede: „Es gibt schwierige Vaterländer. Eines davon ist Deutschland. Aber es ist unser Vaterland." Vielen seiner Gegner war das zu wenig emotional, doch Heinemann machte mehrmals klar, dass er es für unangemessen hielt, einen Begriff wie Liebe auf das Verhältnis zu einem politischen Gebilde wie einer Nation anzuwenden. Wegen seiner knappen, trockenen Aussagen wurde er auch „Gustav der Karge" genannt. Privat soll er das Reden ebenfalls gerne seiner Frau Hilda (1896-1979) überlassen haben.

Gerechtigkeit

Das Leben ist nicht gerecht, und für die meisten von uns ist das gut so.
(Oscar Wilde, britischer Autor, 1854-1900)

Die Gerechtigkeit ist Herrschaft über alle Herrschaft.
(Simone Weil, französische Philosophin, 1909-43)

Es ist viel leichter, kritisch zu sein als korrekt.
(Benjamin Disraeli, britischer Politiker, 1804-81)

Gerechtigkeit ist Wahrheit in Aktion.
(Benjamin Disraeli)

Ihr seid alle Idioten, zu glauben, aus eurer Erfahrung etwas lernen zu können. Ich ziehe es vor, aus den Fehlern anderer zu lernen, um eigene Fehler zu vermeiden
Otto von Bismarck (*1815 †1898)

Wann Bismarck dies gesagt haben soll, ist nicht bekannt - vermutlich eher im privaten, kleinen Kreis und nicht in der Öffentlichkeit, sollte der Ausdruck „Idioten" wirklich gefallen sein. Auf jeden Fall passt die Devise zum „Eisernen Kanzler", auch wenn man beim Betrachten seiner Biografie sieht, dass auch er gelegentlich aus eigenen Fehlern lernte. So galt der „tolle Bismarck" in seiner Studentenzeit als einer, der sich vor allem mit Glücksspiel, Alkohol, Renommiergefechten und Liebesaffären beschäftigte. Und zu Beginn seiner politischen Laufbahn meinte König Friedrich Wilhelm IV. (1795-1861), er sei „nur zu gebrauchen, wo das Bajonett schrankenlos waltet". Noch keine Spur von einem großem Staatsmann also.

George W. Bush

Die Entscheidungen, die wir in Washington treffen, haben offenbar direkten Einfluss auf die Menschen in unserem Land.

✪ ✪ ✪

Dieser außenpolitische Kram ist ein bisschen frustrierend.

✪ ✪ ✪

Es ist eindeutig ein Haushaltsplan. Es stehen viele Zahlen drin.

✪ ✪ ✪

Es ist Ihr Geld. Sie haben dafür bezahlt.

✪ ✪ ✪

Was an Büchern am besten ist: Manchmal sind ganz fantastische Bilder drin.

✪ ✪ ✪

Was ich mit Tony Blair gemeinsam habe? Wir benutzen beide Colgate Zahnpasta.

✪ ✪ ✪

Wir sollten den Kuchen höher machen.

Immer daran denken, nie davon sprechen
Léon Gambetta (*1838 †1882)

Im Jahr 1870 gehörte der französische Politiker Gambetta zu der Minderheit, die gegen einen Krieg mit Deutschland war, während die Mehrheit die Meinung vertrat, eine Kriegserklärung sei die einzig richtige Antwort auf die Provokation des deutschen Kanzlers Bismarck (1815–98), der das Benehmen des französischen Botschafters gegenüber Kaiser Wilhelm I. (1797-1888) in Bad Ems noch unverschämter darstellte, als es in Wirklichkeit gewesen war. Als Kaiser Napoleon III. (1808-73) dann am 2. September bei Sedan eine verheerende Niederlage erlitt und kapitulierte, war Gambetta aber einer von denen, die eine Dritte Republik ausriefen und weiterkämpften. Als die Lage immer aussichtsloser wurde, war sein Kampfeifer sogar so groß, dass ihn einstige Mitstreiter als „fou furieux", als „zornigen Narren", bezeichneten. Mit der Parole „Toujours y penser, jamais en parler" schürte er nach dem Krieg die Revanchegelüste gegen die deutschen Sieger. Innenpolitisch jedoch sorgte er gegen erheblichen Widerstand dafür, dass Frankreich eine Republik blieb. Er wurde sogar für kurze Zeit Premierminister.

In Staub mit allen Feinden Brandenburgs
Heinrich von Kleist (*1876 †1967)

Mit dieser Parole endet Kleists Stück *Prinz Friedrich von Homburg*. Sie kam so gut an, dass sie in der Folge gerne benutzt wurde, um die Wehrhaftigkeit Brandenburg-Preußens zu betonen, meist in der Variante „In den Staub ...". Dass sich die Großmacht Preußen durch eine aggressive Machtpolitik ihre Feinde oft genug erst selbst schuf und nicht mehr viel gemein hatte mit dem von Kleist beschriebenen Kurfürstentum Brandenburg, das sich 1675 in der Schlacht bei Fehrbellin gegen einen Einmarsch der Schweden gewehrt hatte, wurde dabei großzügig übersehen.

Aus dem Mund der Politiker I

Wir haben beide Humor. Sie in der Praxis, ich in der Theorie. [über seine Frau und sich]
*(Edmund Stoiber, ehemaliger bayerischer Ministerpräsident, *1941)*

Ich möchte hier leidenschaftlich für das Recht der Abgeordneten eintreten, Unsinn zu reden. Es ist eines der Grundrechte des Parlaments. *(Hans Dichgans, CDU-Abgeordneter, 1907-80)*

Machen Sie sich erst einmal unbeliebt. Dann werden Sie auch ernst genommen.
(Konrad Adenauer, Bundeskanzler, 1876-1967)

Nachdem Stoiber noch nichts gesagt hat, weiß ich nicht, was mein Wille ist.
*(Günther Beckstein, später Stoibers Nachfolger als Ministerpräsident, *1943)*

Wer mit Affen spielt, wird gelegentlich gebissen. *(Friedrich der Große, 1712-1786)*

Moral

Alles, was ich weiß, ist, dass man das Leben nicht verstehen kann ohne viel Güte, dass man es nicht leben kann ohne viel Güte. *(Oscar Wilde, irischer Autor, 1854-1900)*

Güte beim Denken erzeugt Tiefe, Güte beim Verschenken erzeugt Liebe, Güte in den Worten erzeugt Wahrheit.
(Laotse, chinesischer Philosoph, 6. Jh. v. Chr.)

Wie ohnmächtig auch die guten und gerechten Menschen sein mögen, sie allein machen das Leben lebenswert.
(Albert Einstein, Physik-Nobelpreisträger, 1879-1955)

Tugend will ermuntert sein, Bosheit kann man schon allein. *(Wilhelm Busch, deutscher Autor und Zeichner, 1832-1908)*

Karnickel hat angefangen
Friedrich Christoph Förster (*1791 †1868)

Karnikkeltod heißt ein Gedicht, das der Schriftsteller Förster im Jahr 1827 schrieb. Es handelt von einem Hund, der auf dem Markt ein Kaninchen totbeißt. Daraufhin kommt es zum Streit zwischen den Besitzern, der damit endet, dass ein Schusterjunge, der sich beim Besitzer des Hundes einschmeicheln will, gegenüber der Polizei erklärt: „Ich hab's gesehen: Karnickel hat angefangen." Die letzten drei Worte wurden daraufhin im Berlin des 19. Jahrhunderts zum geflügelten Wort für Situationen, in dem die Schuld einem völlig Unschuldigen oder sogar dem Opfer zugeschoben wurde.

Landgraf, werde hart!
(Volksmund)

Der Landgraf Ludwig II. von Thüringen (1128-72) trägt den Beinamen „der Eiserne", da er mit harter Hand gegen den Adel in seinem Land vorging, der die einfache Bevölkerung tyrannisierte. Eine Anekdote erzählt jedoch, Ludwig habe anfangs äußerst milde und nachsichtig regiert, wovon aber eben nur dieser Adel profitierte. Eines Nachts habe er dann nach einer Jagd in der Schmiede von Ruhla südöstlich von Eisenach um Unterkunft gebeten, sich aber als sein eigener Jäger ausgegeben. Allein die Erwähnung des Landgrafen brachte den Schmied zu einem Hassausbruch und er hielt dem vermeintlichen gräflichen Jäger vor, wohin die Milde des Grafen die armen Menschen bringe. Die ganze Nacht soll er mit seinem Hammer wütend auf das Eisen auf seinem Amboss eingedroschen haben und dabei immer wieder vehement ausgerufen haben: „Landgraf, werde hart, werde hart wie dieses Eisen." Dies soll sich der Landgraf dann zu Herzen genommen haben.

Macht macht schlecht. Absolute Macht macht absolut schlecht
John E. Acton (*1834 †1902)

Mit diesen harschen Worten urteilte Baron Acton, ein englischer Historiker und Meinungsführer der liberalen britischen Katholiken, 1870 über Papst Pius IX. (1792–1878), als dieser das Dogma von der päpstlichen Unfehlbarkeit verkündete. Wörtlich schrieb Acton: „Power tends to corrupt, and absolute power corrupts absolutely."

Opposition ist Mist
Franz Müntefering (*1940)

„Lasst das die anderen machen. Wir wollen regieren." Mit diesen kämpferischen Worten stachelte Müntefering die SPD-Abgeordneten auf dem Sonderparteitag vom 21. März 2004 vor seiner Wahl zum neuen Vorsitzenden der Sozialdemokraten an. Müntefering wurde anschließend auch mit über 95 Prozent Zustimmung gewählt, einem der besten Wahlergebnisse in der Geschichte der SPD überhaupt.

Politik ist die Kunst des Möglichen
Otto von Bismarck (*1815 †1898)

Der „Eiserne Kanzler" betonte öfter, dass er Politik für eine Kunst wie Malen oder Bildhauen halte. Im Januar 1886 etwa sagte er vor dem Preußischen Landtag: „Ich kann versichern, die Politik ist keine Wissenschaft, die man lernen kann. Sie ist eine Kunst, und wer sie nicht kann, der bleibt besser davon." Die Kunst dabei: zu erkennen, welche Dinge möglich und welche unmöglich sind, und die möglichen dann umzusetzen. Bismarck hielt sehr viel für möglich und schaffte es beispielsweise, die Einigung Deutschlands herbeizuführen. Inzwischen wird die Parole von der Politik als der Kunst des Möglichen aber oft verwendet, um eine sehr zurückhaltende, risikofreie Politik ohne Utopien zu betreiben. Václav Havel (*1936) sagte deshalb: „Aus meiner Erfahrung kann ich nur sagen: Politik ist nicht die Kunst des Möglichen, sondern des Unmöglichen." Der Schriftsteller Havel war nach der Niederschlagung des Prager Frühlings 1967 einer der führenden Dissidenten der Tschechoslowakei und saß im Gefängnis. 1989 wurde er dann Präsident des Landes.

Selbsterkenntnis

Das Gewissen ist eine Schwiegermutter, deren Besuch niemals endet.
(Henry Louis Mencken, US-amerikanischer Autor, 1880-1956)

Die stärkste Kraft reicht nicht an die Energie heran, mit der manch einer seine Schwäche verteidigt.
(Karl Kraus, österreichischer Autor, 1874-1936)

Wenn Güte als gut gelten will, wird sie zu Ungutem.
(Laotse, chinesischer Philosoph, 6. Jh. v. Chr.)

Wir sind unser eigener Teufel und machen uns diese Welt zur Hölle.
(Oscar Wilde, irischer Autor, 1854-1900)

Schlag die Germanistik tot, färbt die blaue Blume rot
(Studentenslogan der 68er)

Die „blaue Blume" ist ein Motiv aus dem Roman *Heinrich von Ofterdingen* von Novalis (1772-1801). Der Held träumt von dieser Blume, die all seine Sehnsüchte verkörpert. Die blaue Blume wurde durch den Roman zum Symbol der Romantik. Solch nebelhaft versponnene Ziele und eine Wissenschaft, die sich mit derart weltfernen Werken befasste, waren bei den protestierenden Studenten 1968 natürlich überhaupt nicht mehr gefragt. Sie forderten auch hier eine politische Ausrichtung, wobei die Richtung natürlich links (rot!) sein sollte.

Sí, se puede
César Chávez (*1927 †1993)

„Ja, man kann", lautet dieser Slogan. Chávez, der ihn 1972 während eines demonstrativen Hungerstreiks populär machte, war ein Kleinbauernsohn aus Mexiko, der in den USA für die Rechte der Landarbeiter kämpfte, die Arbeiter gewerkschaftlich organisierte und so dafür sorgte, dass sich ihre Lebensumstände entscheidend verbesserten. Sein Motto wurde in den 1970er-Jahren in der englischen Fassung „Yes, we can" auch von anderen Gewerkschaften verwendet. 2008 machte es Barack Obama (*1961) in seinem Präsidentschaftswahlkampf wieder populär.

Spitzbart, Bauch und Brille – sind nicht des Volkes Wille
(DDR-Slogan)

Diesen Reim skandierten die streikenden Arbeiter bei ihrem Volksaufstand am 17. Juni 1953. Mit dem Spitzbart meinten sie Walter Ulbricht, den Generalsekretär der SED, mit dem Bauch Präsident Wilhelm Pieck und mit der Brille Ministerpräsident Otto Grotewohl. Die größte Ablehnung galt aber Ulbricht (1893-1973), weswegen viele Demonstranten auch einfach nur forderten: „Es hat keinen Zweck! Der Spitzbart muss weg!" Ironie der Geschichte: Manche Historiker meinen, dass der Aufstand Ulbricht rettete, da sich die Sowjetführung nach der Niederschlagung scheute, den intern umstrittenen Ulbricht abzulösen, aus Furcht, dies könne als Nachgeben und damit Zeichen der Schwäche interpretiert werden.

Und willst du nicht mein Bruder sein, so schlag ich dir den Schädel ein
(Volksmund)

Dieser Reim kam 1848 auf, als viele Aufständische Parolen der Französischen Revolution wie „Freiheit, Gleichheit, Brüderlichkeit" skandierten, aber teilweise auch versuchten, die Brüderlichkeit oder Solidarität der anderen mit Gewalt zu erzwingen. Auch während der Französischen Revolution war schon der Spruch „Brüderlichkeit oder Tod" kursiert, was einige Gruppen bitterernst meinten. Schließlich maßten sich die Radikalen die Deutungshoheit darüber an, was die „richtige" Revolution sei, und brachten schließlich die, die anderer Meinung zu sein wagten, unter die Guillotine.

Unter den Talaren – Muff von 1000 Jahren
(Studentenslogan der 68er)

Als am 9. November 1967 im Audimax der Hamburger Universität die feierliche Einführung des neuen Rektors stattfinden sollte, entrollten plötzlich die beiden Studenten Detlev Albers und Gert Hinnerk Behlmer ein schwarzes Transparent mit diesem Spruch. Inspiration war ein Graffito auf einem Bauzaun gewesen, das lautete: „Es mieft an der Universität, und das seit 100 Jahren." Albers und Behlmer machten 1000 daraus, nicht, weil sie die Wurzeln des Muffs im Mittelalter sahen, sondern um auf Hitlers „1000-jähriges Reich" anzuspielen. Die nicht aufgearbeitete Nazi-Geschichte und der Verbleib alter Koryphäen dieser Epoche im Amt gehörten mit zu den Dingen, gegen die sich die Wut der Studenten damals im Besonderen richtete. In der Folge wurde die Hamburger Parole zu einem DER Slogans der 68er-Bewegung – und der Talar an den deutschen Universitäten abgeschafft.

Was damals rechtens war, kann heute nicht Unrecht sein
Hans Filbinger (*1913 †2007)

Mit diesen Worten verteidigte sich der damalige baden-württembergische Ministerpräsident, als 1978 bekannt wurde, dass er in der NS-Zeit als Marinerichter an Todesurteilen mitgewirkt hatte. Besonders schwer wog der Fall des jungen Matrosen Walter Gröger, der 1943 Vorbereitungen zur Fahnenflucht getroffen hatte, schließlich aber doch nicht desertierte. Gröger wurde zuerst nur zu acht Monaten Zuchthaus verurteilt, aber in einem zweiten Verfahren zum Tode verurteilt und am 16. März 1945 hingerichtet. Der Staatsanwalt, der das Todesurteil forderte und später die Hinrichtung leitete, obwohl die NS-Gesetze für Fahnenflucht keineswegs zwingend die Todesstrafe vorsahen, war Hans Filbinger. Diesem wurde seine uneinsichtige Haltung („Fahnenflucht war nicht nur in Deutschland, sondern in allen Nationen der Welt ein mit Todesstrafe bedrohtes Delikt") schließlich zumindest politisch zum Verhängnis: Er musste als Ministerpräsident zurücktreten.

Wir wollen mehr Demokratie wagen
Willy Brandt (*1913 †1992)

Diese berühmte Parole gab Willy Brandt bei seiner Regierungserklärung am 28. Oktober 1969 aus. „Wir werden unsere Arbeitsweise öffnen und dem kritischen Bedürfnis nach Information genüge tun. Wir werden darauf hinwirken, dass durch Anhörungen im Bundestag, durch ständige Fühlungsnahme mit den repräsentativen Gruppen unseres Volkes und durch umfassende Unterrichtung über die Regierungspolitik jeder Bürger die Möglichkeit erhält, an der Reform von Staat und Gesellschaft mitzuwirken." Zu den innenpolitischen Reformen, die Brandt dann einleitete, gehörte etwa, das Wahlalter von 21 auf 18 Jahre zu senken. Allerdings wurde er gerade wegen dieser vollmundigen Versprechen auch besonders getadelt, als er 1972 einen Radikalenerlass verantwortete, der eine Anstellung im öffentlichen Dienst auch dann schon unmöglich machte, wenn nur Zweifel an der verfassungskonformen Einstellung des Bewerbers vorlagen.

Zwischen mich und mein Volk soll sich kein Blatt Papier drängen
Friedrich Wilhelm IV. von Preußen (*1795 †1861)

Dieses Bild für enge Geschlossenheit verwendete der preußische König in einer Thronrede im Jahr 1847 – und übersah, wie sehr es schon in seinem Volk gärte. Ein Jahr später kam es zu den Aufständen von 1848. Denn das Blatt Papier, von dem der König gesprochen hatte, war nicht einfach eine Metapher für einen besonders dünnen Gegenstand, sondern bezog sich auf eine schriftlich fixierte Verfassung und garantierte Bürgerrechte, die von immer mehr Menschen gefordert wurden. Erschreckt durch die Aufstände, sagte der König auch Reformen zu. Als ihm aber wiederum ein Jahr später das Paulskirchenparlament die Krone eines demokratischen Deutschlands anbot, lehnte er mit harschen Worten („Krone aus der Gosse") ab und verhinderte damit sowohl die Einigung als auch die Demokratisierung. Dabei galten seine Gedanken wohl weniger seinem Volk, das beides sehnlich wünschte, als seinem Ruf unter den anderen Monarchen. Zu neuer Blüte verhalfen die SPD-Rivalen Oskar Lafontaine (*1943) und Gerhard Schröder (*1944) dem Vergleich im Bundestagswahlkampf 1998. Obwohl sie weniger auf ein schriftliches Dokument, das sie hätte spalten können, sondern auf enge Geschlossenheit anspielten, die nicht einmal einen papierdünnen Spalt offen lasse, tat sich zwischen beiden nach der Wahl bald ein großer Abgrund auf.

Friedrich Wilhelm IV. zählt an den Uniformknöpfen ab, ob er die Krone annehmen soll (Karikatur von 1849)

Über das Denken

Alle können denken; nur bleibt es den meisten erspart.

Die Intelligenz lief ihm nach, doch er war schneller.

Bei manchen fällt der Groschen eben pfennigweise.

Jeder wird mal klug. Die einen vorher, die anderen nachher.

Vorsicht ist besser als Nachsicht.

Der Verstand ist unser größtes Vermögen, aber Armut ist keine Schande.

Überlegen macht überlegen.

7

UNTERHALTSAME VERSPRECHER

Im Eifer des Interviews geraten vielen Prominenten schon mal die Buchstaben oder Wörter durcheinander. Besonders Sportler, denen unmittelbar nach dem Wettkampf ein Mikrofon unter die Nase gehalten wird, haben schon so manchen amüsanten Unsinn von sich gegeben. Doch nicht immer ist ein Versprecher nur ein harmloser, sprachlicher Lapsus. Manchmal liegt auch der Verdacht nahe, es könne sich um einen sogenannten freudschen Fehler handeln, ein sprachliches Versehen, das unfreiwillig die eigentlichen Gedanken des Sprechers entlarvt. Vor allem, wenn dies Politikern und anderen Machthabern passiert, wird das Volk schnell hellhörig.

Abgeordnete sind genug drin. Wir brauchen jetzt noch ein paar Sachverständige
Roman Herzog (*1934)

Ganz sicher wollte Ex-Bundespräsident Roman Herzog den Abgeordneten, die der 2003 unter seinem Vorsitz gegründeten CDU-Kommission zur Reform der sozialen Sicherungssysteme angehörten, nicht den Sachverstand absprechen. Dass sich eine Kommission sowohl aus politischen Mandatsträgern – die natürlich auch über ausreichend Fachwissen zum Thema verfügen sollen – und externen Sachverständigen, die ausgewiesene Experten auf diesem Gebiet sind, zusammensetzt, ist eigentlich auch normal. Aber angesichts von zahlreichen politischen Fehlentscheidungen, bei denen es Politiker oft am nötigen Sachverstand fehlen lassen, kommt Herzogs Bemerkung höchst doppeldeutig an.

Aus dem Mund der Kommentatoren

Auch ohne Matthias Sammer hat die deutsche Mannschaft bewiesen, dass sie in der Lage ist, ihn zu ersetzen. (Marcel Reif)

Da ärgert er sich wie ein Schneekönig. (Sabine Töpperwien)

Die Achillesferse von Bobic ist die rechte Schulter. (Gerd Rubenbauer)

Es steht im Augenblick 0:0. Aber es hätte auch umgekehrt lauten können. (Heribert Faßbender)

Wenn man ihn jetzt ins kalte Wasser schmeißt, könnte er sich die Finger verbrennen. (Gerhard Delling)

Aber inzwischen eröffnen Computer und Internet ganz neue Austausch- und Informationskontrolle
Wolfgang Schäuble (*1942)

„Kanäle" hatte der Bundesinnenminister eigentlich sagen wollen. Doch all die, denen die staatliche Überwachung - auch in den neuen Medien -, die Schäuble nach den Terroranschlägen vom 11. September 2001 intensiviert hat, zu weit geht, sind natürlich überzeugt, dass dem Minister ein freudscher Fehler unterlaufen ist. Auch der Satz, den Schäuble im Rahmen der 3. Berliner Medienrede der Evangelischen Kirche im November 2008 zuvor sagte, war schon etwas seltsam: „Aber natürlich hat uns auch das letzte Jahrhundert gelehrt, dass wir der Verführungskraft der Medien nicht zu uneingeschränkt trauen dürfen." Es mag einzelne Menschen geben, die den Medien uneingeschränkt trauen, aber niemand wird etwas vertrauen, was er als Verführungskraft erkannt hat.

Aus dem *Trierischen Volksfreund*

Borussia Mönchengladbach steht zumindest noch mit einem Bein im Ackerboden des Niederrheins, und mit dem anderen winkt es der aufgehenden Sonne am Himmel des europäischen Fußballs entgegen.

Also, erstmal gibt es keinen Grund, schlafende Hunde, oder wie immer man das nennt, in den Schubladen zu wecken
Michael Glos (*1944)

Schon mal einen schlafenden Hund in der Schublade gehabt? Oder wie nennen Sie das, was in Ihren Schubladen schlummert? Wichtige Papiere vielleicht? Oder Akten? Bundeswirtschaftsminister Glos jedenfalls erreichte mit diesem sprachlichen Bild das Gegenteil von dem, was er gewollt hatte. Als Ende des Jahres 2008 die Finanzkrise einsetzte, erinnerten sich viele an diesen Kommentar, den Glos im April des Jahres zur Eintrübung der Wirtschaft abgegeben hatte, und fragten sich, ob man im Wirtschaftsministerium nicht ein paar Hunde „oder wie immer man das nennt" zu viel schlummern lässt.

Das ist so reich an Arbeitskräften, aber es fehlt ihnen eben an Menschen
Heinrich Lübke (*1894 †1972)

Nach seinem Staatsbesuch in Kanada 1967 war der Bundespräsident tief beeindruckt von der Größe und dem Pioniergeist im Land: „In diesem Lande sich zu bewegen ist etwas völlig Neues unserem Lande gegenüber", erzählte er. „Wenn wir hier in Europa, wenn wir ein paar Stunden unterwegs sind im Flugzeug, über mehrere Grenzen kommen, ist da drüben dieses Land, das 40-mal so groß wie Deutschland ist, aber nur 19 Millionen Einwohner hat, also ein Drittel der Einwohner, die Deutschland hat auf diesem kleinen Fleck, das ist so zukunftsträchtig, das ist so reich an Bodenschätzen, das ist so reich

---

Nach dem Spiel I

Da ist ja inzwischen Schnee über die Sache gewachsen. (Andreas Herzog, österreichischer Nationalspieler)

Damals hat die halbe Nation hinter dem Fernseher gestanden. (Franz Beckenbauer, deutscher Nationalspieler und Bundestrainer)

Daran sind nur die Schiedsrichter schuld. Da bin ich ganz selbstkritisch. (Markus Osthoff, deutscher Mittelfeldspieler)

Das Chancenplus war ausgeglichen. (Lothar Matthäus, deutscher Nationalspieler)

---

an bereitwilligen Arbeitskräften ..." Aber die Bevölkerungspolitik der Vorfahren der Kanadier, so meinte der Präsident, der für seine oft ungeschickten und naiven Aussagen berüchtigt war, sei fehlerhaft gewesen, denn bei den heutigen Arbeitsverhältnissen seien wohl nicht mehr genug Einwanderer zu locken.

Nach dem Spiel II

Das Spiel der Engländer in der ersten Halbzeit war viel zu langsam, was mit Sicherheit am Tempo gelegen hat. *(Karl-Heinz Riedle, deutscher Nationalspieler)*

Der FC Tirol hat eine Obduktion auf mich. *(Peter Pacult, österreichischer Nationalspieler)*

Der Jürgen Klinsmann und ich, wir sind ein gutes Trio. Ich meinte: ein Quartett. *(Fritz Walter, deutscher Stürmer, Namensvetter des Weltmeisters von Bern)*

Die Eintracht ist vom Pech begünstigt. *(Karl-Heinz Körbel, deutscher Nationalspieler)*

Erst hatten wir kein Glück, und dann kam auch noch Pech dazu. *(Jürgen Wegmann, deutscher Stürmer)*

Das größte Insekt ist der Elefant
Johann Georg August Galetti (*1750 †1828)

Die Sache mit dem Elefanten ist der bekannteste von vielen Schnitzern des thüringischen Gymnasialprofessors Galetti. Der Gelehrte war dafür bekannt, dass er auch im Unterricht so zerstreut war, dass ihm seine Gedanken ständig durcheinandergerieten und er die merkwürdigsten Stilblüten produzierte, die seine Schüler eifrig sammelten. So erklärte er etwa, Gotha liege an zwei Flüssen, nämlich der Eisenacher und der Erfurter Chaussée. Oder er amüsierte seine Schüler mit Schilderungen wie: „Nach der Schlacht von Leipzig sah man Pferde, denen drei, vier oder noch mehr Beine abgeschossen waren, herrenlos herumlaufen." Allerdings ist mit ziemlicher Sicherheit nicht alles „original Galetti", was unter diesem Namen gesammelt wurde. Obigem Satz gab übrigens der österreichische Schauspieler Fritz Eckhardt (1907–95) doch noch Sinn, indem er sagte: „Das größte Insekt ist der Elefant, der aus einer Mücke gemacht wird."

Weiteres von Galetti

Die Engländer würden bei Weitem nicht so viel Leder machen, wenn sie bloß ihre eigenen Felle gerbten.

Erst tötete Julianus sich, dann seinen Vater.

Ich bin so müde, dass ein Bein das andere nicht sieht.

Ich sehe heute wieder so viele, die nicht da sind.

Petersburg fließt in die Ostsee.

Nach dem Spiel III

Es ist nicht immer alles wahr, was stimmt.
(Stefan Wessels, deutscher Torwart)

Es war toll, es war klasse, es war wie ein Albtraum.
(Thorsten Legat, deutscher Mittelfeldspieler)

Gerade in einem Spiel, in dem die Nerven blank liegen, muss man sein wahres Gesicht zeigen und die Hosen runter lassen.
(Alexander Strehmel, deutscher Verteidiger)

Das rächt sich so sicher wie das Amen in der Kirche
Helmut Kohl (*1930)

„So soll es sein", lautet die Übersetzung des hebräischen Wortes „Amen", das in der christlichen Kirche viele Gebete beschließt. Mit Rache hat das natürlich nichts zu tun. Aber „so sicher wie das Amen in der Kirche" ist eine gängige Umschreibung für Dinge, die unweigerlich kommen. Kohl hätte also sagen müssen: „Dass sich dies rächt, ist so sicher wie das Amen in der Kirche."

Die Bombardierung Russlands beginnt in fünf Minuten
Ronald Reagan (*1911 †2004)

„Liebe amerikanische Mitbürger, ich freue mich, Ihnen heute mitteilen zu können, dass ich gerade ein Gesetz unterzeichnet habe, das Russland für immer für vogelfrei erklärt", verkündete der damalige US-Präsident am 11. August 1984. „Die Bombardierung Russlands beginnt in fünf Minuten." Das Ganze war weniger ein Versprecher denn ein Scherz, der gründlich fehlschlug. Denn Reagan tat ihn kurz vor einer Radioansprache im Aufnahmestudio eines Rundfunksenders und war sich nicht gewahr, dass die Tonprobe aufgezeichnet wurde. Sie gelangte in die Öffentlichkeit und löste eine diplomatische Krise aus.

Die Frau, die behauptet, ich hätte Dyslexie – die habe ich nie interviewt
George W. Bush (*1946)

Nein, natürlich führte George W. Bush keine Interviews. Er wollte sagen, dass die Journalistin, die im Jahr 2000 während des Präsidentschaftswahlkampfes die These aufgestellt hatte, er leide unter Dyslexie, ihn nie interviewt habe, also nur aus zweiter Hand eine Diagnose stelle. Aber natürlich machte es sich schlecht, dass er gerade bei seiner Verteidigung, dass er nicht unter diesen Sprachproblemen leide, Probleme mit der Sprache bekam. Allerdings ist Dyslexie ein Handicap, das vor allem beim Lesen auftritt, während Bush sich meist in freier Rede verhaspelt.

Noch mehr von George W. Bush

Also, ich denke, wenn Sie sagen, Sie werden etwas tun, und tun es dann nicht, das ist Glaubwürdigkeit.

Das Vertrauen ist riesig. Ich sehe das immer wieder, wenn Leute auf mich zukommen und zu mir sagen: Lassen Sie mich nicht noch einmal im Stich.

Ich möchte hiermit bekannt geben, dass diesen Donnerstag Ticketschalter und Flugzeuge vom Ronald Reagan Airport starten werden.

Seit ich Präsident bin, bin ich jeden Tag in der Bibel.

Die Hälfte aller weiblichen Arbeitnehmerinnen sind Frauen
Erich Honecker (*1912 †1994)

Ausgerechnet bei seiner Eröffnungsrede des Weltfrauenkongresses in Berlin im Oktober 1975 passierte dem DDR-Oberhaupt dieser sprachliche Lapsus. Doch er war nicht der einzige Politiker, der bei der Erwähnung von Frauen deren Weiblichkeit doppelt betonte und so für Nonsens sorgte. Der frühere thüringische Ministerpräsident Bernhard Vogel (*1932) etwa erklärte 1995 bei der Einführung von Dagmar Schipanski (*1943) als Rektorin der TU Ilmenau, sie sei die erste Rektorin einer Technischen Hochschule, die eine Frau sei.

Nach dem Spiel V

Ich habe ihn nur ganz leicht retuschiert.
(Olaf Thon, deutscher Nationalspieler)

Ich habe nie an unserer Chancenlosigkeit gezweifelt. (Richard Golz, deutscher Torhüter)

Ich habe nie die Verzweiflung verloren oder mich aufgegeben.
(Thomas Brdarić, deutscher Nationalspieler)

Ich hatte vom Feeling her ein gutes Gefühl. (Andy Möller, deutscher Nationalspieler)

Die Legislative ist dazu da, Gesetze niederzuschreiben. Die Exekutive ist dazu da, Gesetze zu interpretieren
George W. Bush (*1946)

Bei manchen Äußerungen muss man sich fragen, ob es sich tatsächlich um einen Versprecher handelt oder ob der Sprechende die Sache möglicherweise doch ernst meinte. Natürlich ist es nicht die Aufgabe der Exekutive, Gesetze zu interpretieren, sondern sie so, wie sie gemeint sind, umzusetzen. Andererseits ist es eine oft bewiesene Tatsache, dass viele Menschen - darunter in erster Linie auch die Regierenden - tatsächlich versuchen, Gesetze so auszulegen, wie es ihnen am besten in den Kram passt. War Bush also einfach nur ehrlich, als er diese Bemerkung machte?

Nach dem Spiel IV

Herzlichen Glückwunsch an Marco Kurz. Seine Frau ist zum zweiten Mal Vater geworden.
(Thomas Häßler, deutscher Nationalspieler)

Ich bin dafür, jetzt erstmal mit der Relation im Dorf zu bleiben. (Uwe Seeler, deutscher Nationalspieler)

Ich glaube nicht, dass irgendwer größer oder kleiner ist als Maradonna.
(Kevin Keegan, englischer Nationalspieler)

Ich habe es mir sehr genau überlegt und dann spontan zugesagt.
(Toni Polster, österreichischer Nationalspieler)

Eine Contradiction, wie sie in Adjecto nicht ärger sein könnte
Julius Stettenheim (*1831 †1916)

Der Satiriker Stettenheim war im wilhelminischen Deutschland vor allem für seine Figur des Kriegsreporters Wippchen bekannt, der aus dem idyllischen Bernau - versehen mit Zipfelmütze und Pfeife - die abenteuerlichsten Kriegsberichte nach Berlin schickte. Dieser Wippchen stolperte auch gerne über die Fremdwörter, mit denen er seine Berichte aufblies. Eine Contradictio in Adjecto etwa ist ein Widerspruch in sich, wörtlich ein Widerspruch in der Hinzufügung (nämlich eines widersprechenden Sachverhaltes). Wippchen spricht also eigentlich von einem Widerspruch, der auch mit einer Hinzufügung nicht ärger sein könnte. Der Reporter wurde sogar sprichwörtlich. Wollten Zeitgenossen Stettenheims jemanden der Aufschneiderei oder der Lügengeschichten zeihen, sagten sie gerne: „Mach keine Wippchen!"

Sprichwörter, leicht entstellt I

Alle Menschen sind Brüder. Aber das waren Kain und Abel auch.

Auch ein blinder Säufer findet mal 'n Korn.

Auch ein blindes Huhn findet mal 'ne lahme Ente.

Das schlägt dem Fass die Krone ins Gesicht.

Der fette Vogel bricht den Ast.

Der Fladen fällt nicht weit vom Ochsen.

Der Geist ist willig, aber das Fleisch ist teuer.

Der Klügere gibt so lange nach, bis er der Dumme ist.

Die Pflicht ruft? Wir rufen zurück.

Entscheidend ist, was hinten rauskommt
Helmut Kohl (*1930)

Dieser Satz, der bei einer Pressekonferenz im Jahr 1984 fiel, ist wahrscheinlich einer der bekanntesten sprachlichen Korken des ehemaligen Bundeskanzlers. Dabei ist er gar nicht mal falsch. Kohl war damals zu Problemen bei der Umsetzung seiner Politik befragt worden und wollte eigentlich betonen, dass es letztendlich auf das Ergebnis der Politik und nicht auf momentane Schwierigkeiten bei der Umsetzung ankomme. Dies formulierte er allerdings so unglücklich, dass jeder bei dem Satz eher an Vorgänge auf dem „stillen Örtchen" als an Politik dachte.

Equal goes it loose
Heinrich Lübke (*1894 †1972)

Mit diesen Worten soll der damalige Bundespräsident im Jahr 1965 der auf Staatsbesuch in Deutschland weilenden englischen König Elizabeth II. (*1926) angekündigt haben, dass gleich der Große Zapfenstreich beginne. Im Grunde aber ist diese englische Übersetzung von „gleich geht es los" zu hanebüchen, um glaubhaft zu sein. Da es auch keine Belege gibt, dass der Satz tatsächlich gesagt wurde, besteht der dringende Verdacht, dass ihn irgendein Kabarettist dem Bundespräsidenten, der in der Tat für seine zahlreichen Schnitzer - schon bei Verwendung seiner deutschen Muttersprache - berüchtigt war, in den Mund gelegt hat.

Es ist allerhöchste Eisenbahn
Adolf Glaßbrenner (*1810 †1876)

Ein Versprecher, der immer wieder gerne zitiert wird, allerdings ein absichtlicher. Denn Glaßbrenner ließ in seinem Stück *Ein Heiratsantrag in der Niederwallstraße* einen zerstreuten Briefträger auftreten, der seine Sätze immer wieder durcheinanderschmeißt und etwa sagt „Es ist allerhöchste Eisenbahn, die Zeit is schon vor drei Stunden anjekommen" oder „Diese Tochter is janz hinreißend, ich heirate Ihre Mitgift."

Gerade die Jugend hat es verdient, dass wir nicht mit dem Tellerrand des Augenblicks Politik machen
Helmut Kohl (*1930)

Den Blick über den Tellerrand erwähnte der ehemalige Kanzler in seinen Reden gerne, ist aber auch wiederholt über eben jenen gestolpert. So führte er zum Beispiel auch an, dass eine gute Politik über den Tellerrand des heutigen Abends hinausblicke, und sagte sogar in einer Rede vor dem National Press Club in Washington am 6. März 1984: „Das ist nicht eine Politik, die auf dem Tellerrand des morgigen Abends steht."

Es ist unsere Aufgabe, die Rolle der Vereinigten Staaten neu zu definieren: von denjenigen, die es möglich machen, den Frieden zu halten, bis hin zu denjenigen, die es möglich machen, den Frieden den Friedensstiftern vorzuenthalten
George W. Bush (*1946)

Vermutlich wollte der Präsident in diesem Interview mit der *New York Times* im Januar 2001 sagen, dass die Vereinigten Staaten nicht immer nur selbst als Friedensbewahrer auftreten müssen, sondern auch, indem sie andere bei dieser Aufgabe unterstützen. Aber er verheddert sich – wie so oft – in seinen Gedanken und sagte „... to keep the peace from peacekeepers". Etwas, was die Gegner seiner Politik natürlich als äußerst entlarvenden Versprecher einsortierten.

Nach dem Spiel VI

Ich kann nicht sagen, dass ich es nicht gesagt habe, weil ich es gesagt habe. **(Mehmet Scholl, deutscher Nationalspieler)**

Ich weiß nicht, wo bei uns der Wurm hängt. **(Fabrizio Hayer, deutscher Mittelfeldspieler)**

In den entscheidenden Momenten hat uns einfach das Pech gefehlt. **(Danny Schwarz, deutscher Mittelfeldspieler)**

Jede Seite hat zwei Medaillen. **(Mario Basler, deutscher Nationalspieler)**

Jeder, der mich kennt und der mich reden gehört hat, weiß genau, dass ich bald Englisch in sechs oder auch schon in vier Wochen so gut spreche und Interviews geben kann, die jeder Deutsche versteht.
(Lothar Matthäus, deutscher Nationalspieler)

Hart arbeiten, um Essen auf ihre Familie zu tun
George W. Bush (*1946)

Bei einem Frühstück im Rahmen seines Wahlkampfes in der Handelskammer von Greater Nashua/New Hampshire erklärte Bush im Januar 2000, ihm seien die Probleme alleinerziehender Mütter bewusst. Er forderte seine Zuhörer auf, sich in die Rolle alleinerziehender Mütter zu versetzen und sich vorzustellen, wie es sei, „hart zu arbeiten, um Essen auf ihre Familie zu tun" (working hard to put food on your family). Vermutlich wollte er sagen: „working hard to put food on your family's table".

Nach dem Spiel VII

Kaiserslautern wird mit Sicherheit nicht ins blinde Messer laufen. (Franz Beckenbauer, deutscher Nationalspieler und Bundestrainer)

Lieber ein Ende mit Schrecken als ein Schrecken mit Ende. (Pierre Littbarski, deutscher Nationalspieler)

Mailand oder Madrid, Hauptsache Spanien! (Andy Möller, deutscher Nationalspieler)

Mal verliert man und mal gewinnen die anderen. (Otto Rehhagel, deutscher Trainer)

Man darf jetzt nicht alles so schlechtreden, wie es war. (Fredi Bobič, deutscher Nationalspieler)

Hier bekommen Flügel Träume
George W. Bush (*1946)

Mit diesem Bild versuchte der frühere US-Präsident, als er im Wahlkampf in Wisconsin über Steuersenkungen für Familien sprach, den Wert der Familie zu beschwören. „Families is where our nation finds hope, where wings take dream", sagte er. Über der Vorstellung Träume erzeugender Flügel geht glatt unter, dass es der Präsident auch wieder einmal mit Singular und Plural bei Substantiven und den dazugehörenden Verben nicht so genau nahm.

Nach dem Spiel VIII

Man hetzt die Leute auf mit Tatsachen, die nicht der Wahrheit entsprechen.
(Toni Polster, österreichischer Nationalspieler)

Man muss sich immer auf seine eigene Leistung konzentrieren, sonst vergisst man, das Wesentliche aus den Augen zu verlieren.
(Jens Nowotny, deutscher Nationalspieler)

Man soll auch die anderen Mannschaften nicht unter den Teppich kehren lassen.
(Olaf Thon, deutscher Nationalspieler)

Ich bitte die Schriftführer und Schriftführerinnen, mit der Auszahlung zu beginnen
Norbert Lammert (*1948)

Diesen Versprecher leistete sich der Bundestagspräsident ausgerechnet, als die Parlamentarier im Oktober 2008 über das 400-Milliarden-Euro-Rettungspaket für den angeschlagenen Banksektor abstimmten. Aber natürlich war vor der Auszahlung im Bundestag erst einmal die Auszählung des Abstimmungsergebnisses dran. Diese ergab jedoch eine deutliche Mehrheit für das Paket, sodass der Auszahlung der Hilfsgelder an die Banken nichts mehr im Wege stand.

Sprichwörter, leicht entstellt II

Ein blindes Huhn studiert nicht gern.

Ein Tritt in den Hintern sagt mehr aus tausend Worte.

Ewig währt am längsten.

Haltet die Arbeit hoch. So hoch, dass niemand herankommt.

Hast du Glück im Spiel, hast du Geld für die Liebe.

Kleider machen Leute, aber nicht Menschen.

Liebe ist, wenn man trotzdem lacht.

Lügen haben kurze Beine, aber tausend Füße.

Morgenstund hat Blei im Arsch.

Müßiggang ist aller Lüste Anfang.

Ich glaube, wenn man weiß, was man glaubt, ist es viel einfacher, Fragen zu beantworten. Ich kann ihre Frage nicht beantworten
George W. Bush (*1946)

Im Oktober 2000 versuchte der frühere US-Präsident in Ohio auf diese Weise, die Tatsache, dass er eine Frage nicht beantworten konnte, kleinzureden und brachte es fertig, im Grunde eine komplette Bankrotterklärung abzugeben. Er sprach dabei von Glaubensüberzeugungen (believe), nicht von Wissen.

Ich glaube, dass eine Schwulen-Ehe etwas ist, das einem Mann und einer Frau vorbehalten sein sollte
Arnold Schwarzenegger (*1947)

Über die Haltung des US-amerikanischen Politikers und ehemaligen Muskel-Darstellers kann man streiten, doch dass diese Bemerkung von 2003 komplett widersinnig klingt, liegt nur an der deutschen Übersetzung. Schwarzenegger sprach nämlich von einer „gay marriage" und das kann im Englischen sowohl Schwulen-Ehe als auch fröhliche Ehe bedeuten. Schwarzenegger lehnte also die Schwulen-Ehe derart ab, dass er eigentlich das Wort „gay marriage" wieder in seiner ursprünglichen Bedeutung für heterosexuelle Partnerschaften zurückerobern wollte.

Nach dem Spiel IX

Mein Problem ist, dass ich immer sehr selbstkritisch bin, auch mir selbst gegenüber. (Andreas Brehme)

Nach der Pause haben wir den Rhythmus verloren, den wir vorher nicht gefunden hatten.
(Roy Präger, deutscher Stürmer)

Praktisch sind unsere Chancen jetzt besser als theoretisch. (Richard Golz, deutscher Torhüter)

Schiedsrichter kommt für mich nicht in Frage, schon eher etwas, was mit Fußball zu tun hat.
(Lothar Matthäus, deutscher Nationalspieler)

Ich glaube nicht, dass jemand seine Autobiografie schreiben sollte, bevor er nicht tot ist
Samuel Goldwyn (Schmuel Gelbfisz)
(*1882 †1974)

Der Filmproduzent war berüchtigt für seine zahlreichen, sprachlichen Schnitzer, die als „Goldwynismen" bekannt wurden. Andere Stilblüten, die ihm zugeschrieben werden, sind beispielsweise: „Farbfernsehen? Bah, das glaube ich nicht, bis ich es nicht schwarz auf weiß gesehen habe", „Ein mündlicher Vertrag ist das Papier nicht wert, auf dem er geschrieben ist", „In zwei Worten: unmöglich", „Ich gebe zu, dass ich nicht immer richtig liege, aber ich liege niemals falsch", „Wenn ich eure Meinung will, dann werde ich sie euch sagen", „Das nächste Mal, wenn ich einen verdammten Idioten nach etwas schicke, gehe ich selbst" oder „Es gelingt Ihnen nicht, den springenden Punkt zu übersehen". Allerdings ist längst nicht gesichert, ob jeder „Goldwynismus" auch von Goldwyn selbst stammt und ihm nicht von übereifrigen Sammlern angehängt wurde.

Ich habe Anweisungen gegeben, mich jederzeit aufzuwecken, wenn eine nationale Notlage eintritt, selbst wenn ich in einer Kabinettssitzung bin
Ronald Reagan (*1911 †2004)

Anzunehmen, dass der US-Präsident eigentlich sagen wollte, dass es Order gebe, ihn im Falle einer nationalen Notlage auf jeden Fall sofort zu verständigen, selbst dann, wenn man ihn mitten in der Nacht aufwecken müsse oder wenn er sich in einer Kabinettssitzung befinde.

Ich habe es für wohltuend empfunden, dass die Bundeskanzlerin gegenüber dem amerikanischen Präsidenten Breschnew Guantanamo kritisiert hat

Edmund Stoiber (*1941)

Als dem bayerischen Ministerpräsidenten dieser Lapsus in seiner letzten politischen Aschermittwochrede im Jahr 2008 unterlief, war Kremlchef Leonid Breschnew schon seit 26 Jahren tot. Und der US-Präsident hieß George W. Bush. Wie es zu dieser Verwechslung kommen konnte, wird wohl Stoibers Geheimnis bleiben – falls es ihm selbst nicht auch ein Rätsel ist. Aber peinliche Verwechslungen im Eifer des Gefechts sind gar nicht so selten. So sprach Stoiber selbst einmal die Journalistin Sabine Christiansen in ihrer Talkshow mit „Frau Merkel" an, und FDP-Generalsekretär Dirk Niebel erklärte dem Wahlvolk mit Pathos: „Es ist Ihr Land und nicht das von Andrea Merkel." An welche Andrea er da wohl dachte? An die SPD-Linke Andrea Nahles? An Andrea Ypsilanti, die gerade in Hessen für Wirbel sorgte?

Ich habe keinen Zweifel, überhaupt keinen Zweifel, dass wir versagen werden
George W. Bush (*1946)

Natürlich wollte der ehemalige US-Präsident seiner Zuversicht, nicht zu versagen, Nachdruck verleihen, als er im Oktober 2001 diese Worte sprach. Doch es passierte Bush häufiger, dass er - gerade, wenn er eine Sache besonders betonen wollte - am Ende Erfolg und Misserfolg, Krieg und Frieden verwechselte. So sagt er etwa im Mai 2001 in Philadelphia: „Auf jede tödliche Schießerei kommen ungefähr drei ohne tödlichen Ausgang. Und das, Leute, können wir in Amerika nicht hinnehmen. Das können wir einfach nicht hinnehmen. Und wir werden etwas dagegen tun." Und als er im August 2001 in Texas zum Report des Senats über Friedenspläne für den Nahen Osten Stellung bezog, sagte er, seine Regierung habe alle Führer im Nahen Osten dazu aufgerufen, alles zu tun, „um die Gewalt zu stoppen, um den verschiedenen beteiligten Parteien zu sagen, dass es niemals Frieden geben wird". In der gleichen Rede sagte er auch: „Diese terroristischen Handlungen und, Sie wissen schon, die Reaktionen müssen aufhören ...".

● ● ● ● ● ● ● ● ● ● ● ● ● ● ● ● ● ● ● ●

Ich habe festgestellt, dass die besten Investitionen die sind, die man auf die hohe Kante legt
George W. Bush (*1946)

Ich habe wirklich nicht alles gesagt, was ich gesagt habe
Lawrence Peter Berra (*1925)

Lawrence Peter Berra, genannt Yogi, war einer der besten Spieler der US-amerikanischen Baseballgeschichte. Doch er wurde nicht nur durch seine sportlichen Erfolge bekannt, sondern auch wegen seiner sprachlichen Ausrutscher. Ähnlich wie im Fall von Samuel Goldwyn oder George W. Bush wurden die „Yogiismen" eifrig gesammelt. Und natürlich wurde auch ihm vieles angehängt, was einfach nur „nach Yogi" klang. Doch als sich Berra dagegen wehren wollte, dass wirklich alles, was ihm zugeschrieben wurde, auch von ihm gesagt worden sei, unterlief ihm prompt wieder ein typischer „Yogiismus".

Nach dem Spiel X

Uns kann keiner mehr schlagen, außer wir selbst. Und daran arbeiten wir.
(Zoltan Sebescen, deutscher Nationalspieler)

Vor der Saison haben alle gedacht, dass wir gegen Bayern kleinere Brötchen backen müssen. Aber wie man sieht, backen die auch nur mit Wasser.
(Helmut Schulte, deutscher Trainer)

Was ich in der Halbzeit erzählt habe, darf man nicht im Radio drucken.
(Gerry Francis, britischer Trainer)

Wenn der Mann in Schwarz pfeift, kann der Schiedsrichter nichts mehr machen.
(Andreas Brehme, deutscher Nationalspieler)

Eigentlich sprach der US-Präsident am 4. Januar 2001 in Austin/Texas darüber, dass es wichtig für die Volkswirtschaft sei, dass die Investoren weiter investierten. Ob ihm nun der Unterschied zwischen einer Investition und einem Sparschwein nicht bewusst war oder ob er eigentlich mit „auf die hohe Kante legen" (salt away) etwas ganz anderes ausdrücken wollte, bleibt offen.

Ich habe Wörter geprägt wie „Missverständnis"
George W. Bush (*1946)

Um diesen Versprecher zu begreifen, muss man einen früheren sprachlichen Lapsus des ehemaligen US-Präsidenten kennen: „They have misunderestimated me", erklärte er nicht nur einmal und mixte dabei gekonnt (?) „underestimated" (unterschätzt) und „miscalculated" (verschätzt) oder „misunderstood" (missverstanden). Der Clou an der Sache ist jedoch: Bush kann durchaus über sich selbst lachen und brüstete sich mit obigem Versprecher. Doch beim Versuch „misunderestimating" zu zitieren, verhaspelte er sich wieder und landete beim grammatikalisch korrekten „misunderstanding".

Nach dem Spiel XI

Wenn es mal hart auf hart kommt, kommt es meistens ganz hart.
(Jens Jeremies, deutscher Nationalspieler)

Wir dürfen jetzt nicht den Sand in den Kopf stecken.
(Lothar Matthäus, deutscher Nationalspieler)

Wir dürfen uns jetzt nicht selber Salz in die Augen streuen. **(Jörg Stiel, Schweizer Nationalspieler)**

Wir gewinnen heute 1:1.
(Edgar Geenen, deutscher Fußballfunktionär)

Ich weiß, dass ich 1945 fünfzehn war und 1953 achtzehn
Helmut Kohl (*1930)

Nicht so sehr versprochen als vielmehr verrechnet hat sich der Altkanzler bei seiner Behauptung, er sei 1953 achtzehn Jahre alt gewesen. Tatsächlich war er 23.

〰〰〰〰〰〰〰〰〰〰〰〰

In die gludernde Lot
Edmund Stoiber (*1941)

Über die „lodernde Glut" stolperte der ehemalige bayerische Ministerpräsident und Bundeskanzlerkandidat während einer Wahlkampfrede 2002 ganz gründlich. Er sagte: „Es muss zu schaffen sein, meine Damen und Herren, wenn ich die CDU ansehe, die Repräsentanten dieser Partei an der Spitze, in den Ländern, in den Kommunen, dann bedarf es nur noch eines kleinen Sprühens sozusagen in die gludernde Lot, in die gludernde Flut, dass wir das schaffen können und deswegen ... in die lodernde Flut, wenn ich das sagen darf."

Ich möchte Ihnen danken, dass Sie sich die Zeit genommen haben, herzukommen und zuzusehen, wie ich aufgehängt werde
George W. Bush (*1946)

Nein, natürlich ging es dem Ex-US-Präsidenten am 4. Januar 2002 in Austin/Texas nicht an den Kragen, auch wenn der Staat für seine Hinrichtungen berüchtigt ist. Bush dankte lediglich dehnen, die zur Einweihung eines öffentlich präsentierten Porträts von ihm gekommen waren.

Lieber Roland Kotz ... Koch
Angela Merkel (*1954)

Ein Versprecher der ganz besonders peinlichen Art unterlief der Bundeskanzlerin am 1. Dezember 2008 auf dem CDU-Parteitag. Sie stolperte über den Namen von Parteifreund Roland Koch (*1958), sodass er wie „Kotz" klang. Und das auch noch, als sie gerade von Gemeinsamkeiten sprach. Obwohl sich die Kanzlerin schon einen Atemzug später korrigierte, reagierten die zahlreichen Gegner des hessischen Ministerpräsidenten mit unverhohlener Schadenfreude. Merkels Versprecher wurde zum Hit auf dem Video-Portal Youtube – hatte Koch doch zuvor im hessischen Wahlkampf mit einer Kampagne gegen junge Ausländer extrem polarisiert und viel Missbilligung geerntet. Da fragte sich nun mancher, ob das vielleicht nicht auch der CDU-Vorsitzenden Merkel sauer aufgestoßen war.

Lieder von Elmore James habt ihr hier gesungen und habt die Harfe hier unten geblasen
Blues Brothers (1980)

Harfe geblasen? Ist das ein Versprecher von Dan Aykroyd, der den Elwood Blues spielt? Oder ein bewusster Gag? Immerhin handelt es sich bei dem Kultfilm *Blues Brothers* um eine Komödie. Weder noch. Hier ist ein Übersetzungsfehler passiert. Zwar heißt es im Original „You blow the harp for us", doch das englische harp kann sowohl Harfe als auch Mundharmonika bedeuten. Und eine Mundharmonika wird nicht nur geblasen, sondern passt auch viel besser zum musikalischen Gesamtkonzept des Films. Aber so, wie der Film angelegt ist, fällt der Fehler nicht auf, sondern kommt als Witz rüber.

Man bringt einem Kind das Lesen bei, und dann kann er oder ihr einen sprachlichen Test bestehen
George W. Bush (*1946)

Ausgerechnet, als er im Februar 2000 in Tennessee über Lese-Rechtschreibtests (literacy tests) und die elementaren sprachlichen Kenntnisse von Kindern sprach, passierte dem damaligen Präsidentschaftskandidaten einer seiner nicht seltenen grammatischen Fehler: Statt „he or she" sagt er „he or her". Bei anderer Gelegenheit, wo er im Rahmen seiner Wahlkampftour in South Carolina die Wirksamkeit staatlicher Schulprogramme verteidigte, sagte er: „Is our children learning?", und koppelte dabei wieder einmal ein Verb im Singular mit einem Substantiv im Plural. Ein ähnlicher Lapsus passierte dem ehemaligen bayerischen Ministerpräsidenten Edmund Stoiber (*1941) beim Politischen Aschermittwoch 2002. Ausgerechnet, als er auf Bildungspolitik zu sprechen kam, forderte er: „Wir müssen den Kindern mehr Deutsch lernen."

Noch mehr von Edmund Stoiber

Die CSU steht wie ein Mann und wie eine Frau hinter Ihnen.

Das ist wiederum einfach so aus der hohlen Hand herausgerissen.

Ich hab's mir auch angewöhnt, dass ich jeden Tag in der Früh in den Garten schau und vielleicht eine Blume hinrichte.

Ich mache nicht nur leere Versprechungen, ich halte mich auch daran.

Ich möchte im Konsens, so weit das geht, mit den widerstrebenden Interessen in Deutschland Lösungen erzwingen.

Mein Name ist Andrea Ypsilanti und ich bin in Rüsselsheim als Sohn eines Opelarbeiters geboren
Andrea Ypsilanti (*1957)

Ob die Spitzenkandidatin der SPD im hessischen Wahlkampf 2008 selbst nicht glaubte, dass Hessen erstmals eine Ministerpräsidentin bekommen könne? Jedenfalls verwechselte sie einmal in der Hitze des Gefechts ihr eigenes Geschlecht. Als ihr der Irrtum einen halben Satz später bewusst wurde, brach sie in einen herzhaften Lachanfall aus. Dass sie die Wahlen dann doch nicht gewann, hatte aber mehr mit ihrem unklaren Verhältnis zur Linkspartei zu tun als mit der Tatsache, dass ihr Vater, der Opel-Werkzeugmacher Karl Dill aus Rüsselsheim, nur Töchter hatte.

Schließlich lernen hier Kinder aus ganz Amerika, wie man ein verantwortungsbewusster Bürger wird, und eignen sich die nötigen Fähigkeiten an, um aus unserer fantastischen opportunistischen Gesellschaft ihren Vorteil zu ziehen
George W. Bush (*1946)

Mit diesem Argument pries der US-Präsident am 1. Mai 2002 in Santa Clara/Kalifornien das öffentliche Schulsystem der Vereinigten Staaten. Vermutlich wollte er sagen, die Kinder eigneten sich die Fähigkeiten an, die fantastischen Chancen zu nutzen, die ihnen die Gesellschaft biete. Was er aber tatsächlich von sich gab, klingt auch im englischen Original nicht weniger seltsam als auf Deutsch: „… and learn to have the skills necessary to take advantage of our fantastic opportunistic society."

… und die Angela Merkel, die ist auch ein guter Mann
Norbert Blüm (*1935)

„Der Volker Rühe ist ein guter Mann, und die Angela Merkel, die ist auch ein guter Mann", lobte Ex-Arbeitsminister Norbert Blüm einst die spätere Kanzlerin, als Frauen in politischen Spitzenämtern noch seltener waren als heute.

Nach dem Spiel XII

Wir haben fehlende Cleverness vermissen lassen. (Lorenz-Günther Köstner, deutscher Trainer)

Wir hatten alle die Hosen voll, aber bei mir lief's ganz flüssig.
(Paul Breitner, deutscher Nationalspieler)

Wir müssen die Köpfe hochkrempeln und die Ärmel natürlich auch.
(Lukas Podolski, deutscher Nationalspieler)

Und nun die Lottovorher...
Jens Riewa (*1963)

Lottovorhersage? Schön wär's, wird sich manch einer gedacht haben. Nachrichtensprecher Riewa hatte die Lottozahlen allerdings gerade verlesen, als ihm dieser Schnitzer unterlief, und wollte eigentlich zur Wettervorhersage überleiten.

Sprichwörter, leicht entstellt III

Spare in der Not, dann hast du Zeit dazu.

Vorsicht ist besser als Nachnahme.

Was du heute kannst besorgen, kannst du dir morgen nicht mehr leisten.

Was lange gärt, wird endlich Wut.

Wem nicht zu helfen ist, dem ist vielleicht zu schaden.

Wer andren eine Schule baut, muss selbst hinein.

Wie man sich füttert, so wiegt man.

... wenn wir pfleglich miteinander untergehen
Helmut Kohl (*1930)

„Miteinander umgehen" meinte der damalige Bundeskanzler natürlich, als ihm im März 1989 dieser Versprecher unterlief. Besonders pikant wurde die Sache jedoch dadurch, dass ihm dies ausgerechnet in einer Stellungnahme zu einem Krisengespräch zwischen der Union und der FDP passierte. Ein Untergang der Regierungskoalition lag damals durchaus im Bereich des Denkbaren.

Werfen wir mal einen Blick auf Manila, denn da börnt die Buse
NTV (2004)

Wissen Sie, wovon hier die Rede sein sollte? Raten Sie doch mal, was die Sprecherin des Nachrichtensenders eigentlich sagen wollte! Die Auflösung:

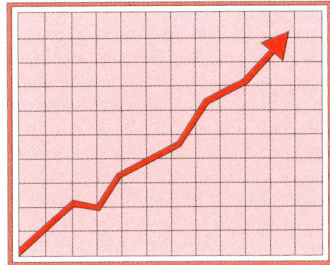

Es ging um einen Börsenboom auf den Philippinen im September 2004.

Nach dem Spiel XIII

Wir müssen gewinnen, alles andere ist primär.
(Hans Krankl,
österreichischer Nationalspieler)

Wir sind eine gut intrigierte Truppe.
(Lothar Matthäus,
deutscher Nationalspieler)

Wir waren in der 1. Halbzeit über 90 Minuten die überlegene Mannschaft.
(Claus Reitmaier, deutscher Torwart)

Wir werden alles tun, um den Klassenerhalt zu vermeiden.
(Dirk Lottner,
deutscher Mittelfeldspieler)

Wir haben gemeinsam große Erfolge erlitten
Helmut Kohl (*1930)

Ob das ein freudscher Versprecher war? Denn mit diesen Worten verabschiedete der ehemalige Bundeskanzler im September 1989 auf dem CDU-Bundesparteitag Generalsekretär Heiner Geißler (*1930). Zwar korrigierte er sich nach einem Heiterkeitsausbruch der versammelten CDU-Delegierten und sagte „Erfolge erzielt und Niederlagen erlitten", doch es ist keineswegs ausgeschlossen, dass Kohl auch bei Erfolgen unter Geißler gelitten hat. Denn der war immer ein unangepasstes CDU-Mitglied und scheute sich nie, spitzzüngig seine Meinung zu sagen und auch Positionen zu vertreten, die gegen die Parteilinie gingen. 1989 wurde er von Kohl nicht mehr als Generalsekretär nominiert, weil sein Kurs zu sehr von dem des Kanzlers abwich. Nach Ende seiner politischen Karriere engagierte sich Geißler unter anderem bei der globalisierungskritischen Aktion Attac.

Noch mehr von Helmut Kohl

Es braucht demokratische Parteien in Deutschland – aber es braucht auch die CDU.

Ich bin sterblich für Nugat.

Ich habe damals ja nicht gewusst, dass ich einmal Bundeskanzler werde. Jetzt bin ich es. Und in elf Jahren ist das Jahrhundert, das so viel Elend gebracht hat, zu Ende.

Ich weiß zwar nicht, was er (Mitterand) denkt, aber ich denke ähnlich wie er.

Sowohl als auch. [auf die Frage, ob er Pragmatiker sei]

Wir haben natürlich im Auf und Ab auch Hochs und Tiefs erlebt.

Wir müssen eben schauen, wie wir das so machen, dass weder eine Insolvenz eintritt, noch der Steuerzahler über Gebühr berücksich...
Angela Merkel (*1954)

Noch mitten im Wort korrigierte die Kanzlerin sich und sagte „belastet". Sie fügte auch noch hinzu, dass es die Aktionäre seien, deren Anliegen in der aktuellen Wirtschaftskrise nicht in erster Linie berücksichtigt werden könnten. Trotzdem machte dieser Versprecher der Kanzlerin im Februar 2009 bei einer Rede vor Wirtschaftsvertretern natürlich Schlagzeilen: Denn welcher Wähler glaubt schon, dass seine Bedürfnisse angesichts der Krise von den Politikern auch nur gebührend berücksichtigt werden?

ANEKDOTISCHES

8

Anekdoten sind kleine, aber bemerkenswerte Geschichten, die sich oft um berühmte Persönlichkeiten drehen. Ob sie wahr sind, kann in den seltensten Fällen noch überprüft werden. Sie kommen meist erst nach dem Tod des Betreffenden auf und werden immer weiter überliefert, weil sie so unterhaltsam sind. Manche „Wanderanekdoten" werden im Laufe der Zeit sogar verschiedenen Menschen angehängt. Für eine Anekdote gilt die Weisheit von Giordano Bruno „Wenn es nicht wahr ist, so ist es doch gut erfunden" oder die Einschätzung des Anekdotensammlers Gottfried Heindl, frei nach Oscar Wilde: „Es gibt keine wahren und unwahren, es gibt nur gute und schlechte Anekdoten."

Die habe ich noch nicht probiert.
Aber im Allgemeinen mag ich Geflügel
Thorsten Legat (*1968)

... doch das Gericht, nach dem der Bundesligaprofi bei seinem Wechsel von Frankfurt nach Stuttgart gefragt wurde, hatte mit Geflügel wenig zu tun: Es ging um schwäbische Spätzle. Dass Legat dann in Stuttgart nach vier Jahren fristlos entlassen wurde, lag aber nicht an seinem gebrochenen Verhältnis zum schwäbischen Nationalgericht, sondern an rassistischen Beleidigungen gegen einen Mitspieler. Eine andere Anekdote über Legat: Er entschuldigte einmal seine schlechte Leistung mit dem Tod seines Vaters. Die Vereinsführung von Eintracht Frankfurt schickte jemanden zum Kondolieren – der dann prompt auf den quicklebendigen Vater traf.

Talent und Begabung

Für das Können gibt es nur einen Beweis: das Tun.

(Marie von Ebner-Eschenbach, österreichische Autorin, 1830-1916)

Kenntnisse kann jedermann haben, aber die Kunst zu denken ist das seltenste Geschenk der Natur.

(Friedrich der Große, 1712-86)

Man wird nicht dafür bezahlt, Kopf und Hände zu haben, sondern sie zu benutzen.

(Elbert Hubbard, US-amerikanischer Autor, 1856-1915)

Die Italiener haben nur Gott, Molière aber hat unsere ehrwürdige Kirche beleidigt
Ludwig XIV. von Frankreich (*1638 †1715)

Diese Rechtfertigung soll der „Sonnenkönig" einst gegeben haben, als man ihn fragte, warum er die Aufführung von Molières Stück *Tartuffe*, das von einem religiösen Heuchler handelt, verboten, die Aufführung einer freigeistigen italienischen Posse namens *Scaramuz* aber erlaubt habe. Tatsächlich musste Molière (1622-73) seinen *Tartuffe* zweimal umarbeiten, bevor der König die Aufführung erlaubte. Die schließlich aufgeführte Version ist die, die auch heute noch gespielt wird. Sie stellt noch immer einen relativ scharfen Angriff gegen religiöse Heuchelei dar. Die beiden älteren Versionen, die folglich noch bissiger gewesen sein müssen, sind verloren gegangen. Tatsächlich hegte Ludwig XIV. keine besondere Sympathie für die Kirchenpartei an seinem Hof, war aber Politiker genug, sie nicht unnötig zu provozieren. Der Gedanke, der hinter dieser Anekdote steht, passt deshalb zu ihm. Doch dass ein Staatsmann wie Ludwig XIV. dies offen ausgesprochen haben soll, ist eher unwahrscheinlich.

Eltern und Kinder

Anfangs lieben Kinder ihre Eltern. Wenn sie älter werden, halten sie Gericht über sie. Manchmal verzeihen sie ihnen.
(Oscar Wilde, irischer Autor, 1854-1900)

Wenn die Eltern schon alles aufgebaut haben, bleibt den Kindern nur noch das Einreißen.
(Karl Kraus, österreichischer Autor, 1874-1936)

Eltern sind die Klingen, an denen die Kinder ihre Zähne schärfen.
(Peter Ustinov, britischer Schauspieler, 1921-2004)

Gebrannte Kinder fürchten das Feuer oder vernarren sich darein.
(Marie von Ebner-Eschenbach, österreichische Autorin, 1830-1916)

Kein Mensch, wenn er die Welt sieht, die sie ihm hinterlassen, versteht seine Eltern.
(Max Frisch, Schweizer Autor, 1911-91)

Kinder und Uhren dürfen nicht beständig aufgezogen werden. Man muss sie gehen lassen.
(Jean Paul, deutscher Autor, 1763-1825)

Dieses jämmerliche Ding unter Ihrem Hut nennen Sie Kopf?
Hans Christian Andersen (*1805 †1875)

So soll der dänische Dichter einmal geantwortet haben, als ihn jemand wegen seiner uneleganten Kleidung rügte und fragte: „Das jämmerliche Ding auf Ihrem Kopf nennen Sie Hut?" Andersen stammte zwar aus ärmlichen Verhältnissen, war aber keineswegs ein „armer Poet", sondern erlangte bereits zu Lebzeiten mit seinen Werken große Anerkennung und auch materiellen Erfolg.

Begabung und Charakter

Mut des Schwachen, Milde des Starken – beide anbetungswürdig.
(Marie von Ebner-Eschenbach, österreichische Autorin, 1830–1916)

Wer glaubt, etwas zu sein, hat aufgehört, etwas zu werden.
(Philipp Mountbatten, englischer Prinzgemahl, *1921)

Zwischen Können und Tun liegt ein großes Meer und auf seinem Grunde die gescheiterte Willenskraft.
(Marie von Ebner-Eschenbach)

Es gibt zwei völlig unnütze Dinge auf der Welt: die Prostata und das Amt des französischen Staatspräsidenten
Georges Clemenceau (*1841 †1929)

Mit diesen Worten soll der ehemalige französische Premierminister Clemenceau abgelehnt haben, als man ihn fragte, ob er gedenke, als Staatspräsident zu kandidieren. Seitdem hat sich das politische System Frankreichs allerdings gewaltig geändert. 1958 sorgte Präsident Charles de Gaulle (1890-1970) dafür, dass die Fünfte Französische Republik eine Verfassung erhielt, in der die Macht des Präsidenten beträchtlich gestärkt wurde. Zwar ist immer noch der Premierminister eigentlicher Regierungschef, doch ist er derart vom Staatspräsidenten abhängig, dass Letzterer de facto die Regierungspolitik bestimmt. Während etwa der deutsche Bundespräsident tatsächlich nur repräsentative und formale Aufgaben hat, ist der französische Präsident inzwischen eines der mächtigsten demokratischen Staatsoberhäupter.

Geh mir aus der Sonne
Diogenes von Sinope (*um 391 †323 v. Chr.)

Ob sich Alexander der Große (356-323 v. Chr.) und der Philosoph Diogenes wirklich begegnet sind, ist zweifelhaft. Aber der griechische Schriftsteller Plutarch (um 45-125) berichtet, der große Feldherr habe den berühmten Philosophen irgendwann in seiner Tonne aufgesucht und ihm angeboten, ihm einen Wunsch zu erfüllen. Daraufhin entgegnete Diogenes die berühmten Worte: „Geh mir aus der Sonne!" Nach allem anderen, was man von Alexander weiß, wäre ein cholerischer Wutanfall, eventuell sogar mit tödlichem Ausgang für den Philosophen, der wahrscheinlichste Fortgang gewesen. Laut Plutarch aber habe der Feldherr bewundernd ausgerufen: „Wenn ich nicht Alexander wäre, wollte ich Diogenes sein." Der zeitgenössische Philosoph Peter Sloterdijk (*1947) jedenfalls schwärmt über Diogenes' coole Antwort: „Sie demonstriert mit einem Schlag, was die Antike unter philosophischer Weisheit versteht – nicht so sehr ein theoretisches Wissen als vielmehr einen unverführbaren, souveränen Geist."

Du kannst ein Vereinsfahrrad haben
Alex Ferguson (*1941)

So konterte der Trainer des britischen Nobelclubs Manchester United 1991 die Anfrage des Jungprofis Ryan Giggs (*1973) nach einem Dienstwagen. Auch sonst ist Ferguson, einer der erfolgreichsten Vereinstrainer aller Zeiten und 1999 als Sir Alex Ferguson geadelt, für seine harte Hand bekannt. Er selbst stammte aus dem Arbeiterviertel von Glasgow, wo er nach eigenen Worten eine wunderbare Kindheit verlebte („Wir haben entweder Fußball gespielt oder uns gekloppt"), und lernte ursprünglich Werkzeugmacher auf einer Werft. Der Waliser Giggs jedenfalls wurde trotz der abgeschmetterten Anfrage nicht nur einer von Fergusons Lieblingsspielern, sondern auch Liebling der breiten Massen. Daraus resultierten so gut dotierte Werbeverträge, dass er schon bald nicht mehr auf ein wie immer geartetes Dienstfahrzeug angewiesen war.

Das Wetter

Alle reden vom Wetter, aber keiner tut etwas dagegen.
(Mark Twain, US-amerikanischer Autor, 1835-1910)

Darf der Gebildete nicht mehr unbefangen übers Wetter reden?
(Wilhelm Busch, deutscher Autor und Zeichner, 1832-1908)

Wenn die Leute mit mir über das Wetter reden, bin ich mir stets sicher, dass sie etwas ganz anderes meinen.
(Oscar Wilde, britischer Schriftsteller, 1854-1900)

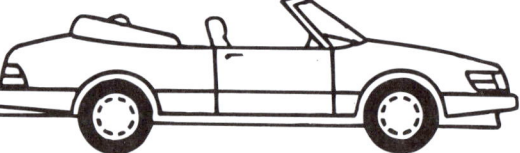

Gib mir Keuschheit und Enthaltsamkeit – aber nicht sofort
Augustinus von Hippo (*354 †430)

In seiner Autobiografie *Confessiones* („Bekennt-nisse") berichtet der heilige Augustinus, er habe in seiner Jugend so gebetet – hin und her-gerissen zwischen Frömmigkeit und Lust. Augustinus begann mit 17 Jahren in Karthago zu studieren und wurde Rhetoriklehrer. Während seines Studiums lebte er recht ausschweifend, später hatte er Lebensgefährtinnen, die er aber nicht heiratete, wobei er von einer von ihnen einen Sohn bekam. Mit 32 Jahren hatte er dann ein Bekehrungserlebnis und wurde Priester.

Christentum

Bei keiner Sache hat man so sehr den Kern von der Schale zu unterscheiden wie beim Christentum.
(Arthur Schopenhauer, deutscher Philosoph, 1788-1860)

Es sind nicht die Gottlosen, es sind die Frommen seiner Zeit gewesen, die Christus ans Kreuz schlugen.
(Gertrud von Le Fort, deutsche Autorin, 1876-1971)

Wie anders als durch ein gebrochenes Herz könnte Christus, der Herr, eintreten?
(Oscar Wilde, irischer Autor, 1854-1900)

Leben

Alles wirkliche Leben ist Begegnung.
(Martin Buber, österreichischer Philosoph, 1878-1965)

Das Leben erzieht die großen Menschen und lässt die kleinen laufen.
(Marie von Ebner-Eschenbach, österreichische Autorin, 1830-1916)

Das Leben ist ein Traum für den Weisen, ein Spiel für den Narren, eine Komödie für den Reichen und eine Tragödie für den Armen.
(Scholem Alejchem, russisch-amerikanischer Autor, 1859-1916)

Es ereignet sich nichts Neues. Es sind immer die alten Geschichten, die von immer neuen Menschen erlebt werden.
(William Faulkner, US-amerikanischer Autor, 1897-1962)

Ich habe nie in meinem Leben so viele scheußliche Hüte gesehen
Arthur von Wellington (*1769 †1852)

Nach dem endgültigen Sieg über Napoleon bei Waterloo ging der Held der antinapoleonischen Kriege, Arthur Wellesley, Duke of Wellington, in die Politik. Als Führer der Tories bekämpfte er eine Wahlrechtsänderung. Ländliche Wahlkreise, in welchen kaum noch eine Handvoll Menschen leb-ten, sollten aufgelöst, dafür Städten, die während der Industrialisierung entstanden waren, das Recht auf einen eigenen Abgeordneten zugestan-den werden. Außerdem sollten mehr Menschen das Wahlrecht erhalten. All dies führte dazu, dass das Bürgertum mehr Einfluss im Parlament er-langte. Nachdem König William IV. (1765-1837) die Reform schließlich 1832 mithilfe der liberalen Whigs durchgesetzt hatte, wurde auch Wellington gefragt, was er von dem neu gewählten Parlament halte. „I never saw so many shocking bad hats in my life", gab der Herzog zurück.

Ich danke Sie
Willi Lippens (*1945)

Als Jungprofi bei Rot-Weiss Essen bekam der spätere Dortmunder Bundesligaprofi 1965 bei einem Auswärtsspiel in Herne vom Schiedsrichter mit den Worten „Ich verwarne Ihnen" eine Gelbe Karte gezeigt. Lippens konterte: „Ich danke Sie." Für diese Frechheit bekam er prompt die Rote Karte. Lippens, Spitzname zu aktiven Zeiten „Ente", war aber nicht nur wegen seiner Sprüche, sondern auch wegen seiner unorthodoxen Spielweise populär. Der in Deutschland geborene Sohn eines Niederländers, der es auch zu einem Nationalspiel für das Oranje-Team brachte, war für seine Gegner kaum berechenbar und tat am Ball oft genau das, was sein Gegenüber am wenigsten erwartete.

Religion

Der Kluge sieht das Gemeinsame in den verschiedenen Religionen, der Dummkopf die Unterschiede.
(Chinesisches Sprichwort)

Die Religion, die sich vor der Wissenschaft fürchtet, entehrt Gott und begeht Selbstmord.
(Ralph Waldo Emerson, US-amerikanischer Autor, 1803-82)

Die Religion kann nie schlimmer sinken, als wenn sie solchermaßen zur Staatsreligion erhoben wird.
(Heinrich Heine, deutscher Autor, 1797-1856)

Es gibt nur eine Religion, aber einige Hundert Varianten davon.
(George Bernard Shaw, irischer Autor, 1856-1950)

Ich, Madam, werde morgen nüchtern sein, aber Sie immer noch hässlich
Winston Churchill (*1874 †1965)

Diese Antwort soll der britische Premier einer Abgeordneten gegeben haben, die ihm Trunkenheit vorwarf. Nach einer Quelle war die konservative Politikerin Nancy Astor (1879-1964) das Opfer, nach einer anderen die Labour-Abgeordnete Elizabeth Braddock (1899-1970), wobei Letzteres wahrscheinlicher ist, da Lady Astor allgemein als Schönheit angesehen wurde. Legendärer waren jedoch die Auseinandersetzungen zwischen Churchill und Astor, obwohl beide zeitweise der gleichen Partei angehörten (Churchill wechselte von den Konservativen zu den Liberalen). Am berühmtesten, wenn auch nicht belegt, ist die Geschichte, Lady Astor habe eines Tages zu Churchill gesagt, sie täte ihm Gift in den Tee, wäre er ihr Mann. Churchill erwiderte: „Wäre ich Ihr Mann, würde ich ihn trinken."

Ihr seid mer scheene Republikaner
Friedrich August III. von Sachsen
(*1865 †1932)

Der sächsische König trat im November 1918 als einziger deutscher Monarch nach der Ausrufung der Republik freiwillig zurück. Angeblich tat er dies mit den Worten „Macht doch eiern Dreck alleene!" Als er wenig später seine Reise ins Exil nach Schlesien antrat, jubelte ihm auf dem Dresdner Bahnhof eine große Menschenmenge zu. Darauf reagierte er mit der spöttischen Bemerkung „Ihr seid mer scheene Republikaner." Als Friedrich August III. 1932 starb, wurde er unter riesiger Anteilnahme der Bevölkerung beigesetzt.

Zwischenmenschliches II

Den Wert von Diamanten und Menschen kann man erst ermitteln, wenn man sie aus der Fassung bringt. (Marie von Ebner-Eschenbach, österreichische Autorin, 1830-1916)

Menschliche Wesen sind nicht immer mit dem Verstand zu ergründen. (Michel del Castillo, französisch-spanischer Autor, *1933)

Ich liebe gute, ehrenwerte Bekanntschaft. Ich liebe es, der Schlechteste in einer Gesellschaft zu sein. (Jonathan Swift, englisch-irischer Autor, 1667-1745)

Ihre Frau Gemahlin hat uns heute betreut, dass ich mich lebhaft an das bekannte Wort aus dem *Götz* erinnert fühle ...
Arthur Schopenhauer (*1788 †1860)

Der Philosoph Schopenhauer war als großer Bewunderer Goethes (1749-1832) bekannt und pflegte diesen öfters zu zitieren. Als er im Hause eines reichen Kaufmannes nach dem Essen obige Bemerkung machte, dürfte natürlich alles zunächst an das bekannteste Zitat aus Goethes *Götz von Berlichingen* gedacht haben: „Er aber, sag's ihm, er kann mich im Arsche lecken." Doch Goethes Werke sind natürlich mit mehr als einem zitierenswürdigen Ausspruch gespickt. Schopenhauer schob also nach: „Ich denke an die Stelle, wo Bruder Martin so schön sagt: Wohl dem, dem Gott ein solches Weib gegeben." Sollte diese Anekdote wirklich stimmen, hätte es sich um eine der seltenen Gelegenheiten gehandelt, in denen der ausgemachte Frauenhasser Schopenhauer eine weibliche Person lobte. „Heiraten heißt, mit verbundenen Augen in einen Sack greifen und hoffen, dass man einen Aal aus einem Haufen Schlangen herausfinde", erklärte er einmal.

Wesen der Liebe

Das Eigentümliche an der Liebe ist, dass sie sich niemals gleich bleiben kann. Sie muss unaufhörlich wachsen, wenn sie nicht abnehmen soll.
(André Gide, französischer Autor, 1869-1951)

Das Wesen der Romantik ist die Ungewissheit.
(Oscar Wilde, irischer Autor, 1854-1900)

Die Liebe überwindet den Tod, aber es kommt vor, dass eine kleine, üble Gewohnheit die Liebe überwindet.
(Marie von Ebner-Eschenbach, österreichische Autorin, 1830-1916)

Im Vergleich zu den Artikeln, die sie schreiben, sind die Märchen aus *Tausendundeiner Nacht* empirische Untersuchungen
Christoph Daum (*1953)

Fußballcoach Daum arbeitete bislang insgesamt dreimal als Trainer in der Türkei und wurde mit den beiden großen Istanbuler Clubs Beşiktaş und Fenerbahçe jeweils Meister. Doch trotz der großen Erfolge stand er mit der türkischen Sportpresse zumeist auf Kriegsfuß. Selbst als er mit Fenerbahçe von Vereinsrekord zu Vereinsrekord marschiert sei, habe er unter einem unvorstellbaren Feuer der Kritik gestanden, erklärte er einmal in einem Interview. Während seiner Zeit bei Beşiktaş schlug er mit obiger Spitze zurück. 2009 entschloss sich Daum dennoch, ein drittes Mal bei Fenerbahçe anzuheuern.

Das deutsche Klima

Sechs Monate Winter und sechs Monate kein Sommer - und das nennen die Deutschen Vaterland.
(Napoleon Bonaparte, französischer Politiker, 1769-1821)

Unser Sommer ist nur ein grün angestrichener Winter, sogar die Sonne muss bei uns eine Jacke von Flanell tragen, wenn sie sich nicht erkälten will.
(Heinrich Heine, deutscher Autor, 1797-1856)

Wenn man in Kalifornien morgens aufsteht und aus dem Fenster guckt, denkt man: Los, lass uns surfen gehen! In Deutschland schaust du aus dem Fenster und denkst: Genau das richtige Wetter, um eine Bibel zu drucken.
*(Chris Isaak, US-amerikanischer Musiker und Schauspieler, *1956)*

Schwimmen lernen, Sire
Henri II., Herzog von Guise (*1614 †1664)

Im Alter von 17 Jahren soll Ludwig XIV. von Frankreich seinen Höflingen einmal erklärt haben: „Wenn ich einem von Ihnen ins Wasser zu springen befehle, haben Sie ohne Zögern zu gehorchen." Daraufhin stand der Herzog von Guise, einer der führenden Vertreter des Hochadels, auf und schickte sich an, den Raum zu verlassen. Auf Ludwigs Frage, wohin er wolle, erklärte er, er werde schwimmen lernen. Der Herzog, der in seiner Jugend einmal für seine Gegnerschaft zu Kardinal Richelieu (1585-1642) zum Tode verurteilt, aber begnadigt worden war, galt als besonders charmanter Höfling. Man sagte ihm nach, er verstehe es, mit jeder Nuance seines Auftretens klarzumachen, dass er ein außergewöhnlicher Mann sei. Betrachte man jedoch nicht seine Erscheinung, sondern seine Taten, so müsse man feststellen, dass ihm vergleichsweise wenig glücke, denn er sei bei all seinen Unternehmungen zu unbeständig.

Si tacuisses …
Anicius Manlius Severinus Boëthius
(*um 475 †525)

Der spätantike Philosoph Boëthius erzählte von einem Mann, der gehört hatte, ein Philosoph erdulde Beleidigungen schweigend. Also schwieg er beim nächsten Streit zu allem, was sein Gegner ihm vorwarf. Allerdings nicht lange genug. Irgendwann brach es aus ihm heraus: „Merkst du nun, dass ich ein wahrer Philosoph bin?", fragte er seinen Gegner. Der konterte trocken: „Ich hätte es gemerkt, wenn du geschwiegen hättest." Aus dieser Geschichte wurde das geflügelte Wort „Si tacuisses, philosophus mansisses (Hättest du geschwiegen, wärst du ein Philosoph geblieben)". Heute wird meist nur der Anfang „Si tacuisses …" benutzt, wenn jemand eine Dummheit von sich gegeben hat.

Wenn Majestät kommt, mach ick die Flieje
Heinrich Zille (*1858 †1929)

Von dem Berliner Milieumaler Heinrich Zille wird erzählt, er habe sich während der Besichtigung von Schloss Sanssouci auf einen Stuhl niedergelassen, um ein paar Skizzen anzufertigen. Natürlich kam sofort ein Wächter und befahl ihm, aufzustehen: „Sie sitzen auf dem Sessel Friedrichs des Großen." Zille erwiderte angeblich: „Reg dir ab, Männeken. Wenn Majestät kommt, mach ick die Flieje."

Wissen Sie, dass seit der Geburt Christi noch keine Milliarde Minuten verstrichen sind?
Maximilien Foy (*1775 †1825)

Diese Rechnung soll der General Napoleons und später französische Politiker im Jahr 1825 aufgemacht haben, als im französischen Parlament über einen Staatshaushalt von einer Milliarde Franc beraten wurde. Die milliardste Minute übrigens ist im Jahr 1902 nach Christi Geburt erreicht worden.

Wo ich sitze, ist immer oben
Otto von Bismarck (*1815 †1898)

Über den „Eisernen Kanzler" wird erzählt, er sei einmal in ein Haus eingeladen worden, in dem die Anzahl der anwesenden Gäste nur an einem runden Esstisch untergebracht werden konnte. Der Gastgeber war nun in einer gewissen Verlegenheit, weil er dem Staatsmann keinen Ehrenplatz am oberen Ende der Tafel anbieten konnte. Bismarck soll daraufhin mit obigem Spruch gekontert haben. Allerdings gibt es in der spanischen Literatur eine ähnliche, ältere Anekdote, sodass die Geschichte Bismarck möglicherweise nur zugeschrieben wurde. Auf jeden Fall brachte sie das Selbstbewusstsein des deutschen Reichskanzlers, der auch in der Politik immer alle Fäden in der Hand behielt, trefflich auf den Punkt. Im Übrigen sagte auch der FDP-Politiker Jürgen Möllemann (1945–2003) 1988 in einem Interview: „Wo ich bin, ist oben. Und wenn ich mal unten bin, ist unten eben oben."

9

SLOGANS AUS FILM UND FERNSEHEN

Manche Sätze aus Filmen oder Fernsehsendungen, aber auch gute Titel selbst sind so eingängig, dass sie in die Alltagssprache übergehen und auch in ganz anderen Kontexten benutzt werden. Das amerikanische Filminstitut stellte 2005 sogar eine Liste der 100 Top-Zitate aus Spielfilmen zusammen. Dabei zeigt sich auch, dass es kulturelle Unterschiede gibt. Die meisten Deutschen jedenfalls werden wahrscheinlich andere Sprüche eingängiger und interessanter finden als den Nummer-1-Slogan der Amerikaner: „Frankly, my dear, I don't give a damn", aus *Vom Winde verweht.*

Beam me up, Scotty
Star Trek (1966–1969)

Der bekannteste Satz aus der Serie *Star Trek*, die in Deutschland unter dem Namen *Raumschiff Enterprise* lief, könnte auch unter der Rubrik „Oft zitiert, nie gesagt" stehen, denn tatsächlich hat sich keines der Mitglieder der Enterprise-Crew je exakt so ausgedrückt, wenn es von Chefingenieur Montgomery Scott (James Doohan) per Teleportation an einen anderen Ort „gebeamt" werden wollte. Stattdessen heißt es etwa „Beam us up home", „Beam me aboard" oder „Scotty, beam me up". Das Beamen soll übrigens nur in die Serie aufgenommen worden sein, weil man so weniger Landungen des Raumschiffes auf fremden Planeten drehen musste. Es wurde dann aber zu einem der populärsten Elemente der Serie, vor allem auch, weil die futuristische Transporteinrichtung oft genug nicht richtig funktionierte.

Bewegung

Alle wollen zurück zur Natur, aber keiner zu Fuß.

Trimm dich, spring mal über deinen Schatten.

Wenn man auch überall aneckt, geht's noch lange nicht rund.

Haltet die Welt an. Ich will aussteigen.

Nieder mit der Schwerkraft – es lebe der Leichtsinn!

Das ist der Beginn einer wunderbaren Freundschaft
Casablanca (1942)

„Louis, I think this is the beginning of a beautiful friendship", erklärt Rick Blaine (Humphrey Bogart) dem französischen Kapitän Louis Renault (Claude Rains), nachdem er gerade seine ehemalige Geliebte Ilsa (Ingrid Bergmann) zusammen mit ihrem Gatten Victor Laszlo (Paul Henreid) ins Flugzeug gesetzt hat. Ein versöhnliches Ende - denn zwar muss sich das Liebespaar Ilsa und Rick trennen, doch anstatt einer leidenschaftlichen, aber aufreibenden Beziehung bekommt am Ende doch jeder der beiden, was ihm mehr liegt: Ilsa eine gesicherte Beziehung und einen umgänglichen Mann und Rick eine bequeme Männerfreundschaft, in der Frauen nur am Rande eine Rolle spielen.

Das Imperium schlägt zurück
Filmtitel (1980)

The empire strikes back lautet der Titel des fünften Teils der Serie *Star Wars*. Nachdem in Folge vier die aufrechten Rebellen rund um Luke Skywalker dem Imperium der Bösen einen harten Schlag versetzt haben, folgt in Teil fünf die Rache der mächtigen Diktatur. Am Ende jedoch können die Rebellen entkommen und sich für eine Fortsetzung des Kampfes in der nächsten Folge sammeln.

> **Das Glas ist halb voll**
>
> Sogar eine halbe Portion kann ein Doppelleben führen.
>
> ✳✳✳
>
> Für die einen ist es eine Glatze, für die anderen die längste Stirn der Welt.
>
> ✳✳✳
>
> Sommersprossen sind auch Gesichtspunkte.

... denn sie wissen nicht, was sie tun
Filmtitel (1955)

Rebel without a cause (Rebellen ohne Grund) heißt der von Nicholas Ray (1911–79) gedrehte Kultfilm mit James Dean (1931-55) auf Englisch. Beim deutschen Titel nahm man Anleihe in der Bibel. „Vater, vergib ihnen, denn sie wissen nicht, was sie tun", betet Jesus dort im Lukasevangelium vor seinem Tod. Im Grunde trifft er den Inhalt des Films besser. Denn die Nachkriegsgeneration, die dort scheinbar sinnlos gegen ihre Eltern und die Gesellschaft rebelliert, weiß zwar selbst nicht so genau, warum sie das tut und was sie wirklich will - doch tiefer liegende Gründe, warum die Jugendlichen ihr eigentlich so behütetes und materiell abgesichertes Leben nicht ertragen, gibt es sehr wohl.

Die meisten Frauen wählen ein Nachthemd mit mehr Verstand aus als ihren Ehemann
Wie angelt man sich einen Millionär? (1953)

Lauren Bacall

Modell Tschicki (Lauren Bacall, *1924) beschließt, es jedenfalls beim nächsten Mal besser zu machen und nie mehr arm zu heiraten. Zusammen mit zwei Kolleginnen (Marilyn Monroe und Betty Grable) mietet sie sich ein Luxus-Appartement, um Männer mit Geld für sich zu interessieren. Zwar gibt es da den attraktiven Tankwart Tom (Cameron Mitchell), aber „Männer, die nicht einmal eine Krawatte tragen, kommen für uns von vornherein überhaupt nicht in Betracht" erklärt Tschicki. Am Ende lässt sie dann doch den Millionär (William Powell), den sie sich geangelt hat, am Traualtar stehen, und heiratet statt dessen Tom, der sich allerdings – wie es sich für eine Hollywood-Filmkomödie gehört – als schwerreicher Ölmagnat entpuppt.

Süßes und Saures

Alle angenehmen Dinge sind entweder unmoralisch, illegal oder machen dick.

Der Mensch sollte nicht gesünder leben als ihm guttut.

Ich will kein Stück vom Kuchen, ich will die ganze Bäckerei.

Esst mehr Mist! Millionen Fliegen können nicht irren!

Der Mensch lebt nicht vom Brot allein, es muss auch was drauf sein.

Brot für die Welt – Torte für mich.

Spinat schmeckt am besten, wenn man ihn kurz vor dem Verzehr
durch ein großes Steak ersetzt.

Man kann auch Vegetarier sein, weil man Pflanzen hasst.

In der Not schmeckt die Wurst auch ohne Brot.

Mens sana in Campari Soda.

Rache ist süß und macht nicht dick.

Zeige mir deine Krawatte und ich sage dir, was du gegessen hast.

D'oh
Die Simpsons (seit 1989)

„Nein", stöhnt Homer Simpson in der US-Zeichen-trickserie Die Simpsons jedes Mal, wenn ihm eines seiner zahlreichen Missgeschicke passiert. In der Originalversion gibt er stattdessen einen Laut von sich, der wie „d'oh" klingt. Angeblich hat ihn der Synchronsprecher von Homer, Dan Castellaneta (*1957), aus dem Sketch Die Sittenstrolche von Dick und Doof übernommen. Im englischsprachigen Raum ist dieses „d'oh" inzwischen so geläufig, dass es in viele Wörterbücher aufgenommen wurde.

Zukunft

Die Zukunft war früher auch besser.
(Karl Valentin, deutscher Komiker, 1882-1948)

Es gibt keine Passagiere auf dem Raumschiff Erde. Wir alle sind die Crew.
(Marshall McLuhan, kanadischer Medien-wissenschaftler, 1911-80)

Hört auf, danach zu fragen, was die Zukunft bereit hält und nehmt als Geschenk, was immer der Tag mit sich bringt.
(Horaz, römischer Autor, 65-8 v. Chr.)

Wenn die Zeit kommt, in der man könnte, ist die vorüber, in der man kann.
(Marie von Ebner-Eschenbach, österreichische Autorin, 1830-1916)

Gesagt, getan

„Alles Geschmackssache", dachte der Affe, und biss in die Seife.

„Es wird schon schiefgehen", sagte der Turm-bauer von Pisa.

„Ich kann fliegen", sagte der Wurm, als er mit dem Apfel vom Baum fiel.

„Schicksal", sprach die Leiche und starb weiter.

Erwarte doch nicht vom Leben, dass es dein Händchen führt und dein Ziel illuminiert
Tod in Venedig (1971)

In Thomas Manns Novelle Tod in Venedig gerät der Künstler Gustav Aschenbach im hohen Alter auf Abwege, von denen er zuvor nichts geahnt hat. Er vernarrt sich derart in einen wunderschönen polnischen Jungen namens Tadzio, dass

Luchino Visconti

er trotz einer Choleraepidemie nicht aus der Lagunenstadt abreist und schließlich stirbt. Obige Feststellung jedoch findet sich nicht in Manns Novelle, sondern nur in Luchino Viscontis Verfil-mung, in der Dirk Bogarde (1921-99) den Aschen-bach spielte. Mann stellte Aschenbach vielmehr als jemanden dar, der seinen Lebensweg bisher immer hell erleuchtet und ganz klar vor sich gesehen hatte, während sich im Film die Hauptfigur zu Be-ginn bereits in einer persönlichen Krise befindet.

Freundschaft II

Freundschaft macht das Glück noch strahlender. *(Cicero, römischer Autor, 106-43 v. Chr.)*

Jeder kann für die Leiden eines Freundes Mitgefühl aufbringen. Es bedarf aber eines wirklich edlen Charakters, um sich über die Erfolge eines Freundes zu freuen. *(Oscar Wilde, irischer Autor, 1854-1900)*

Jeder Mensch hat seine guten Seiten. Man muss nur die schlechten umblättern. *(Ernst Jünger, deutscher Autor, 1895-1998)*

Zwei Monate gemeinsam ertragenen Elends wiegen Jahre der Freundschaft auf. *(Honoré de Balzac, französischer Autor, 1799-1850)*

Es kann nur einen geben
Highlander (1986)

So lautet der Untertitel des Fantasy-Actionfilms *Highlander*, in dem sich eine Handvoll (fast) Unsterblicher durch die Jahrhunderte hindurch mit dem Schwert bekriegen. Gelingt es einem, dem anderen den Kopf abzuschlagen, dann ist dieser vernichtet und der Sieger erhält seine Kraft. Am Ende steht der Titelheld Connor MacLeod, der im 16. Jahrhundert in Schottland geboren ist, gegen den scheinbar unbesiegbaren Schurken Kurgan, der einem legendär grausamen asiatischen Stamm aus grauer Vorzeit entstammt. Verliert der Highlander, dann gibt es niemanden mehr, der Kurgan daran hindern kann, die Menschheit mit Terror zu überziehen.

Frankly, my dear, I don't give a damn
Gone with the Wind (1939)

Laut dem amerikanischem Filminstitut ist das der beste Satz aller Zeiten aus einem Spielfilm. Rhett Butler (Clark Gable) sagt ihn am Ende des Films zu Scarlett O'Hara (Vivien Leigh), als die ihn bittet, bei ihr zu bleiben und flehentlich fragt: „Rhett, wenn du fortgehst, was soll ich dann anfangen?" In der deutschen Fassung lautet die Antwort: „Offen gesagt ist mir das gleichgültig."

Sprüche

Der Wintereinbruch ist nicht strafbar.

Wer drei Eier durch vier teilt, muss mit einem Bruch rechnen.

Eine spitze Zunge ist in vielen Ländern schon unerlaubter Waffenbesitz.

Niveau ist keine Hautcreme.

Wir sind zwar zu nichts zu gebrauchen, aber dafür zu allem fähig.

Wo wir sind, klappt nichts. Doch wir können nicht überall sein.

Gehe ich recht in der Annahme, dass ...?
Hans Sachs (*1912 †1993)

So leitete der Oberstaatsanwalt aus Nürnberg, der von 1955 bis 1989 dem Rateteam der Sendung *Was bin ich?* angehörte, gerne seine Fragen ein. Das vierköpfige Team hatte den Beruf des Gastes zu erraten. Nach dem zehnten „Nein" musste das Team aufgeben und der Gast hatte gewonnen. Das animierte die Mitglieder des Teams zu besonders gewundenen Fragestellungen, um möglichst viele In-formationen zu bekommen, ohne ein klares Nein zu riskieren. Zudem bekam

„Welches Schweinderl hätten's denn gerne?"

der Gast für jedes Nein ein Fünfmarkstück in ein Sparschwein geworfen. Zum Begrüßungsritual gehörte, dass Moderator Robert Lembke (1913-89) jeden Gast mit der Standardfrage „Welches Schweinderl hätten's denn gerne?" aufforderte, sich eines der verschiedenfarbigen Porzellantiere auszusuchen.

Arbeit und Faulheit

Am ärmsten ist der Mensch, der keine Aufgabe hat.
(Albert Schweitzer,
deutsch-französischer Arzt, 1875-1965)

Dem Wagemutigen hilft das Glück, der Faule steht sich selbst im Weg.
(Seneca, römischer Autor, um 1 v. Chr.-65 n. Chr.)

Faulheit ist der Hang zur Ruhe ohne vorher-gehende Arbeit.
(Immanuel Kant, deutscher Philosoph, 1724-1804)

Müde macht uns die Arbeit, die wir liegen lassen, nicht die, die wir tun.
(Marie von Ebner-Eschenbach,
österreichische Autorin, 1830-1916)

✎ Für und Wider

Auf diese Frage antworte ich mit einem ent-schiedenen Vielleicht.

Eine Lösung hatte ich, aber sie passte nicht zum Problem.

Für einen Anlass gibt es immer eine Gelegen-heit.

Jedes Pro und Contra hat sein Für und Wider.

Spontaneität will wohlüberlegt sein.

Ein Paradox ist eine Wahrheit, die sich in den eigenen Schwanz beißt.

Jedes Problem hat zwei Seiten: die unsrige und die falsche.

Nicht jeder, der aus dem Rahmen fällt, war vorher im Bilde.

Hasta la vista, baby
Terminator 2: Tag der Abrechnung (1991)

Dieser Spruch wurde zum Markenzeichen von Arnold Schwarzenegger (*1947). Der frühere Schauspieler benutzte ihn auch noch häufig, nachdem er Gouverneur von Kalifornien geworden war. Ursprünglich stammt er aus dem zweiten Teil der Terminator-Reihe. Schwarzenegger spielte einen Maschinenmenschen, der sich jedoch mit den

Arnold Schwarzenegger

Menschen gegen die anderen (bösen) Roboter verbündet. Den exotischen spanisch-englischen Abschiedsgruß bringt ihm der Zehnjährige bei, auf den er aufzupassen hat. Der Terminator verabschiedet sich dann mit diesen Worten von seinem Gegner, dem Roboter Terminator T-1000, als er ihn zerstört. Bereits drei Jahre vorher jedoch machte die US-amerikanische Sängerin Jody Watley (*1959) die Kombination aus dem gängigen spanischen Abschiedsgruß (Hasta la vista = Auf Wiedersehen) mit dem englischen „Baby" in ihrem Lied *Looking for a New Love* populär.

Wer ...

Wer finden will, der muss verlieren können.

Wer Ordnung hält, ist nur zu faul zum Suchen.

Wer zuletzt lacht, hat es nicht früher begriffen.

Wer zuletzt lacht, hat die längste Leitung.

Erinnerung

Die Erinnerung wirkt wie das Sammelglas in der Camera obscura: Sie zieht alles zusammen und bringt dadurch ein viel schöneres Bild hervor, als es sein Original ist.
(Arthur Schopenhauer, deutscher Philosoph, 1788-1860)

Erinnerung ist das einzige Paradies, aus dem wir nicht vertrieben werden können.
(Jean Paul, deutscher Autor, 1763-1825)

Heute ist die gute alte Zeit von Morgen.
(Karl Valentin, deutscher Komiker, 1882-1948)

Heute ist nicht alle Tage, ich komme wieder, keine Frage
Der rosarote Panther (1963-81)

Eigentlich sollte die Zeichentrickfigur Paulchen Panther nicht wiederkommen, sondern wurde nur für den Vorspann des Filmes *The Pink Panther* (1963) geschaffen. In dieser Krimikomödie jagt der schusselige Inspektor Clousseau (Peter Sellers, 1925-80) einem Edelstein namens Pink Panther nach. Doch der Cartoon mit dem langgliedrigen rosa Panther kam so gut an, dass im Lauf der Zeit über 100 weitere Kurzfilme geschaffen wurden, die als Vorfilme im Kino liefen. 1969 kam die *Pink Panther Show* als Trickfilmserie für Kinder dazu. Die deutsche Fassung endete jedes Mal mit dem Lied *Wer hat an der Uhr gedreht?*, das mit der Ankündigung „Heute ist nicht alle Tage, ich komme wieder, keine Frage" ausklingt.

High Noon
Filmtitel (1952)

High Noon heißt auf Englisch eigentlich „zwölf Uhr mittags", aber es steht genauso für die Stunde der Entscheidung, wie das bei dem deutschen Sprichwort „Es ist fünf vor zwölf" der Fall ist. Im Western von Fred Zinneman wartet Sheriff Will Kane (Gary Cooper) auf die Ankunft von Frank Miller (Ian MacDonald), den er einst ins Gefängnis gebracht hat. Miller hat angekündigt, mit dem Zwölf-Uhr-Zug zu kommen und sich dann zu rächen. In der Zeit bis zur Ankunft des Zuges muss Sheriff Kane erkennen, dass er auf keinerlei Hilfe zählen kann und Miller zum Showdown schließlich alleine gegenübertreten muss. Kanes Frau Amy (Grace Kelly) ist vehement dagegen, dass ihr Mann sich dem Feind stellt und nicht flieht: „Du verlangst von mir, eine Stunde zu warten, bis sich herausstellt, ob ich deine Frau oder deine Witwe bin?", will sie von ihm wissen.

Ich habe einen Plan
Die Olsenbande (1968–98)

Dieser Satz gehörte zu den Running Gags der dänischen Krimiserie *Die Olsenbande*. Denn alle 14 Folgen beginnen damit, dass Bandenchef Egon Olsen aus dem Gefängnis entlassen wird und die erzwungene Auszeit in der Zelle dazu genutzt hat, einen neuen, akribisch durchdachten und gleichzeitig total absurden Plan auszuhecken, um nun endlich den todsicheren Millionen-Coup zu landen. Diese Coups gehen zwar immer schief, doch die versuchte Umsetzung brachte der Serie Kultstatus ein. Besonders beliebt war sie in der DDR, wo man mit scheiternden Plänen seine ganz eigenen Erfahrungen hatte.

Ich nicht
Das Leben des Brian (1979)

Der Antiheld Brian (Graham Chapman) in dem Kultfilm der britischen Komikertruppe Monty Python lebt zeitgleich mit Jesus in Israel und wird von den Volksmassen wider Willen ebenfalls in eine Messias-Rolle gedrängt. Also versucht er seiner Gefolgschaft verzweifelt einzuimpfen: „Ihr seid alle Individuen." Darauf brüllt die Menge im Chor: „Wir sind alle Individuen." Nur eine Stimme piepst vorlaut: „Ich nicht." Von allen Gags der Komödie ist das eine Schlüsselszene, denn eigentlich macht der Film, dem oft Blasphemie vorgeworfen wurde, sich nicht über Gott lustig, aber dafür umso gründlicher über dogmatische Gruppierungen in Politik und Religion und das irrationale Verhalten von Menschenmassen.

> ### Ich ...
>
> Ich weiß nicht, was ich will, aber das mit aller Macht.
>
> Ich geh kaputt – gehst du mit?
>
> Ich bin nicht faul, sondern energiesparend.
>
> Ich bin nicht klein, sondern platzsparend.
>
> Ich bin dick, du bist doof. Ich kann abnehmen, und du?
>
> Ich glaub', ich hab' Tinnitus auf den Augen, ich seh' lauter Pfeifen hier.

Ich weiß von Schafen, die dich locker austricksen würden. Ich habe schon Pullover mit einem höheren IQ gehabt.
Ein Fisch namens Wanda (1988)

„Nennen Sie mich nicht dämlich!" Dieser Drohung verleiht Ganove Otto (Kevin Kline) in der Gaunerkomödie *Ein Fisch namens Wanda* ständig mit Waffengewalt Nachdruck. Muss er auch, denn Otto, der sich selbst für einen Philosophen hält, ist – wie seine Freundin Wanda (Jamie Lee Curtis) meint – so dämlich „dass er glaubt, Watergate ist die Wildwasserbahn in Disneyland". Nachdem Wanda sich in den nur anfangs steifen Anwalt Archie (John Cleese) verliebt hat, obwohl der erklärt: „Ich bin ein guter Liebhaber. Naja, ich war es jedenfalls im frühen 14. Jahrhundert", hat Otto jedoch als Liebhaber ausgedient und Wanda sagt ihm endlich, was sie von seinem Intellekt hält.

Jäder nur einen wänzigen Schlock
Die Feuerzangenbowle (1944)

Heinz Rühmann

So warnt Oberlehrer Crey seine Schüler in dem Kultfilm *Die Feuerzangenbowle*, aber auch schon in der gleichnamigen Romanvorlage von Heinrich Spoerl (1887-1955), als er ihnen im Chemieunterricht selbstgemachten Heidelbeerwein zu probieren gibt. Der Film ist noch immer derart populär, dass seit einigen Jahren an manchen Universitäten zu Weihnachten „Feuerzangenbowlenpartys" mit einigen Tausend Teilnehmern stattfinden, bei denen die witzigsten Szenen der Komödie nachgespielt werden. Die Sache mit dem Heidelbeerwein wird meist besonders genüsslich zelebriert.

Bildung II

Bildung ist das, was die meisten empfangen, viele weitergeben und wenige haben.
(Karl Kraus, österreichischer Autor, 1874-1936)

Hohe Bildung kann man dadurch beweisen, dass man die kompliziertesten Dinge auf einfache Art zu erläutern versteht.
(George Bernard Shaw, irischer Autor, 1856-1950)

Fantasie ist wichtiger als Wissen.
(Albert Einstein, Physiknobelpreisträger, 1879-1955)

So ein bisschen Bildung ziert den ganzen Menschen.
(Heinrich Heine, deutscher Autor, 1797-1856)

Guter Rat

Wenn man bis zum Hals in der Scheiße steckt, sollte man den Kopf nicht hängen lassen.

Die Wahrheit hat noch keinem geschadet – außer dem, der sie ausspricht.

Gefühle sollte man zeigen und nicht zur Schau stellen.

Nur Idioten halten Ordnung, ein Genie beherrscht das Chaos.

Kleine Bosheiten erhalten die Feindschaft.

Wer sich nicht wehrt, lebt verkehrt.

Keine Angst vor großen Tieren
Filmtitel (1953)

In dieser ansonsten in Vergessenheit geratenen Komödie aus dem Jahr 1953 spielte Heinz Rühmann (1902-94) eine der Rollen des „Kleinen Mannes", die ihn so berühmt gemacht haben. Er gibt einen schüchternen Angestellten, der eines Tages zwei ausgewachsene Löwen erbt. Am Ende bewährt er sich dann als Dompteur – und kann natürlich endlich auch bei seiner heimlichen Liebe punkten. Mit Box-Legende Max Schmeling, Gustav Knuth und vielen anderen hochkarätigen Schauspielern wirkten zahlreiche „große Tiere" des Showbiz in der Komödie mit.

La dolce vita
Filmtitel (1960)

Federico Fellini

Mit diesem Film machte Federico Fellini (1920–93) das „süße Leben" der römischen High Society legendär, die angeblich jede Nacht auf der Suche nach Partys und Vergnügen die „ewige Stadt" durchstreift. Höhepunkt ist das Bad von Sylvia (Anita Ekberg, *1931) im Trevi-Brunnen. Obwohl sich am Ende der Rausch der nächtlichen Vergnügen im Film als ziemlich schal entpuppt, wurde die Via Vittorio Veneto in der Folge tatsächlich zur nächtlichen Partymeile, was sie bis dahin noch nicht gewesen war.

Das Glas ist halb leer

Erfahrung ist eine nützliche Sache.
Leider macht man sie immer erst kurz nachdem man sie gebraucht hätte.

Was wir bei uns selbst Grundsätze nennen, nennen wir bei den anderen Vorurteile!

Ein Pessimist ist ein Optimist, der nachgedacht hat.

Eines der gefährlichsten Geräusche, die man machen kann, ist laut zu denken.

Eine Schwalbe macht noch lange keinen Elfmeter!

Wir trinken, um unsere Sorgen zu ertränken,
aber wir haben das Gefühl, dass die Dinger schwimmen können.

Manchmal ist das Licht am Ende des Tunnels ein entgegenkommender Zug.

Läden sind nicht nett zu Menschen. Läden sind nur nett zu Kreditkarten
Pretty Woman (1990)

Diese Erklärung gibt der reiche Edward Lewis (Richard Gere) der Prostituierten Vivian (Julia Roberts), als sie feststellen muss, dass sie in Läden, in denen sie alleine schlecht behandelt worden ist, in seiner (und seiner Kreditkarte) Begleitung plötzlich einen ganz anderen Stellenwert hat. Lewis macht aus Vivian eine Dame von Welt, verliert dabei aber sein Herz an sein Geschöpf - eine Variation des antiken Pygmalionstoffes von Ovid (43 v. Chr.–17 n. Chr.), bei dem sich der Bildhauer Pygmalion in die von ihm geschaffene Frauenstatue verliebt. George Bernard Shaw (1856–1950) verfasste das Schauspiel *Pygmalion*, in dem der Sprachwissenschaftler Professor Henry Higgins sich in das Blumenmädchen Eliza Doolittle verliebt, dem er vorher eine so korrekte Sprache beigebracht hat, dass er sie auf einer Gesellschaft als Herzogin ausgeben kann. Shaws Stück wurde später auch zum Musical und zum Film *My Fair Lady* umgearbeitet.

Locker vom Hocker
TV-Serie

Unter diesem Motto präsentierte der Schauspieler und Komiker Walter Giller (*1927) von 1979 bis 1986 eine Comedyserie. Mitwirkende wie Nadja Tiller, Brigitte Mira, Gudrun Landgrebe, Elisabeth Volkmann, Jochen Busse und Otto Tausig führten in Sketchen die Absurditäten des Alltags vor.

Manche mögen's heiß
Filmtitel (1959)

„Pease porridge in the pot", lautet ein alter englischer Abzählreim, „nine days old; some like it hot, some like it cold" (Erbsenpüree im Topf, neun Tage alt; manche mögen's heiß, manche mögen's kalt). Dieser Reim ging dem US-amerikanischen Regisseur Billy (Samuel) Wilder (1906-2002) durch den Kopf, als er mit Marylin Monroe, Jack Lemmon und Tony Curtis eine Komödie drehte, die eigentlich *Not tonight, Josephine* heißen sollte. Kurz entschlossen änderte Wilder den Titel in *Some like it hot*. Das Feuerwerk voller Slapsticks, absurder Verwechslungen, komischer Dialoge, angereichert mit den heißen Auftritten der Monroe, wurde dann einer seiner größten Erfolge.

Über den Verstand

Ich muss eine beträchtliche Menge Verstand haben; manchmal brauche ich eine Woche, um ihn zu ordnen.
(Mark Twain, US-amerikanischer Autor, 1835-1910)

Man empfängt die Leute nach ihrem Kleide und entlässt sie nach ihrem Verstand.
(Unbekannt)

Niemand irrt für sich allein. Er verbreitet den Unsinn auch in seiner Umgebung.
(Seneca, römischer Autor, um 1 v. Chr.-65 n. Chr.)

Viele Leute glauben zu denken. Dabei ordnen sie nur ihre Vorurteile neu.
(William James, US-amerikanischer Psychologe, 1842-1910)

Kunst

Alles ist Kunst, solange du damit durchkommst.
(Marshall McLuhan,
kanadischer Medienwissenschaftler, 1911-80)

Kunst ist das Fremde.
*(Jan Hoet, belgischer Kunsthistoriker, *1936)*

Kunst ist eine Lüge, die uns die Wahrheit
erkennen lässt.
(Pablo Picasso, spanischer Maler, 1881-1973)

Mit scharfem Blick, nach Kennerweise,
seh' ich zunächst nach dem Preise.
Und bei genauer Betrachtung
steigt mit dem Preis auch die Achtung.
(Wilhelm Busch, deutscher Autor und Zeichner, 1832-1908)

Mein Name ist Hase, ich weiß Bescheid
The Bugs Bunny Show (seit 1940)

„Mein Name ist Hase, ich weiß von nichts", lautete der legendäre Spruch, mit dem der Student Victor von Hase (1834-1860) sich einst weigerte, über einen Kommilitonen Auskunft zu geben, der nach einem verbotenen Duell mit Hases Studentenausweis geflohen war. In der deutschen Version der *Bugs-Bunny*-Trickfilmreihe wurde er für das schlaue Karnickel Bugs umgedichtet. Im Titelsong heißt es: „Jubel, Trubel, Heiterkeit, seid zur Heiterkeit bereit! Mein Name ist Hase, ich weiß Bescheid. Wer eine schöne Stunde verschenkt, weil er an Ärger von gestern denkt, oder an Sorgen von morgen, der tut mir leid, mein Name ist Hase, ich weiß Bescheid."

Moooment!
Loriot (Vicco von Bülow) (*1923)

Niemand kann dieses Wort so unnachahmlich aussprechen wie der Komiker, Zeichner, Schauspieler und Regisseur Loriot. Voller Empörung, aber dennoch gesittet versuchen sich seine Figuren, wie etwa Heinrich Lohse in *Pappa ante Portas,* auf diese Weise - oft vergeblich - Gehör zu verschaffen. Aber auch in anderen Wörtern geben lang gezogene Vokale Alltagsbemerkungen einen besonderen Loriot'schen Anstrich. Etwa im genussvollen „Vorzüüüglich", oder wenn Heinrich Lohse auf die Frage seiner Frau, was er denn vormittags im eigenen Haus suche, mit Nachdruck erwidert: „Ich wooohne hier." Ein anderer Allerweltsausdruck, den Loriot durch eine besondere - diesmal knappe und scharfe - Betonung mit Beschlag belegt hat, ist das „Ach was!", mit dem seine Figuren oft reagieren, wenn die Gesprächssituation sie überfordert.

Wer ...

Wer für die Katz' arbeitet, kommt auf den Hund.

Wer den Feind umarmt, macht ihn bewegungsunfähig.

Wer morgens zerknittert ist, hat den Tag über viel mehr Entfaltungsmöglichkeiten.

Wer mit dem Strom schwimmt, treibt irgendwann ins Meer.

Wer heute den Kopf in den Sand steckt, knirscht morgen mit den Zähnen.

Wer kämpft, kann verlieren, wer nicht kämpft, hat schon verloren.

Nobody is perfect
Manche mögen's heiß (1959)

In Billy Wilders Erfolgskomödie sind die beiden Musiker Jerry (Jack Lemmon, 1925–2001) und Joe (Tony Curtis, *1925) auf der Flucht vor der Mafia von Chicago. Als Mitglieder einer Frauenkapelle getarnt, sorgen sie für allerlei Wirbel, sind zum Schluss aber mit Jerrys Verehrer Osgood (Joe E. Brown) wieder auf der Flucht. Osgood plant eine gemeinsame Zukunft und Jerry sucht verzweifelt nach Ausflüchten, die gegen eine Heirat sprechen. Schließlich entscheidet er sich trotz der bedrohlichen Situation für die Wahrheit: „Ich bin ein Mann!" Osgoods gelassenes „Nun, niemand ist perfekt" ist der legendäre Schlusssatz des Kultfilms.

Marilyn Monroe

Arbeit I

Arbeit ist süß; ich bin aber Diabetiker.

Arbeit ist süß, aber sauer macht lustig.

Arbeit macht Spaß, aber wer kann schon Spaß vertragen?

Arbeit macht Spaß; man kann stundenlang zuschauen.

Pleiten, Pech und Pannen
TV-Show

So hieß eine Fernsehshow, die der österreichische Moderator Max Schautzer (*1940) im Jahr 1986 erfunden hatte. Die Show lief bis 2003 in der ARD und präsentierte alle Arten von tatsächlich passierten Missgeschicken. Das Filmmaterial stammte teilweise von Privatpersonen, die dafür ein Honorar erhielten. Ergänzt wurde es unter anderem durch missglückte Szenen bei Filmaufnahmen.

Staatliches

Der Dienstweg ist die Verbindung der Sackgasse mit dem Holzweg.

Die meisten Holzwege enden in einer Sackgasse.

Denen habe ichs gegeben, sagte der Steuerzahler, als er das Finanzamt verließ.

Kein Geld in der Tasche? Die öffentliche Hand ist dir zuvorgekommen.

Global investieren – lokal ruinieren.

Guter Staat ist teuer.

Der Kanzler lenkt – aber wer denkt?

Lasst den Krieg in Frieden!

The same procedure as every year
Dinner for One (1963)

Es ist jedes Jahr dasselbe: Seit 1972 läuft an Silvester im deutschen öffentlich-rechtlichen Fernsehen der englischsprachige Sketch *Dinner for One*, bei dem Butler James die vier bereits verstorbenen Freunde seiner Arbeitgeberin Miss Sophie bedienen und vor allem für all diese Herren trinken muss. Vor jedem Gang des Dinners vergewissert er sich: „The same procedure as last year, Miss Sophie?", worauf diese bestätigt: „The same procedure as every year, James." Der Sketch wurde vermutlich von dem britischen Autor Lauri Wylie (1880–1951) in den 1920er-Jahren geschrieben. Das Komikerpaar Freddie Frinton (1909–68) und May Warden (1891–1978) machte ihn dann auf der Bühne populär und wurde auch für die deutsche Fernsehfassung engagiert. Diese ist jedoch im englischsprachigen Raum so gut wie unbekannt. Angeblich sollen die Sender wegen des reichlichen Flusses von Alkohol abgelehnt haben, den Sketch auszustrahlen.

Literatur

Ein guter Roman erzählt die Wahrheit über den Helden, aber ein schlechter Roman erzählt die Wahrheit über den Autor.
(*Gilbert Keith Chesterton, britischer Autor, 1874-1936*)

Ein Zimmer ohne Bücher ist wie ein Körper ohne Seele.
(*Cicero, römischer Autor, 106-43 v. Chr.*)

Eine Erzählung ohne Frau ist eine Maschine ohne Dampf.
(*Anton Tschechow, russischer Autor, 1860-1904*)

Die Poesie heilt die Wunden, die der Verstand schlägt.
(*Novalis, deutscher Autor, 1772-1801*)

Unser Mann in Havanna
Filmtitel (1959)

Diesen Titel tragen ein Roman von Graham Greene (1904–91) aus dem Jahr 1958 und dessen Verfilmung. Der Mann des britischen Geheimdienstes, der in Havanna ein Agentennetz aufbauen soll, ist ein Staubsaugervertreter ohne jegliche Ahnung von Agententätigkeit (Alec Guinness). Doch mit viel Witz mogelt er sich durch und schickt etwa den vergrößerten Konstruktionsplan eines Staubsaugers als Skizze einer Raketenabschussrampe an seine Auftraggeber. Bekannt ist auch das Zitat: „Sie spielen mit Scotch, ich mit Bourbon." Denn um den kubanischen Polizeipräsidenten bei einem Damespiel auszutricksen, schlägt Guinness vor, als Spielfiguren Whiskeyflaschen zu benutzen, die sofort ausgetrunken werden müssen, wenn sie geschlagen wurden. Auf diese Weise wird der Präsident mit jedem gutem Spielzug betrunkener.

Von Opportunisten ...

Wenn man gut sitzt, braucht man keinen Standpunkt.

Opportunisten sind Leute, die sich dünn machen, wenn das dicke Ende kommt.

Besser Nasebohren als Arschkriechen.

Wer dem Chef in den Hintern kriecht, muss damit rechnen, dass er ihm eines Tages zum Hals heraushängt.

Nur tote Fische schwimmen mit dem Strom.

Wer zu allem seinen Senf gibt, gerät in den Verdacht, ein Würstchen zu sein.

Wer die Hosen nicht anhat, der sollte sie auch nicht allzu oft herunterlassen
Tatort „Der Frauenflüsterer"

... meint jedenfalls Gerichtsmediziner Karl-Friedrich Börne (Jan Josef Liefers) in einer Münsteraner *Tatort*-Folge, als die Frau des Dorf-Casanovas Marcus Hoffschulte (Kai Wiesinger) genug hat und die Scheidung einzureichen gedenkt. Denn der Reitstall, den das Ehepaar betreibt, gehört nahezu ausschließlich Frau Hoffschulte. Was Börne jedoch noch nicht weiß: Frau Hoffschulte hat nicht mehr lange zu leben.

Wir sind im Auftrag des Herrn unterwegs
Blues Brothers (1980)

Rhythm-and-Blues-Musik und wilde Verfolgungsjagden im Auto bestimmen den Kultfilm Blues Brothers. Bis dato waren in keinem Film mehr Autos für die Aufnahmen zu Schrott gefahren worden. Doch die Brüder Jake (John Belushi) und Elwood Blues (Dan Aykroyd) rechtfertigen alles mit dem Spruch „Wir sind im Auftrag des Herrn unterwegs". Schließlich verfolgen die beiden vorbestraften Brüder das ehrenwerte Ziel, mit ehrlicher Arbeit - einem Blues-Konzert - ein christliches Waisenhaus vor der Schließung zu retten. Doch diverse Gegner haben ihre Gründe, die fromme Mission der beiden durchkreuzen zu wollen.

... und Unsympathen

Eigenlob stimmt.

Anschiss ist die beste Verteidigung.

Manche halten lieber zehn Mal eine Rede als einmal ihr Wort.

Es gibt Menschen, die nur in aufgeblasenem Zustand sichtbar werden.

An den wärmsten Plätzen sitzen meist die Unverfrorensten.

Wer keinen Spaß versteht, den sollte man nicht ernst nehmen.

Zur Sache, Schätzchen
Filmtitel (1968)

Die Aufforderung erscheint recht eindeutig und die Ankündigung dieser von May Spils (*1941) gedrehten Komödie wird gerne mit einem Szenenbild von Hauptdarstellerin Uschi Glas (*1944) in Dessous illustriert. Doch im Grunde geht es im Film weniger um Sex als um die lustvolle und respektlose Auseinandersetzung zwischen Tagedieb Martin (Werner Enke, *1941) und seiner Freundin Barbara (Uschi Glas) einerseits und der Polizei, die Martin wegen eines Einbruchs verhaften will, andererseits.

Arbeit II
Denken ist Arbeit, Arbeit ist Energie, und Energie soll man sparen.

Es gibt viel zu tun, nix wie weg.

Besser 'ne ordentliche Ruhepause als pausenlose Unruhe.

Die meisten Aufgaben lösen sich von selbst, man darf sie nur nicht dabei stören.

Praxis ist, wenn alles funktioniert und keiner weiß, warum.

Noch mehr Sprüche

Wir leben zwar alle unter demselben Himmel, haben aber nicht alle den gleichen Horizont.

Keiner ist unnütz: Er kann immer noch als schlechtes Beispiel dienen.

Pubertät ist, wenn die Eltern anfangen, schwierig zu werden.

Der deutsche Humor ist seiner Seltenheit wegen besonders wertvoll.

Wer glaubt, dass ein Bauleiter einen Bau leitet, der glaubt auch, dass ein Zitronenfalter Zitronen faltet.

Ein deutscher Mann misstraut allem Fremden; es sei denn, es lässt sich trinken.

Gute Ideen werden zuerst belächelt, dann bekämpft und zum Schluss geklaut.

WEITER-GEDICHTET

10

Sprüche, die so populär wurden, dass sie in den allgemeinen Wortschatz eingegangen sind, werden oft nicht nur zitiert, sondern auch verballhornt, in neue Sprüche eingearbeitet und umgedeutet. Manchmal will man dabei nur an das bekannte Zitat anknüpfen, um dem eigenen Satz mehr Aufmerksamkeit zu verschaffen. Aber oft wenden sich die Neuschöpfungen auch ganz bewusst gegen die Aussage des alten Spruchs und fordern auf, diese oft gebrauchte Redensart inhaltlich zu überdenken.

Arbeit ist der Fluch der trinkenden Klasse
Oscar Wilde (*1854 †1900)

„Trunksucht ist der Fluch der arbeitenden Klasse", pflegten besser situierte Moralisten im Großbritannien des 19. Jahrhunderts zu sagen. Schon Oscar Wilde soll dies umgedreht haben in „Work is the curse of the drinking classes". Noch eine Umdichtung: „Fluchen ist die Arbeit der trinkenden Klasse."

... ärgert dich deine Vernunft, so werde katholisch
Heinrich Heine (*1797 †1856)

„Ärgert dich dein Auge, so reiß es aus, ärgert dich deine Hand, so hau sie ab", schrieb Heine im Oktober 1827 an seinen Freund Karl August Varnhagen von Ense. Das ist eine Kurzfassung einer bekannten Bibelstelle aus dem Matthäusevangelium, in der es zur Begründung heißt: „Denn es ist besser für dich, dass eines deiner Glieder verloren gehe, als dass dein ganzer Leib in die Hölle geworfen wird." Heine aber fuhr fort: „Ärgert dich deine Zunge, so schneide sie ab, und ärgert dich deine Vernunft, so werde katholisch." Er persönlich war damals gerade zwei Jahre zuvor vom Judentum zum evangelischen Christentum übergetreten, allerdings aus purem Opportunismus. Im Grunde lehnte er nicht Gott, wohl aber alle Religionen ab, vor allem dort, wo sie sich vernunftfeindlich und verlogen präsentierten. Später heiratete er im französischen Exil katholisch – jedoch nur seiner Frau zuliebe.

Auf deutschem Boden darf nie wieder ein Joint ausgehen, Richie
Wolfgang Neuss (*1923 †1989)

So der Kabarettist Neuss 1983 in der Talkshow *Leute* zum Berliner Bürgermeister und späteren Bundespräsidenten Richard von Weizsäcker (*1920). Er veräppelte dabei die viel zitierte Devise von Willy Brandt (1913-92): „Von deutschem Boden darf nie wieder Krieg ausgehen." Allerdings soll Neuss den Spruch nicht selbst geprägt haben, sondern von einem im Gefängnis sitzenden Fan auf einer Glückwunschkarte zum Geburtstag geschickt bekommen haben. Neuss war in den 1950er- und 1960er-Jahren ein bekannter Kabarettist und spielte in vielen Filmen mit, allerdings eher in komischen Nebenrollen. Später war er dann vor allem für seinen Einsatz für die Legalisierung von Drogen bekannt. Von ihm stammen auch Sprüche wie „Wo wir hinspenden, wächst kein Gras mehr", „Heut' mach ich mir kein Abendbrot, heut mach ich mir Gedanken", „Wenn man nicht haargenau wie die CDU denkt, fliegt man glatt aus der SPD" oder „Meine Zeit ist gekommen, wenn die Welt wieder so zum Lachen ist, dass es sich lohnt, dritte Zähne anzuschaffen".

● ● ● ● ● ● ● ● ● ● ● ● ● ● ● ● ● ● ●

Bleibe im Land und wehre dich täglich
Volksmund

Der Geist hat die Aufgabe, die Macht zu zersetzen. Ich würde ihm die Parole geben: Libera et divide
Otto Flake (*1880 †1963)

Flake spielt auf das Motto „Divide et impera" („Teile und herrsche") an. Dieses wird meist mit dem französischen König Ludwig XI. (1423-83) in Verbindung gebracht, der diese Parole vielleicht nicht erfand, aber doch nach dieser Devise regierte und damit den Grundstein zum späteren französischen Absolutismus legte. Vor Flake haben sich schon andere an dieser Devise gerieben. Goethe (1749-1832) etwa schrieb: „Entzwei' und gebiete! Tüchtig Wort. - Verein' und leite! Besserer Hort." Flake hatte in der Weimarer Zeit den Dadaisten angehört. Während der Nazizeit äußerte er seine Ergebung gegenüber Hitler, um seine halbjüdische Frau zu schützen, was ihm viele Kollegen äußerst übel nahmen. Nach dem Krieg setzte er sich dann für die deutsch-französische Aussöhnung ein.

Wortspiele I

Ein Taucher, der nicht taucht, taucht nichts.

Aller Mannfang ist schwer.

Abgeordnete sind immer zu tausend Spesen aufgelegt.

Biss demnächst, sagte der Vampir.

Die Dunkelheit wurde bei Einbruch gefasst.

Dieser Spruch aus der linkspolitischen Spontiszene hat seine Wurzeln in der Bibel - und in einer falschen Übersetzung Luthers. Denn eigentlich wird der Gläubige im Psalm 37 aufgefordert: „Wohne friedlich im Land." Gott werde dafür sorgen, dass es den Seinen an nichts mangle und das Böse bestraft werde. Martin Luther (1483-1546) aber übersetzte: „Bleibe im Land und nähre dich redlich", was in der Folge gerne zitiert wurde, wenn es galt, Sesshaftigkeit und Heimatverbundenheit zu loben.

Der Gescheitere gibt nach! Ein unsterbliches Wort. Es begründet die Weltherrschaft der Dummen
Marie von Ebner-Eschenbach (*1830 †1916)

So klagt die Schriftstellerin in ihren *Aphorismen*. Aber auch viele andere fühlten sich immer wieder durch das Sprichwort „Der Klügere gibt nach" provoziert. Eine anonyme Weiterdichtung etwa lautet: „Der Klügere gibt nach, bis er am Ende der Dumme ist." Ähnlich formulierte es der frühere baden-württembergische Ministerpräsident Lothar Späth (*1937) einmal: „Wenn Sie den Satz ‚Der Klügere gibt nach' auf die Politik übertragen, regieren zum Schluss nur noch die Blöden."

Die Bildungspolitik ist ein Teil von einer Kraft, die stets das Gute will und oft Probleme schafft
Hans Schwier (*1926 †1996)

So dichtete der einstige Wissenschafts- und Kultusminister von Nordrhein-Westfalen frei nach Goethe. Die Vorlage findet sich in dessen Faust. Dort stellt sich der Teufel Mephisto mit den Worten vor: „Ich bin ein Teil von jener Kraft, die stets das Böse will und stets das Gute schafft."

Die Ratten betreten das sinkende Schiff
Kurt Tucholsky (*1890 †1935)

Diesen zynischen Kommentar soll Tucholsky gegeben haben, als sein Kollege, der österreichische Satiriker Karl Kraus (1874-1936), zur Überraschung vieler das Regime des österreichischen Diktators Engelbert Dollfuß (1892-1934) unterstützte. Dollfuß versuchte, einen extrem konservativen katholischen Ständestaat zu errichten. Mit diesem „Austrofaschismus" wollte er die Nationalsozialisten deutscher Prägung in Schach halten. Aus diesem Grund unterstützte Kraus das System auch. Dollfuß wurde jedoch 1934 bei einem nationalsozialistischen Putsch ermordet. Später verwendete Erich Kästner (1899-1974) die Formulierung mit den Ratten, die überraschenderweise zum bereits sinkenden Schiff zurückkehren, als der Verleger Ernst Rowohlt (1887-1960) 1940 aus dem brasilianischen Exil nach Nazideutschland zurückkehrte. Rowohlt war 1937 der NSDAP beigetreten, musste aber ein Jahr später das Land verlassen, da er die Werke verbotener jüdischer Autoren unter Pseudonym herausgegeben hatte.

Wortspiele II

Handschellen sind das beste Abführmittel

Ihr da Ohm, macht doch Watt ihr Volt.

Karneval ist Nonsens in Rhein-kultur.

Was tut das Volk? Es folgt!

Was Vatikan, kann Mutti schon lange.

Drum prüfe, wer sich ewig bindet, ob sich nicht noch Bess'res findet
Volksmund

„Drum prüfe, wer sich ewig bindet, ob sich das Herz zum Herzen findet!", mahnt Friedrich Schiller (1759-1805) in seinem *Lied von der Glocke*. Denn: „Der Wahn ist kurz, die Reu ist lang." Die *Glocke*, in der Schiller alle Stationen des menschlichen Lebens beschreibt, die von den Kirchenglocken begleitet werden, war früher eines der populärsten Gedichte überhaupt und musste von nahezu jedem Schulkind auswendig gelernt werden. Und fast jeder Vers wurde oft und gerne zitiert - und natürlich ebenso oft verballhornt. Andere Verulkungen lauten etwa: „Drum prüfe, wer sich ewig schindet" oder „Drum prüfe ewig, wer sich bindet".

Es legt sich eher ein Hund einen Wurstvorrat an, als dass eine liberal-sozialistische Koalition wieder eine Steuer aufgibt
Franz Josef Strauß (*1915 †1988)

Das mit der liberal-sozialistischen Koalition war Strauß' eigene Interpretation des Sachverhaltes. Den anschaulichen Vergleich, den er 1982 auf einer Pressekonferenz verwendete, hatte er jedoch von dem österreichischen Wirtschaftswissenschaftler Joseph Schumpeter (1883-1950) übernommen, der einmal sagte: „Eher legt sich ein Hund einen Wurstvorrat an als eine demokratische Regierung eine Budgetreserve." Strauß' Variante wird meist in der Form „... als dass ein Sozi mit Geld umgehen kann" zitiert. 1967 hatte Strauß den Vergleich auf dem Industrie- und Handelstag aber schon einmal bemüht, den Schwarzen Peter aber damals dem Parlament, nicht dem politischen Gegner oder der Regierung zugeschoben: „Sicher ist ihnen das Wort Schumpeters bekannt, dass sich eher ein Mops einen Wurstvorrat halten kann, als dass ein Parlament darauf verzichtet, vorhandenes Geld auszugeben." Der Vergleich wird aber auch gerne gebraucht, wenn es nicht ums Geld geht. „Eher wird ein Hund einen Wurstvorrat anlegen, als dass Edmund Stoiber die Bürokratie abbaut", lästerte der damalige SPD-Chef Kurt Beck (*1949) 2008 auf dem politischen Aschermittwoch seiner Partei über die Ernennung von Edmund Stoiber (*1941) zum Leiter der EU-Arbeitsgruppe zum Bürokratieabbau.

Ein Schaf im Schafspelz
Winston Churchill (*1874 †1965)

In der Bibel warnte Jesus seine Anhänger vor den falschen Propheten, die „in Schafskleidern zu euch kommen, inwendig sind sie wie reißende Wölfe". Die Warnung vor dem Wolf im Schafspelz wurde daraufhin sprichwörtlich. Doch der britische Premier Churchill hielt es auch für nötig, vor Schafen im Schafspelz zu warnen, vor Politikerkollegen, die seiner Meinung nach genauso unbedarft waren, wie sie wirkten. Über wen er dies allerdings sagte, ist umstritten. Manche Quellen nennen Clement Attlee (1883–1967), der von 1945 bis 1951 britischer Premier war, andere Ramsay MacDonald (1866–1937), der von 1929 bis 1935 amtierte. Andere Politikerkollegen bedachte Churchill mit Freundlichkeiten wie „Er hat all die Tugenden, die ich nicht mag, und keines der Laster, die ich bewundere" oder „Er schaut aus wie ein weibliches Lama, das im Bad überrascht wurde." Er stritt allerdings energisch ab, dass der Witz „Ein leeres Taxi fährt in der Downing Street 10 vor und Attlee steigt heraus" von ihm sei. Churchill schätzte Attlee, seinen Nachfolger (und Vorgänger) als Premier, zwar nicht als besonders großen Politiker, aber doch als ehrenwerten Mann ein, den er nie mit einem solchen Witz zur Null erklärt hätte. Britische Professoren dagegen bescheinigten Attlee 2004 auch politische Größe. Sie stuften ihn in einer Umfrage als erfolgreichsten Premier des 20. Jahrhunderts ein – deutlich vor Churchill, Lloyd George und Thatcher.

Entweder bist du ein Teil des Problems oder du bist ein Teil der Lösung. Oder du bist nur ein Teil der Landschaft
Ronin (1998)

„Wenn du nicht Teil der Lösung bist, dann bist du Teil des Problems, aber das ständige menschliche Dilemma ist, dass die Antwort schon ein Problem ist", schrieb der US-amerikanische Journalist Sydney J. Harris (1917–86) in einer seiner damals viel gelesenen Kolumnen in der *Chicago Daily News*. Daraus entwickelte sich der viel zitierte Spruch „Entweder bist du Teil des Problems oder Teil der Lösung." In dem Spionagefilm *Ronin*, in dem es um die Jagd nach einem geheimnisvollen Koffer geht, fügt die Hauptfigur Sam (Robert De Niro) noch die Landschaft dazu. Doch Menschen, die zwar keine Probleme machen, aber auch nicht mehr tun, als die Landschaft zu beleben, mögen zwar in einem Spionagefilm neutrale Figuren sein, wären aber von Harris zweifellos zu einem Teil des gesellschaftlichen Problems erklärt worden.

Es gibt viel zu tun.
Nichts wie weg
Volksmund

Das Original stammt in diesem Fall nicht aus der Literatur, sondern aus der Werbung. „Es gibt viel zu tun. Packen wir es an", lautete der markige Spruch, mit dem der Mineralölkonzern Esso ab 1974 werben ließ. Die Kampagne sollte angesichts der schweren Ölkrise von 1973 für Vertrauen in die Tatkraft der Konzernlenker werben. Doch in der Jugendszene wurde der Spruch umgehend übernommen und genau in sein Gegenteil verkehrt. Eine andere Variante: „Es gibt viel zu tun. Lassen wir es ruhn."

● ● ● ● ● ● ● ● ● ● ● ● ● ● ● ● ● ●

Es ist ein Brauch von alters her:
Die Dicken sind besonders schwer
Volksmund

Die „fromme Helene"

Es passiert nicht oft, dass ein Komiker auch noch verulkt wird. In diesem Fall ist es so. Das Original zu diesem Spruch stammt aus der Bildergeschichte *Die fromme Helene* von Wilhelm Busch (1832–1908) und lautet: „Es ist ein Brauch von alters her: Wer Sorgen hat, hat auch Likör." Mit Letzterem tröstet sich die Titelheldin, nachdem sie ihr Leben gründlich verpfuscht hat. Doch der Rausch wird erst zum Horrortrip, der alle Geister der Vergangenheit auf den Plan ruft, dann stößt die betrunkene Helene eine Kerze um, verbrennt und landet im großen Suppentopf des Teufels in der Hölle.

Gefährlich ist's, den Leu zu wecken, verderblich ist des Nashorns Stoß, jedoch der schrecklichste der Schrecken, das ist die Glocke klöppellos
Alexander Moszkowski (*1851 †1934)

Für sein *Lied von der Glocke* (1799) hat Schiller eifrige Recherche betrieben und mehrmals eine Glockengießerei in Rudolstadt besucht, um den Prozess des Glockengusses wirklich richtig und detailgenau schildern zu können. Umso mehr Heiterkeit herrschte, als den Ersten auffiel, dass Schiller im ganzen Gedicht den Klöppel der Glocke mit keinem einzigen Wort erwähnt. Für seine „stumme Glocke" musste Schiller schon von seinen Zeitgenossen manchen Spott einstecken. Der polnisch-deutsche Dichter Moszkowski ergänzte Schillers Werk deshalb um *Das Gedicht vom Glockenklöppel*, in dem er viele Elemente aus dem Original entlehnte. Bei Schiller etwa heißt es: „Gefährlich ist's, den Leu zu wecken, verderblich ist des Tigers Zahn, jedoch der schrecklichste der Schrecken, das ist der Mensch in seinem Wahn." Die Stelle bezieht sich auf Krieg und Aufruhr, vor denen die Glocke ebenfalls warnt, und nimmt deutlich auf die Französische Revolution Bezug. Wie viele andere deutsche Intellektuelle auch, die mit den Idealen der Revolution sympathisiert hatten, war Schiller schwer geschockt von dem Terror, in den der Aufstand mündete.

Sprache

Aber die Sprache um ein Wort ärmer machen heißt, das Denken der Nation um einen Begriff ärmer machen.
(Arthur Schopenhauer, deutscher Philosoph, 1788–1860)

Der Geist einer Sprache offenbart sich am deutlichsten in ihren unübersetzbaren Worten.
(Marie von Ebner-Eschenbach, österreichische Autorin, 1830–1916)

Wie ist jede – aber auch jede – Sprache schön, wenn in ihr nicht nur geschwätzt, sondern gesagt wird.
(Christian Morgenstern, deutscher Autor, 1871–1914)

Getretner Quark macht breit, nicht stark
Volksmund

„Getretner Quark wird breit, nicht stark", heißt es im Original und das stammt tatsächlich von Goethe (1749–1832). In seiner Gedichtsammlung *West-östlicher Divan* beschreibt er mit diesen Versen die Herstellung von Ziegeln. „Schlägst du ihn aber mit Gewalt, in feste Form, er nimmt Gestalt." Allerdings werden diese Ziegel aus Stampflehm und nicht aus Quark hergestellt, auch wenn Goethe von Quark spricht.

Herr, vergib ihnen, denn sie wissen, was sie tun
Karl Kraus (*1874 †1936)

„Herr, vergib ihnen, denn sie wissen nicht, was sie tun", so soll laut Lukasevangelium Jesus kurz vor seiner Kreuzigung gebetet haben. Fehler aus Unwissenheit sind im Grunde keine Schuld. Viel schwerer wiegen Dinge, die getan werden, obwohl sich die Täter genau darüber im Klaren sind, was sie tun. Deshalb wird obiges Zitat des österreichischen Satirikers Kraus auch oft in der Variante „... sie wissen genau, was sie tun" zitiert.

Holt den Rock mir aus dem Schranke, wohlgebürstet muss er sein ...
Des deutschen Spießers Schillerfeier (1905)

„... denn ich geh zur Schillerfeier und das Publikum ist fein." Diese Parodie, die sich an Schillers *Lied von der Glocke* (1799) anlehnt, dichtete ein Anonymus, der sich „Secundus" nannte, im Jahr 1905, als allerorten Schillers 100. Todestag gefeiert wurde. Die entsprechende Stelle in der Glocke lautet: „Nehmt Holz vom Fichtenstamme, doch recht trocken lasst es sein, dass die eingepresste Flamme schlage zu dem Schwalch hinein." Während sich große Teile des deutschen Bürgertums an Schillers *Lied von der Glocke* erbauten, forderte dieses Sittengemälde andere immer wieder zum Spott heraus. Die Schriftstellerin Caroline Schlegel (1763–1809) etwa meinte, man sei vor Lachen fast vom Stuhl gefallen, als man das Gedicht zu Gesicht bekommen habe. Und ihr Schwager Friedrich von Schlegel (1772–1829) erklärte, „im Takt klingt alles, was sittlich und platt." Andere traten später in ihre Fußstapfen. Das *Lied von der Glocke* gilt als eines der am meisten parodierten Literaturwerke, wobei allerdings viele Parodien nicht besonders gut sind.

Ich habe Sorge, dass eine junge Generation heranwächst, die von allem den Preis und von nichts den Wert kennt
Johannes Rau (*1931 †2006)

Mit diesen Worten brachte der einstige Bundespräsident einmal seine Befürchtungen über die Folgen von Werteverfall und einer zunehmenden Dominanz des wirtschaftlichen Denkens auf den Punkt. Er zitierte dabei den Dichter Oscar Wilde (1854-1900), der diesen Aphorimus mehrmals verwendete. In seinem Roman *Das Bildnis des Dorian Gray* lässt er einen seiner Helden erklären: „Heutzutage kennen die Leute von allem den Preis und von nichts den Wert", und in der Gesellschaftskomödie *Lady Windermeres Fächer* definiert er einen Zyniker als einen Menschen, „der von allem den Preis und von nichts den Wert kennt".

Im Falle eines Falles ist Spicken wirklich alles
Schülerspruch

Hier wurde Anleihe bei der Werbung genommen: „Im Falle eines Falles klebt UHU wirklich alles", ist der Spruch, mit dem seit Langem für den Alleskleber aus der gelben Tube geworben wird. Der wurde 1932 erfunden und war der erste derartige Klebstoff auf Kunstharzbasis weltweit. Benannt wurde er übrigens tatsächlich nach dem Vogel Uhu.

Das richtige Wort

Der Unterschied zwischen dem richtigen Wort und dem beinahe richtigen ist derselbe Unterschied wie zwischen dem Blitz und dem Glühwürmchen.
(Mark Twain, US-amerikanischer Autor, 1835-1910)

Ein freundliches Wort kostet nichts und ist doch das schönste aller Geschenke.
(Daphne du Maurier, britische Autorin, 1907-89)

Wir sind leicht bereit, uns selbst zu tadeln, unter der Bedingung, dass niemand einstimmt.
(Marie von Ebner-Eschenbach, österreichische Autorin, 1830-1916)

In Österreich herrscht der Absolutismus gemildert durch Schlamperei
Victor Adler (*1852 †1918)

Wahrscheinlich nahm der Gründer der Sozialdemokratischen Arbeiterpartei Österreichs Anleihe bei dem französischen Schriftsteller Nicolas Chamfort (1741-94), als er die k. u. k. Monarchie derart charakterisierte. Chamfort hatte nämlich in einem seiner Werke geschrieben: „Frankreich ist eine absolute, durch Gassenhauer gemäßigte Monarchie." Auch in anderen Ländern wurde Chamforts ironische Einschätzung eines „gemäßigten Absolutismus" aufgegriffen. So sagte ein russischer Fürst etwa nach der Ermordung Zar Pauls I. im Jahr 1801: „Der durch Meuchelmord gemäßigte Despotismus ist unsere Magna Charta."

Ich bin gekommen vom Regen in die Jauche
Wolf Biermann (*1936)

Die Traufe, die Dachkante, von der das gesammelte Regenwasser des Daches tropft, stellt im Gegensatz zu normalem Regen ja schon eine Verschlimmerung dar. Aber was ist das gegen Jauche? Kein Wunder, dass der 1976 aus der DDR ausgebürgerte Liedermacher große Empörung in Westdeutschland auslöste, als er kurze Zeit später sein neues Leben in der BRD mit diesen Worten kommentierte und auch besang. „Das war im Schmerz gekräht", bekannte er später.

Gereimtes

Der Glatzkopf, der die Glatze föhnt, hat mit dem Schicksal sich versöhnt.

Fährt man rückwärts an den Baum, verkleinert sich der Kofferraum.

Fällt der Bauer tot vom Traktor, ist in der Nähe ein Reaktor.

Friert's im Dezember Stein und Bein, dann könnte das der Winter sein.

Immer nur zu Hause hocken macht langsam Schimmel an den Socken.

Sterben muss man sowieso, schneller geht's mit Marlboro.

Willst du einen Punker quälen, musst du ihm sein Haarspray stehlen.

Wenn am Sarg die Witwe kichert, war ihr Alter gut versichert.

Keine Feier ohne Meier
Volksmund

„Keine Feier ohne Meyer" war in den 1930ern der überaus bekannte Werbeslogan der Sektkellerei Gratien & Meyer. Die Variante mit dem „Meier" dagegen ist eine bitterböse Umdeutung aus dem Zweiten Weltkrieg. Sie war auf Hermann Göring gemünzt (1893-1946), der versprochen hatte, kein feindliches Flugzeug werde je Berlin erreichen. Ansonsten wolle er Meier heißen. Als die Stadt dann doch bombardiert wurde, vergnügte sich Göring weiter auf endlosen Partys, von denen eine bombastischer gefeiert wurde als die andere.

Müde bin ich Känguru ...
Anonym

„.... mache meinen Beutel zu, lege meine Ohren an, dass ich besser schlafen kann." Wer diese Parodie dichtete, ist unbekannt, doch als Variante des gefühlvollen Abendgebetes *Müde bin ich, geh zur Ruh* ist sie sehr beliebt. Das Original stammt von der Dichterin Luise Hensel (1798-1876). Sowohl Luise selbst als auch ihre Gedichte wurden von vielen Romantikern um-

Luise Hensel

schwärmt. Unter anderem waren Clemens Brentano, der Dichter Wilhelm Müller und der Komponist Ludwig Berger unglücklich in sie verliebt. Brentano will beim Lesen ihrer Gedichte in Tränen ausgebrochen und ein anderer Mensch geworden sein. Müller inspirierte sie zu den Gedichtzyklen *Die schöne Müllerin* und *Winterreise*, die später Franz Schubert vertonte. Luise Hensel aber erhörte keinen ihrer Verehrer, sondern widmete sich der Mädchenerziehung. Gleich drei ihrer Schülerinnen, darunter die selig gesprochene Pauline von Mallinckrodt, gründeten sozial engagierte Frauenorden.

Nietzsche ist tot (Gott)
Anonym

„Gott ist tot" ist einer der berühmtesten Aussprüche von Friedrich Nietzsche (1844-1900). Er findet sich oft auch in Zitatensammlungen oder als Graffito an Hauswänden. Irgendwann sprühte jemand die Entgegnung „Nietzsche ist tot (Gott)" darunter. Nietzsche forderte die Menschen auf, die Vorstellung, es gebe einen Gott, zu eliminieren. Dann aber, so seine Schlussfolgerung, müsse man sich selbst an die Stelle Gottes als oberste Autorität und Letztverantwortlicher aller Dinge setzen, also zum „Übermenschen" werden.

Tradition ist nicht das Aufbewahren der Asche, sondern das Weitergeben der Streichhölzer
Tatort „Satisfaktion"

So witzelt der Münsteraner Tatort-Ermittler Frank Thiel (Axel Prahl), als ihm der versnobte Gerichtsmediziner Karl-Friedrich Börne (Jan Josef Liefers) vorwirft, keinen Sinn für den Wert schlagender Studentenverbindungen zu haben. Mit wessen Zitat er da spielt, ist unklar, denn die Vorlage „Tradition ist nicht das Bewahren/Bewundern der Asche, sondern die Weitergabe/das Schüren der Flamme/Glut" wird in leicht abgewandelten Versionen diversen Menschen wie Benjamin Franklin, Ricarda Huch, Jean Jaurès, Gustav Mahler, Thomas Morus oder Papst Johannes XXIII. zugeschrieben.

Stell dir vor, es gibt Arbeit und keiner geht hin
Volksmund

Auch Spontisprüche können wieder als Vorlage für Parodien dienen, wenn sie nur bekannt genug sind. So ist es z.B. dem Satz „Stell dir vor, es ist Krieg und keiner geht hin" widerfahren, der gängigen Kurzformel von Carl Sandburgs (1878-1967) Anekdote, die mit folgendem Satz endet: „Eines Tages werden sie einen Krieg machen und keiner wird hingehen." Eine andere Variante: „Stellt euch vor, es ist Krieg, und euer Fernseher geht kaputt."

Trau keinem unter 50
Iggy Pop (James Newell Osterberg) (*1947)

„Trau keinem über 30", war das große Motto der Studentenbewegung. Angeblich soll es ursprünglich von Karl Marx (1818–83) stammen, doch das ist nicht belegt. Allerdings gehörte Marx als Student zum Kreis der Junghegelianer, die die philosophischen Gedanken der großen Koryphäe Georg Wilhelm Friedrich Hegel (1770–1831) zwar aufgriffen, aber systemkritisch und materialistisch deuteten. Wirklich berühmt wurde Marx aber erst mit 30, als er das *Kommunistische Manifest* verfasste. Wie die Studentenbewegung galt auch die Rockmusik einst als Domäne der Jugend, in der über 30-Jährige verdächtig waren. Doch viele Rock'n'Roller weigerten sich, nach dem Ende der Jugend von der Bühne abzutreten und legten teils bemerkenswerte Alterskarrieren hin. Auch der besonders exaltierte „Godfather of Punk", Iggy Pop, schien sich schon vor seinem 30. Geburtstag durch einen exzessiven Lebensstil, Alkohol und Drogen ruiniert zu haben, hatte aber immer wieder seine Comebacks und ist nach wie vor aktiv.

Traue! Schaue wem?
August Heinrich Hoffmann von Fallersleben (*1798 †1874)

So lautet der Titel eines kleinen Gedichtes von Hoffmann von Fallersleben, in dem es um eine Fliege geht, die sich in den Schutz eines Windengewächses begibt, aber nicht mehr freigelassen wird. Der etwas holprig klingende Titel ist die Übersetzung des lateinischen Sprichwortes „Fide, sed cui, vide (Traue, aber wem, schaue)". Was sich in der deutschen Übersetzung nicht besonders flüssig anhört, ist im Lateinischen jedoch absolut korrekt. Doch auch die deutsche Variante hat sich in der Form „Trau, schau, wem?" gehalten.

Deutsche Sprache

Die deutsche Sprache ist die tiefste, die deutsche Rede die seichteste.
(Karl Kraus, österreichischer Autor, 1874-1936)

Die deutsche Sprache lässt unglücklicherweise zu, einen ziemlich trivialen Gedanken hinter einem Wolkenvorhang scheinbarer Tiefgründigkeit vorzutragen oder dass umgekehrt eine Vielzahl von Bedeutungen hinter einem einzigen Ausdruck lauert.
(Erwin Panofsky, deutscher Kunsthistoriker, 1892-1968)

Im Deutschen lügt man, wenn man höflich ist.
(Johann Wolfgang von Goethe, 1749-1832)

Unrasiert und fern der Heimat
Volksmund

„Allzu früh und fern der Heimat mussten sie ihn begraben", heißt es in dem Gedicht *Das Grab am Busento* von August von Platen (1796-1835) über den Tod des Westgotenkönigs Alarich (um 370-410). Das Gedicht war im nationalromantischen 19. Jahrhundert sehr beliebt und wurde dann während des Ersten Weltkriegs von Soldaten verballhornt. Allerdings kann man im Fall des Gotenkönigs kaum von Heimat sprechen. Alarich wurde mitten in der Völkerwanderungszeit geboren, als die Westgoten schon ihre früheren Siedlungsräume im heutigen Osteuropa aufgegeben hatten, und war praktisch sein ganzes Leben lang unterwegs.

Wem Gott ein Amt gibt, dem raubt er den Verstand
Erich Kästner (*1899 †1974)

Wortspiele III

Erst machten sie den Waldweg, dann machten sie den Wald weg.

LACOSTE es, was es wolle!

Ameisen gehen nicht in Kirchen, weil sie Insekten sind.

Aus Spaß wurde Ernst, und Ernst ist heute schon drei Jahre alt.

Eine Kuh macht muh; viele Kühe machen Mühe.

Wo wohnen Katzen? Im Miezhaus.

„Ach, wie war das schön", sagte der Ochse, „als ich noch ein Boulevard."

Mahatma Glück,
Mahatma Pech,
Mahatma Gandhi.

Tut Anch Amun, was Nofre täte?

So beginnt Kästners Gedicht *Hymnus an die Zeit*, eine Satire auf Spießbürgertum und Anpassung. Untertitel: „Mit einer Kindertrompete zu singen." Er zitiert darin das damals gängige Sprichwort: „Wem Gott ein Amt gibt, dem gibt er auch Verstand." Das Gedicht ist voll weiterer Anspielungen an damals beliebte Parolen. In Anspielung auf die Gedichtzeile „Der Gott, der Eisen wachsen ließ, der wollte keine Knechte" des extrem nationalistischen, aber äußerst populären Dichters Ernst Moritz Arndt (1769-1860) heißt es etwa „Der Gott, den Arndt das Eisen wachsen ließ, schuf auch Blech und ähnliche Metalle". Weiter lästert Kästner: „Es braust ein Ruf von Rüdesheim bis Oppeln: Der Schlaf vor Mitternacht ist doch der Beste." Hier stand die *Wacht am Rhein* Pate, die mit den Worten beginnt: „Es braust ein Ruf wie Donnerhall, wie Schwertgeklirr und Wogenprall." Schließlich beschwört Kästner den Wunsch nach Schrebergarten und Laube und schließt mit dem Vers „Behüt dich Gott, es hat nicht sollen sein", dem Refrain des ebenfalls sehr populären Liedes *Der Trompeter von Säckingen* von Joseph Victor von Scheffel (1826-1886). Auch in anderen Gedichten nimmt Kästner Anleihen bei der deutschen Literatur, etwa mit dem Gedicht *Kennst du das Land, wo die Kanonen blüh'n?* in Anlehnung an Goethes *Kennst du das Land, wo die Zitronen blüh'n?*

Wer a sagt, der muss nicht b sagen. Er kann auch erkennen, dass a falsch war
Bertolt Brecht (*1898 †1956)

In seinem Lehrstück *Der Jasager* erzählte Brecht eine alte chinesische Legende nach. Ein Junge zieht mit einer Gruppe über die Berge. Als er erkrankt und den anderen zur Last wird, willigt er ein, sich gemäß der Tradition töten zu lassen. Nach der Aufführung 1930 wurde Brecht vorgeworfen, sein Junge erinnere zu sehr an all jene jungen Männer, die sich im Krieg für das angebliche Gemeinwohl hatten opfern lassen. Daraufhin ergänzte Brecht das Stück um eine zweite Variante *Der Neinsager*. Diesmal erklärt der Junge, wer a sage, müsse nicht zwangsläufig b sagen. Man könne sich auch den traditionsgemäßen Konsequenzen verweigern und anders handeln.

Mark Twain über die deutsche Sprache

Immer wenn der gebildete Deutsche in einen Satz taucht, ist das das letzte, was du von ihm siehst, bis er auf der anderen Seite des Atlantik mit einem Verb im Mund auftaucht.

Einige deutsche Wörter sind so lang, dass sie eine Perspektive haben.

Ich glaube nicht, dass es irgendetwas auf der ganzen Welt gibt, was man in Berlin nicht lernen könnte - außer der deutschen Sprache.

Wer nie sein Brot im Bette aß, weiß nicht, wie die Krümel pieken
Volksmund

„Wer nie sein Brot mit Tränen aß, wer nie die kummervollen Nächte auf seinem Bette weinend saß, der kennt euch nicht, ihr himmlischen Mächte", so beginnt eigentlich das Goethegedicht, dass hier verballhornt wurde. Es stammt aus dem Roman *Wilhelm Meisters Lehrjahre*, der 1796 erschien. Gesungen wird es von einem alten umherziehenden Harfenspieler. Später stellt sich heraus, dass der Harfner ein italienischer Adliger ist, der in seiner Jugend - ohne es zu wissen - ein Liebesverhältnis zu seiner eigenen Schwester hatte und, seit dies offenbar wurde, mit seiner Tochter Mignon ruhelos umherwandert. Den deutschen Titel *Wer nie sein Brot mit Tränen aß* trägt auch der Film *Accattone* von Pier Paolo Pasolini aus dem Jahr 1961, in der es um einen Zuhälter geht, der sein Leben ändern will, aber scheitert.

Wissen ist Macht. Aber Unwissenheit bedeutet noch lange nicht Machtlosigkeit
Enrico Fermi (*1901 †1954)

Schließlich gab es im Laufe der Geschichte genügend Ignoranten und Dummköpfe, die an den Schalthebeln der Macht saßen. Oft waren die, die gar nicht so genau wussten, was sie taten, sogar die Gefährlichsten. Das gilt zum Beispiel für den Umgang mit Risikotechnologien wie der Kernkraft, zu deren Nutzung die Forschungsarbeiten Fermis entscheidend beitrugen. Man muss kein Atomphysiker sein, um eine Bombe zu starten. Auch im 16. Jahrhundert, als der englische Philosoph Francis Bacon (1561-1626) den Spruch „Wissen ist Macht" kreierte, hielten nicht unbedingt die aufgeklärtesten Köpfe und Wissenschaftler die wahre Macht in den Händen.

LIEBER NICHT

Mit manchem Zitat kann man auch gewaltig in den Fettnapf treten, wenn man die Hintergründe nicht kennt. Oberflächlich klingen sie lustig und harmlos, kennt man aber den Ursprung, wirkt der flotte Spruch plötzlich leicht geschmacklos. Vor allem, wenn ein Zitat aus der Nazizeit stammt oder dort in einem bestimmten Zusammenhang verwendet wurde, empfiehlt es sich, auf derartige Parolen lieber zu verzichten, wenn man seinen guten Ruf beim aufgeklärten Teil der Zuhörer nicht aufs Spiel setzen möchte.

Ab 5.45 Uhr wird zurückgeschossen!
Adolf Hitler (*1889 †1945)

Immer wieder findet man humorige Wendungen dieses Schlages, wie „Ab 20 Uhr wird zurückgesungen!" (ein Komiker über den Grand Prix der Eurovision) oder „Ab neun wird zurückgefeiert!". Sie alle gehen auf die Bemerkung Adolf Hitlers zurück, mit der er am 1. September 1939 im Reichstag den Beginn des Zweiten Weltkrieges verkündete. Wörtlich sagt er zwar „Seit 5.45 Uhr wird jetzt zurückgeschossen!", aber ins allgemeine Bewusstsein drang der Satz in obiger Form. Besonders infam: von „zurück" konnte gar keine Rede sein. Dass Polen die Feindseligkeiten eröffnet habe, war eine glatte Lüge. Deshalb ist die lockere Verwendung der Nazi-Kriegserklärung ein ziemlich dicker rhetorischer Fauxpas.

Krieg und Gewalt

Ein Mord macht einen zum Schurken, Millionen zum Helden.
(Beilby Porteus, britischer Theologe, 1731-1809)

Jede Glorifizierung eines Menschen, der im Krieg getötet worden ist, bedeutet drei Tote im nächsten Krieg.
(Kurt Tucholsky, deutscher Autor, 1890-1935)

Wer eine friedliche Revolution unmöglich macht, macht eine gewaltsame unvermeidbar.
(John F. Kennedy, US-Präsident, 1917-1963)

Ausländerfreie Zone
Neofaschistischer Slogan

So oder mit dem Begriff „National befreite Zone" pflegen rechtsextreme Gruppierungen Gebiete zu bezeichnen, in denen sie die Oberhand über die öffentliche Meinung haben und die für ihre Gegner zu No-go-Areas geworden sind. Der Begriff kam wohl 1991 bei Ausschreitungen im sächsischen Hoyerswerda auf, wo Neonazis Wohnheime für ausländische Vertragsarbeiter und Asylbewerberheime angriffen. Als die sächsische Landesregierung daraufhin die Ausländer aus der Stadt evakuierte, triumphierten die Rechten, die Stadt sei nun „ausländerfrei" – eine bewusste Anspielung an den Nazibegriff „judenfrei", der seine Wurzeln auch schon im Antisemitismus des ausgehenden 19. Jahrhunderts hatte. Im Jahr 1991 wurde „ausländerfrei" zum Unwort des Jahres gewählt, 2000 „National befreite Zone". Doch auch andere Gruppierungen sprechen von „freien Zonen", etwa Antifaschisten von „faschofreien Zonen" oder Umweltschützer von „gentechnikfreien Zonen". Doch für viele haben auch diese Formulierungen aufgrund ihrer Herkunft einen sehr unguten Klang.

Der Fluch der bösen Tat

Abscheuliche Mittel, für gute Zwecke eingesetzt, machen auch den Zweck abscheulich.
(Anton Tschechow, russischer Autor, 1860-1904)

Das eben ist der Fluch der bösen Tat, dass sie, fortzeugend, immer Böses muss gebären.
(Johann Christoph Friedrich von Schiller, 1759-1805)

Der Unterschied zwischen einem moralischen Menschen und einem Menschen von Ehre ist, dass der Letztere eine ehrlose Tat auch dann bereut, wenn sie funktioniert hat und er nicht erwischt worden ist.
(Henry Louis Mencken, US-amerikanischer Autor, 1880-1956)

Bis zur Vergasung
Volksmund

Nein, dieser Ausdruck hat nichts mit den Gaskammern der nationalsozialistischen Vernichtungslager zu tun. Eigentlich hat er einen ganz harmlosen Ursprung. Bis ein Stoff bei chemischen Experimenten in den gasförmigen Zustand übergeht, kann es unter Umständen ganz schön lange dauern. „Bis zur Vergasung warten" bedeutete also, schier unerträglich lange warten zu müssen. Doch inzwischen schwingt beim Wort Vergasung immer die Assoziation „Holocaust" mit und deshalb sollte man diesen Ausdruck trotz seiner eigentlich harmlosen Herkunft lieber meiden, wenn man nicht anecken möchte.

Jedem das Seine
Simonides von Keos (*um 556 †um 468 v. Chr.)

In Platons Werk *Politeia* („Der Staat") zitiert Platons Lehrer Sokrates (469–399 v. Chr.) den Dichter Simonides, der gesagt haben soll, Gerechtigkeit bestehe darin, dass jeder bekomme, was ihm gebühre. Das klingt nach einem vernünftigen und kaum anfechtbaren Grundsatz. Später machte der Gedanke als kurzes lateinisches Schlagwort „Suum cuique" die Runde. Dabei fiel die Gerechtigkeit oft unter den Tisch und „Jedem das Seine" wurde häufig auch im egoistischen Sinne verstanden. Trotzdem wurde der Spruch immer gerne verwendet, etwa als Motto des preußischen Schwarzen Adlerordens. Auch heute noch erscheinen die drei harmlosen kleinen Worte als nahe liegender Slogan, wenn es darum geht, für Vielfalt und individuelle Lösungen zu werben. Doch in den letzten Jahren sahen sich diverse Firmen, aber z. B. auch Schüler, die gegen Gemeinschaftsschulen protestierten, urplötzlich heftigen Vorwürfen ausgesetzt. Sie wurden der „nicht zu überbietenden Geschmacklosigkeit" bzw. der „totalen Geschichtsunkenntnis" geziehen. Grund: Der Spruch „Jedem das Seine" stand am Eingangstor des KZ Buchenwald. Diese Tatsache ist jedoch weitgehend unbekannt, da von anderen Konzentrationslagern die Torparole „Arbeit macht frei" verwendet wurde. Die Vorwürfe einer bewussten Geschmacklosigkeit dürften also meist unzutreffend bzw. die Anschuldigung einer totalen Geschichtsunkenntnis übertrieben gewesen sein. Trotzdem geboten es natürlich die historischen Tatsachen, dass die Kampagnen mit einer von den Nazis so zynisch benutzten Parole sofort eingestellt wurden.

Wollt ihr den totalen Krieg?
Joseph Goebbels (*1897 †1945)

Immer wieder stößt man auf launige Formulierungen wie „Wollt ihr den totalen Globalismus/Frieden/Rabatt/Spaß?" Dabei ist der Ursprung dieser Formulierung eigentlich hinreichend bekannt. Hitlers Hetzredner Goebbels fragte zweieinhalb Wochen nach der Niederlage bei Stalingrad am 18. Februar 1943 im Berliner Sportpalast die aufgeheizte Menge: „Wollt ihr den totalen Krieg? Wollt ihr ihn, wenn nötig, totaler und radikaler, als wir ihn uns heute überhaupt noch vorstellen können?"

Dass der Krieg dann tatsächlich noch schlimmer und umfassender als jeder vorausgegangene und zudem noch vom Verbrechen des Holocaust begleitet wurde, ist ebenfalls allgemein bekannt. Deshalb muss man tatsächlich von bewusster Geschmacklosigkeit sprechen, wenn dieser Spruch benutzt wird. Übrigens: das Publikum, das auf Goebbels Rede mit einem frenetischen „Ja" antwortete, war keine bunte Menge, sondern eine Schar handverlesener, linientreuer Nazis.

Die letzten Worte großer Männer und Frauen wirken oft wie ein Vermächtnis. Aber haben sie sie wirklich so gesagt? In den allermeisten Fällen handelt es sich um eine Überlieferung, die nicht mehr überprüfbar ist. Die größte Wahrscheinlichkeit auf Authentizität liegt bei eher banalen Aussprüchen vor. Bei vielen interessanten und treffenden schwingen dagegen Zweifel mit, ob sie nicht zu gut sind, um wahr zu sein. Aber wenn sie schon nicht wahr sind, sind sie zumindest gut erfunden. Keine Hemmungen müssen sich dagegen die Schöpfer von Filmhelden oder literarischen Figuren auferlegen. Solche sterben oft mit großen letzten Worten auf den Lippen.

Aber ich habe doch keine Zeit zu sterben ...
Georg Christoph Lichtenberg (*1742 †1799)

In einer Selbstbeschreibung erzählte Lichtenberg: „Es ist eine meiner Lieblingsvorstellungen, mir den Tod zu denken", dies sei aber „keine dickblutige Selbstkreuzigung", sondern „eine geistige Wollust", die er allerdings sparsam genieße, damit nicht „jene melancholische nachteulenmäßige Betrachtungsliebe möchte daraus entstehen." Als der Tod dann real wurde, konnte sich der umtriebige Gelehrte wohl trotzdem nicht damit anfreunden.

Lichtenberg war Professor für Physik, Mathematik und Astronomie an der Universität Göttingen, befasste sich aber auch mit Chemie, Meteorologie und Landvermessung und erfreute seine Studenten in den Vorlesungen mit praktischen Experimenten, etwa indem er ihnen mit gasgefüllten Schweineblasen das Prinzip des Ballonflugs vor Augen führte. Daneben war er noch einer der führenden Schriftsteller der deutschen Aufklärung und füllte viele *Sudelbücher* mit geistreichen Aphorismen. Dass er von Kindesbeinen an mit einer deformierten Wirbelsäule und einem ausgeprägten Buckel geschlagen war, hinderte ihn nicht an seiner rastlosen Tätigkeit – auch dann nicht, als seine Krankheit ihn immer mehr körperlich beeinträchtigte und schließlich zu schwerstem Asthma führte, das ihn bettlägerig machte. Nach einer anderen Überlieferung soll er auf dem Totenbett gesagt haben: „Glauben Sie ja nicht, dass Sie von mir jetzt sogenannte letzte Worte zu hören bekommen."

Da ich meine Rolle gut gespielt habe, klatscht in die Hände und entlasst mich mit Applaus von der Bühne!
Augustus (*63 v. Chr. †14 n. Chr.)

Auf solche Weise pflegten in römischen Komödien die Darsteller ihr Publikum zum Schlussapplaus aufzufordern. Sueton (um 70-135) berichtet, dass Kaiser Augustus sich auf seinem Totenbett noch einmal zurechtmachen ließ, dann seine Freunde rief und sie fragte, ob sie glaubten, dass er seine Rolle in der Komödie des Lebens gut gespielt habe. Dann habe er diesen Schauspielerspruch zitiert. Das waren allerdings nicht seine letzten Worte. Denn anschließend schickte er die Freunde hinaus und sagte seiner Frau: „Livia, lebe in Erinnerung an unsere Ehe und lebe wohl."

Mark Twain über letzte Worte:

„Ein Mann, der etwas auf sich hält, sollte seine letzten Worte beizeiten auf einen Zettel schreiben und dazu die Meinung seiner Freunde einholen. Er sollte sich damit keinesfalls erst in seiner letzten Stunde befassen und darauf vertrauen, dass eine geistvolle Eingebung ihn just dann in die Lage versetzt, etwas Brillantes von sich zu geben und mit Größe in die Ewigkeit einzugehen!"

(Aus *The Curious Republic of Gondor and Other Whimsical Sketches*)

Adieu, meine Freunde! Ich breche auf zum Ruhm
Isadora Duncan (*1877 †1927)

Das klingt heroisch. Doch eigentlich hatte die US-amerikanische Tänzerin nur eine kleine Spritztour mit einem Freund in dessen Sportwagen, einem offenen Amilcar, vor, als sie sich in Nizza mit den Worten „Je vais à la gloire" von ihrer Freundin Mary Desti verabschiedete. Doch ihr extravaganter roter Seidenschal war so lang, dass er sich in den Radspeichen verfing und ihr beim Anfahren mit einem Ruck das Genick brach. Es gibt allerdings auch das Gerücht, Desti habe später zugegeben, sie habe in Bezug auf Duncans letzte Worte gelogen. Die Tänzerin, die für ihr freizügiges Sexleben bekannt war, habe in Wahrheit gesagt „Je vais à l'amour" und dabei auch nicht von der großen Liebe gesprochen, sondern nur zu verstehen gegeben, sie beabsichtige, mit dem Besitzer des Wagens die nächste Nacht zu verbringen.

Allende ergibt sich nicht, Scheiße!
Salvador Allende (*1908 †1973)

Dies sollen nach dem Bericht seines Sicherheitschefs die letzten Worte des chilenischen Präsidenten gewesen sein, nachdem er sich während des Pinochet-Putsches am 11. September 1973 im Präsidenten-palast von seinen Gefährten verabschiedet hatte. Danach ging er allein in den Unabhängigkeitssaal des Palastes, wo er sich mit ziemlicher Sicherheit erschoss – auch wenn noch heute von manchen Seiten an-gezweifelt wird, ob der Präsident Selbstmord beging oder nicht doch von Putschisten, die wenig später den Palast stürmten, ermordet wurde. Allendes offizielle letzte Worte aber sind die, die er kurz zuvor in einer Radioansprache an sein Volk richtete: „Es lebe Chile! Es lebe das Volk! Es leben die Arbeiter! Das sind meine letzten Worte und ich bin sicher, dass mein Opfer nicht umsonst sein wird. Ich bin sicher, dass es zumindest eine moralische Lektion sein wird, die den Betrug, die Feigheit und den Verrat strafen wird."

Was ist mit mir geschehen?
Elisabeth von Österreich-Ungarn (*1837 †1898)

Als Kaiserin „Sisi" am 9. Sep-tember 1896 in Genf auf dem Weg von ihrem Hotel zu dem Schiff war, mit dem sie weiter-reisen wollte, stürzte ein Mann auf sie zu und schlug sie mit einem Fausthieb gegen die Brust zu Boden. Benommen rappelte sich die Kaise-rin auf, wankte auf das Schiff, brach dort zu-sammen und starb kurze Zeit später. Erst da wurde bemerkt, dass der italienische Anarchist Luigi Lucheni (1873–1910) sie nicht nur ge-schlagen, sondern ihr eine dünne Feile ins Herz gerammt hatte. Lucheni hatte eigentlich einen französischen Prinzen ermorden wollen, da er alle Monarchen für Parasiten hielt. Da dieser jedoch schon abgereist war, wurde die öster-reichische Kaiserin sein Ersatzopfer.

Zum Alter I

Als ich ein Junge von 14 war, war mein Vater so dumm, dass ich es kaum ertragen konnte, den alten Mann um mich zu haben. Aber als ich 21 wurde, war ich doch erstaunt, wie viel der alte Mann in den sieben Jahren dazugelernt hatte.
(Mark Twain, US-amerikanischer Autor, 1835–1910)

Als ich jünger war, konnte ich mich an alles erin-nern, egal, ob es wirklich passiert war oder nicht, aber ich werde alt und bald kann ich mich nur noch an das Letztere erinnern.
(Mark Twain)

Alt werden steht in Gottes Gunst. Jung bleiben, das ist Lebenskunst.
(Volksmund)

Alt sein ist ja ein herrliches Ding, wenn man nicht verlernt, was anfangen heißt.
(Martin Buber, österreichischer Philosoph, 1878–1965)

Alte Leute sind gefährlich. Sie haben keine Angst vor der Zukunft mehr.
(George Bernard Shaw, irischer Autor, 1856–1950)

Dem Stärksten
Alexander der Große (*356 v. Chr. †323 v. Chr.)

„Kratisto" („dem Stärksten") oder „Krateroi" („dem Stärkeren") soll Alexander der Große auf seinem Totenbett geantwortet haben, als ihn seine Offiziere fragten, wer sein Nachfolger werden solle. Oder - so spekulierten schon die antiken Autoren - sagte er vielleicht „Krateros" statt „Krateroi" und wollte eben jenen Krateros, seinen Statthalter in Makedonien, zum Erben machen? Es ist aber auch gut möglich, dass die ganze Geschichte erst nachträglich erfunden wurde, nachdem Alexanders Offiziere in den blutigen Diadochenkämpfen ausgefochten hatten, wer der Stärkste und damit Erbe war. Krateros starb in diesen Kämpfen im Jahr 321 v. Chr. und erwies sich damit ganz klar nicht als der Stärkste. Gegen die Version, das Alexander sein Reich wirklich dem Stärksten vermachen wollte, spricht, dass seine Frau Roxane zum Zeitpunkt seines Todes schwanger war. Sein nachgeborener Sohn Alexander Aigos wurde auch von einem Teil der Offiziere als Erbe angesehen, doch im Verlauf der Diadochenkämpfe von einem gewissen Kassandros im Alter von 13 Jahren zusammen mit seiner Mutter ermordet. Einer anderen Legende zufolge soll Alexander kurz vor seinem Tod gesagt haben: „Es gibt keine anderen Welten mehr zu erobern." Das aber ist schon deshalb ziemlich unglaubwürdig, weil er bislang an Indien gescheitert war und weil er unter heftigen Qualen starb. Woran, ist unklar. Sicher ist, dass er nach einer heftigen Zecherei in Babylon krank wurde. Über seine Todesqualen gibt es detaillierte Berichte, die die Mediziner immer wieder herausfordern. Eine Theorie ist das West-Nil-Fieber, eine andere, dass Alexanders Ärzte ihn nach dem Besäufnis zum Erbrechen bringen wollten und ihm zu viel von der giftigen Nieswurz (Weißer Germer) verabreichten.

Der Rest ist Schweigen
Hamlet in *Hamlet - Prinz von Dänemark*

Mit den Worten „The rest is silence" stirbt der Titelheld in William Shakespeares 1603 veröffentlichtem Drama. Nach Hamlets Tod gibt es tatsächlich nicht mehr viel zu sagen. Alle anderen Beteiligten sind ebenfalls tot. Der Dänenprinz hatte bei dem Versuch, die Ermordung seines Vaters an seinem Onkel zu rächen, zunächst, ohne es zu wollen, den unschuldigen Höfling Polonius erstochen und dessen Tochter Ophelia in Wahnsinn und Tod getrieben. Im finalen Showdown wird er selbst in einem Duell mit einem vergifteten Degen verletzt, tötet vorher aber noch seinen Onkel und dessen Helfer, Polonius' Sohn Laertes. Und Hamlets Mutter stirbt an einem vergifteten Trank, der eigentlich ihrem Sohn galt. Doch das Stück endet nicht mit Hamlets Abschiedsworten. Shakespeare (1564-1616) belässt es nicht bei Schweigen, sondern berichtet noch, der Norwegerkönig Fortinbras habe die Macht in Dänemark übernommen.

Die Revolution ist wie Saturn: Sie frisst ihre eigenen Kinder
Pierre Vergniaud (*1753 †1793)

Denn eigentlich war Pierre Vergniaud, der unter der Terrorherrschaft des Maximilien de Robespierre (1758-94) unter der Guillotine starb, ein Anhänger der Französischen Revolution. Doch ab 1792 kam es unter den Revolutionären zu Flügelkämpfen und die von Vergniaud geführten Girondisten, die die Revolution beenden wollten, um ein Abgleiten in die Anarchie zu verhindern, unterlagen schließlich den Radikalen um Robespierre, die die Gewalt förderten. In der antiken Mythologie hatte der Gott Saturn seine Kinder gefressen, da er fürchtete, diese könnten sonst zu stark werden und ihm gefährlich werden. Genauso ließ auch Robespierre alle, die nicht hundertprozentig mit ihm übereinstimmten, umbringen. Zuletzt aber wurde er selbst von Männern entmachtet, die fürchteten, die nächsten Opfer zu werden.

Leid und Unglück I

Das Leiden ist die Feuerprobe des Geistes.

(Ferdinand Ebner,
österreichischer Philosoph, 1882-1931)

Der Schmerz ist der große Lehrer der Menschen. Unter seinem Hauche entfalten sich Seelen.

(Marie von Ebner-Eschenbach,
österreichische Autorin, 1830-1916)

Der Witz ist ein überlisteter Schmerz.

(Martin Kessel,
deutscher Autor, 1901-90)

Diese Seite ist gar. Dreht mich um und esst
Laurentius von Rom (*um 230 †258)

Auf diese Weise soll er römische Heilige Laurentius die Soldaten verspottet haben, die ihn auf einem glühenden Rost zu Tode folterten. Das Ganze ist natürlich extrem unwahrscheinlich. Überhaupt zweifeln die Historiker daran, dass die römischen Kaiser jeden christlichen Märtyrer auf andere, besonders grausame Weise hinrichten ließen, nur damit jeder hinterher mit einem anderen Attribut dargestellt werden konnte. Aber es gilt als sicher, dass Laurentius tatsächlich gelebt hat, Diakon der römischen Kirche war und unter Kaiser Valerian (um 200-260) umgebracht wurde. Laurentius soll sich geweigert habe, dem Kaiser das Kirchenvermögen herauszugeben. Stattdessen verteilte er es an die Armen und präsentierte dem Kaiser die Schar der Gläubigen als den eigentlichen Reichtum der Kirche. Nach einer anderen Überlieferung waren seine letzten Worte an den Kaiser gerichtet: „Du armer Mensch, mir bringt dieses Feuer Kühle, dir aber ewige Pein." Auf jeden Fall war Laurentius einer der am meisten verehrten Heiligen der Spätantike und des frühen Mittelalters.

Do jit et nix ze kriische
Konrad Adenauer
(*1876 †1967)

Mit diesen Worten – ins Hochdeutsche übersetzt: „Da gibt es nichts zu weinen" – ermahnte der ehemalige Bundeskanzler auf dem Sterbebett seine schluchzende Tochter Libet. Immerhin war Adenauer 91 Jahre alt geworden, als er am 19. April 1967 in seinem Haus in Rhöndorf, einem Stadtteil von Bad Honnef, starb. Todesursache waren eine Grippe und zwei kurz aufeinander folgende Herzinfarkte. Adenauers erste Frau war bereits 1916 gestorben, seine zweite 1948 an Spätfolgen einer Gestapo-Haft. Seine sieben Kinder dagegen erwiesen sich allesamt als fast so langlebig wie der Vater.

Leid und Unglück II

Alles Unheil kommt von einer einzigen Ursache, dass die Menschen nicht in Ruhe in ihrer Kammer sitzen können.

(Blaise Pascal, französischer Mathematiker und Philosoph, 1623–62)

Der Schmerz ist das, was wir als das Eigenste und als das Fremdeste empfinden.

(Paul Valéry, französischer Autor, 1871–1945)

Don't worry, be happy!
Meher Baba (Merwan Sheriar Irani) (*1894 †1969)

Dieses weitverbreitete Hippie-Motto – „Mach dir keine Sorgen, sei glücklich!" – sind die letzten Worte des indischen Gurus Meher Baba. Er sprach sie am 10. Juli 1925, 44 Jahre vor seinem Tod. Danach sagte er angeblich nie mehr ein Wort, sondern verständigte sich schriftlich oder per Handzeichen. Das hinderte ihn jedoch nicht daran, als spiritueller Lehrer äußerst einflussreich zu sein, gerade auch in der westlichen Welt. Unter seinen Anhängern zirkulierten Karten und Poster von Meher Baba mit seinen berühmten letzten Worten. Diese inspirierten den US-amerikanischen Sänger Bobby McFerrin (*1950) 1988 zu einem gleichnamigen Song, in dem er die Überzeugung vertritt: „In every life we have some trouble, but when you worry you make it double" („Wir alle haben einigen Ärger im Leben, wer sich aber Sorgen macht, verdoppelt ihn").

Du sollst meinen Kopf dem Volk zeigen. Er ist die Mühe wert
Georges Danton (*1759 †1794)

Diese Anweisung gab der französische Revolutionär seinem Henker, bevor er unter der Guillotine starb. Danton selbst gehörte zu den radikalsten Revolutionären, die für die Terrorherrschaft verantwortlich waren, die zwischen Juni 1793 und Juli 1794 Zehntausende von Menschen unter den nichtigsten Vorwänden unter die Guillotine brachte. Als Danton dann aber begann, sich für ein Ende des Terrors auszusprechen, ließ Robespierre auch ihn hinrichten. Unmittelbar vor seiner Hinrichtung prophezeite Danton noch, keiner der übrig gebliebenen Revolutionäre habe ein Konzept für eine Regierung und auch Robespierre werde noch unter der Guillotine enden. Womit er recht behielt.

● ●

Lebenserfahrungen I

Unsere Prinzipien dauern gerade so lange, bis sie mit unseren Leidenschaften oder Eitelkeiten in Konflikt kommen und ziehen dann jedes Mal den Kürzeren.
(Theodor Fontane, deutscher Autor, 1819-98)

Vielfalt, die nicht auf Einheit zurückgeht, ist Wirrwarr. Einheit, die nicht auf Vielfalt gründet, ist Tyrannei.
(Blaise Pascal, französischer Mathematiker und Philosoph, 1623-62)

Was aber die Leute gemeiniglich das Schicksal nennen, sind meistens nur ihre eigenen dummen Streiche.
(Arthur Schopenhauer, deutscher Philosoph, 1788-1860)

● ●

Er soll nicht stillstehen
Friedrich Wilhelm I. von Preußen (*1688 †1740)

Unmittelbar vor seinem Tod soll ein Arzt dem preußischen „Soldatenkönig" den Puls gefühlt und die Feststellung getroffen haben, „Majestät, er steht still", worauf der König die Faust schüttelte und wetterte, sein Puls solle aber nicht stillstehen. Abgesehen davon, dass der König sich bei versagendem Puls wohl kaum noch so agil gezeigt hätte, passt die Anekdote zwar zum autoritären Auftreten des Monarchen zu Lebzeiten, nicht jedoch zu den anderen Dingen, die über seinen Tod erzählt werden. So verabschiedete sich Friedrich Wilhelm an seinem Todestag von seiner Familie, seinen Ministern und Offizieren und verschenkte noch zwei Pferde. Dann ließ er sich einen Spiegel geben und erklärte: „Ich bin recht verändert. Ich werde beim Sterben ein garstiges Gesicht machen."

Es ist einfach, mich zu hängen. Aber diese Frage – die Sklavenfrage – bleibt zu lösen
John Brown (*1800 †1859)

Der leidenschaftliche Gegner der Sklaverei wurde gehängt, weil er ein Waffenarsenal der US-Streitkräfte überfiel, um Waffen für einen Aufstand der amerikanischen Sklaven zu erbeuten. Die Sache ging jedoch schief. Zehn von Browns Anhängern, darunter zwei seiner Söhne, sechs Zivilisten und ein Soldat, starben und Brown wurde wenige Stunden nach dem Überfall festgenommen. Schriftlich erklärte er vor seinem Tod, er sei sich nun ziemlich sicher, dass „Verbrechen dieses schuldigen Landes niemals, wenn nicht mit Blut, gereinigt werden". Er habe sich vergebens eingebildet, die Sklavenfrage ohne viel Blutvergießen lösen zu können. Außerdem soll er kurz vor seinem Tod noch gesagt haben: „Dies ist ein wunderbares Land."

Es lebe die Anarchie! Dies ist der glücklichste Moment meines Lebens
George Engel (*1836 †1887)

Engel, der 1872 von Deutschland in die USA emigriert war, war wegen der Unruhen auf dem Haymarket Square in Chicago am 4. Mai 1886 zum Tode verurteilt worden. Die Arbeiterschaft von Chicago hatte am 1. Mai wegen Dumpinglöhnen einen groß angelegten Streik gegen eine Fabrik für Erntemaschinen begonnen, den die Polizei nach drei Tagen aufzulösen versuchte. Es gab Tote und die Menge marschierte zum Haymarket Square. Am nächsten Tag warfen Unbekannte eine Bombe in die Menge, worauf die Polizei wieder das Feuer eröffnete. Anschließend wurden Engel und sieben weitere Aktivisten, die als Anarchisten galten, verurteilt, da sie mit ihren anarchistischen Vorstellungen den Bombenwerfer aufgehetzt hätten. Dabei war Engel während des Attentats gar nicht vor Ort, sondern zu Hause gewesen. Nach seiner Verurteilung schrieb er aber an den Gouverneur, er wünsche keine Begnadigung und ließ unter dem Galgen auf Deutsch die Anarchie hochleben.

Gott erhalte Franz, den Kaiser ...
Franz Joseph I. von Österreich-Ungarn (*1830 †1916)

Kaiser Franz Joseph von Österreich soll gestorben sein, während er die Nationalhymne seines Landes sang. Ob es Patriotismus war oder eine Selbstbeschwörung, ist ungewiss. Der Kaiser Franz, um dessen langes Leben im Lied ursprünglich gebeten wird, ist aber nicht er selbst, sondern sein Großvater Franz II. (1768-1835).

Es lebe die moderne Schule!
Francisco Ferrer (*1859 †1909)

Die moderne Schule, die der spanische Pädagoge vor seinem Tod beschwor, war die 1901 von ihm selbst gegründete Escuela Moderna, eine Reformschule, in der Mädchen und Jungen aller sozialen Klassen ohne Bestrafung und Belohnung unterrichtet wurden. Ferrer schrieb selbst Lehrbücher und legte auch viel Wert auf Sport und Spiel, um die Gesundheit und den Zusammenhalt der Kinder zu stärken. 1907 gründete er die „Internationale Liga zur vernunftgemäßen Erziehung der Jugend". Wegen seiner Ansichten wurde er jedoch immer als Anarchist verdächtigt und nach anarchistischen Aufständen in Barcelona verhaftet, vor ein Kriegsgericht gestellt und ohne Beweise zum Tode verurteilt. Seine Hinrichtung rief weltweite Entrüstung hervor.

Störe meine Kreise nicht!
Archimedes (*um 287 v. Chr. †212 v. Chr.)

Es muss der Kaffee gewesen sein
Jack Soo (Goro Suzuki) (*1916 †1979)

Mit diesen Worten verabschiedete der US-amerikanische Schauspieler sich von seinem Freund und Kollegen Hal Linden (*1931), bevor er in den OP geschoben wurde. Er spielte auf die Comedy-Serie *Barney Miller* an, in der die beiden seit 1975 miteinander aufgetreten waren. Die spielte in einem Polizeirevier und der ungenießbare Kaffee, der dort gebraut wurde, war einer der Running Gags der Serie. Im wahren Leben starb Soo an Speiseröhrenkrebs.

> **Tod I**
>
> Der letzte Wunsch des Masochisten:
> Ich möchte ewig sterben.
> **(Žarko Petan, slowenischer Autor, *1929)**
>
> Der Tod ist der Beginn der Unsterblichkeit.
> **(Maximilien de Robespierre,
> französischer Revolutionär, 1758–94)**

Angeblich waren es diese Worte, die den berühmtesten Erfinder der Antike das Leben kosteten. Eigentlich hatten die römischen Feldherren bei der Eroberung von Syrakus ausdrücklich Befehl gegeben, das Genie zu verschonen, auch wenn die Erfindungen des Archimedes - u. a. Katapulte - dazu beigetragen hatten, die römischen Angriffe auf Syrakus lange Zeit abzuwehren. Doch der Legende nach hockte Archimedes mitten im Schlachtengetümmel in seinem Garten auf der Erde und zeichnete gedankenverloren geometrische Figuren in den Sand. Als ihn dann ein römischer Soldat festnehmen wollte, wehrte er ihn mit seinen berühmten letzten Worten ab, worauf der Soldat so wütend wurde, dass er den verrückt wirkenden alten Mann erschlug. Sicher jedenfalls ist, dass Archimedes von irgendeinem Soldaten entgegen den Befehlen umgebracht wurde. Ob dieser dann aber dessen letzte Worte korrekt wiedergab, ist natürlich zweifelhaft.

Tod II

Alle Menschen werden als Original geboren, die meisten sterben als Kopie. *(unbekannt)*

Auf dieser Welt kann nichts für sicher gehalten werden als der Tod und die Steuern.
(Benjamin Franklin, US-amerikanischer Gelehrter, 1706-90)

Das Sterben ist nicht so schlimm, aber man fühlt sich am nächsten Tag so kaputt. *(Volksmund)*

Ein geiziger Mensch und eine fette Kuh sind erst nach dem Tod nützlich.
(Scholem Alejchem, russisch-amerikanischer Autor, 1859-1916)

Es schlägt zwölfe! So sei es denn! Lotte! Lotte, lebe wohl! Lebe wohl!

Werther in *Die Leiden des jungen Werther*

Nach diesen letzten ekstatischen Worten erschießt sich der Titelheld in Goethes 1774 erschienenem Briefroman. Denn die angebetete Lotte war für ihn nicht zu erreichen, da sie bereits verlobt war und diese Verlobung nicht zu lösen beabsichtigte. Diese „Alles oder nichts"-Haltung war typisch für die Epoche des Sturm und Drang in der zweiten Hälfte des 18. Jahrhunderts. Entsprechend begeistert wurde der Roman bei vielen jungen Menschen aufgenommen und manche imitierten sogar den Freitod ihres literarischen Helden, indem sie sich in derselben Kleidung, wie Werther sie im Roman trug, erschossen. Doch es gab beileibe keine „Selbstmordwelle", wie manchmal behauptet wird. Dieses Gerücht setzten schon damals konservative Kräfte in die Welt, die den Roman wie auch die ganze „stürmende und drängende" Gesinnung der Zeit als „jedem Anstand zuwider" ablehnten und auf ein Verbot des Buches drängten. Später, in der Romantik des beginnenden 19. Jahrhunderts, wurde *Werther* dann gerade auch in bürgerlichen Kreisen sehr beliebt und eher gemütvoll denn rebellisch interpretiert.

Frankreich, die Armee, Joséphine ...

Napoleon Bonaparte (*1769 †1821)

Mit diesem Stoßseufzer auf den Lippen soll Napoleon gestorben sein. Von Joséphine de Beauharnais (1763-1814), seiner ersten Frau, hatte er sich 1810 scheiden lassen, da sie keine Kinder mehr bekommen konnte und auch nicht mehr die passende Partie für einen Kaiser schien. Napoleon hatte schon viel früher mit dem Gedanken an eine  Scheidung gespielt, aber doch lange gezögert, sich wirklich von ihr zu trennen. In seinem Exil auf St. Helena soll er einem Freund gestanden haben, er habe Joséphine wahrhaft geliebt, aber nicht respektiert. Seine zweite Frau Marie Louise von Österreich (1791-1847) hatte als Kaiserstochter und Mutter seines Sohnes dagegen nur dynastische Bedeutung für ihn.

Freiheit!
William Wallace in *Braveheart*

Die Unabhängigkeit Schottlands von den Engländern beschwört der zum Tode verurteilte schottische Nationalheld William Wallace (um 1270-1305) in dem Film *Braveheart* (1995), in dem Mel Gibson (*1956) sowohl die Hauptrolle spielt als auch Regie führt. Wallace wird am Galgen aufgefordert, um Gnade zu bitten und schreit stattdessen „Freiheit!" Dabei hätte im Fall Wallace auch die historische Überlieferung markige letzte Worte bereitgehalten. Der echte Wallace soll vor seinem Tod die Engländer und vor allem König Edward I. (1239-1307), der versuchte, eine englische Oberherrschaft über Schottland zu etablieren, verwünscht haben. „Ihr englischen Hunde ihr! Verweichlichte Huren seid ihr. Küsst meinen schottischen Hintern und seid stolz darauf, dies tun zu können, etwas Besseres kann einem jämmerlichen Engländer nicht passieren." Danach wurde er besonders grausam hingerichtet, indem man ihn erst hängte, aber noch lebend vom Galgen abschnitt und ihm dann ebenfalls noch lebend die Genitalien abschnitt sowie die Eingeweide aus dem Leib riss. Anschließend wurde er geviertelt. Das war damals in England die gängige Strafe für Hochverrat und die Engländer betrachteten Wallace nicht als Kriegsgegner, sondern als Hochverräter, da sich König Edward I. bereits als legitimen Herrscher über Schottland ansah.

Gebt den Jungen einen freien Tag
Anaxagoras
(*499 v. Chr. †428 v. Chr.)

So lautete der letzte Wunsch des antiken griechischen Philosophen. Mit den „Jungen" waren die Schüler seiner Philosophenschule gemeint. Anaxagoras gehörte zu den sogenannten Vorsokratikern und lebte die letzten drei Jahre seines Lebens an der heutigen türkischen Westküste in der Verbannung, da er, wie später auch Sokrates, in Athen der Gottlosigkeit angeklagt worden war.

Zum Alter II

Alter ist, wenn man an der Vergangenheit mehr Freude hat, als an der Zukunft.
(John Knittel,
Schweizer Autor, 1891-1970)

Älter werden ist nichts für Feiglinge.
(unbekannt)

Altkluge Kinder sind unangenehm. Unangenehmer sind jungkluge Greise.
(Werner Schneyder,
österreichischer Kabarettist, *1937)

Das Alter hat auch gesundheitliche Vorteile: Zum Beispiel verschüttet man ziemlich viel von dem Alkohol, den man trinken möchte.
(André Gide,
französischer Autor, 1869-1951)

Gott segne sie, Schwester!
Mögen alle ihre Söhne Bischöfe werden
Brendan Behan (*1923 †1964)

Mit diesen Worten bedankte sich der irische Autor bei der Nonne, die ihn auf seinem Totenbett pflegte. Böse gemeint war der Witz nicht, denn Behan hatte es fertiggebracht, zeit seines Lebens sowohl gläubiger Katholik als auch überzeugter Sozialist und IRA-Aktivist zu sein. Obwohl er wegen seiner Beteiligung an Attentaten mehrmals im Gefängnis gesessen hatte, meinte er aber später, er sei kein Krieger, sondern eine absolute Null gewesen. „Die IRA hatte genügend militärischen Sachverstand, mich zu nichts anderem als zu Botengängen einzusetzen." Er gilt als einer der wichtigsten irischen Dramatiker der Gegenwart, bezeichnete sich selbst aber als „einen Trinker mit Schreibproblemen". Er starb an den Folgen von Alkohol- und Medikamentenmissbrauch in Kombination mit einer Diabeteserkrankung. Eine Zeitung schrieb als Nachruf: „Zu jung, um zu sterben, aber zu betrunken, um zu leben."

Gott wird mir verzeihen.
Das ist sein Beruf
Heinrich Heine (*1797 †1856)

Mit dieser Gewissheit – in der Sprache seiner Wahlheimat Frankreich ausgesprochen – starb der Dichter Heinrich Heine, vermutlich an den Folgen einer chronischen Bleivergiftung. Heine war als Sohn einer aufgeklärten jüdischen Familie geboren worden, hatte sich jedoch 1825 evangelisch taufen lassen. Wie er freimütig erklärte, nicht aus religiösen Gründen, sondern weil er nicht die Kraft habe, sich „Judenmauschel nachrufen zu lassen", und weil er sich zudem bessere berufliche Chancen erhoffte. Persönlich stand er aller Religion, vor allem den religiösen Institutionen, mit äußerster Skepsis gegenüber und machte sich oft über sie lustig.

> ### Zum Alter III
>
> Alter: der Lebensabschnitt, in dem wir die Sünden, derer wir noch frönen, dadurch wettmachen, dass wir Sünden schmähen, die zu begehen wir nicht mehr unternehmungslustig genug sind.
>
> (Ambrose Bierce, US-amerikanischer Autor, 1842–1914)

1851 erklärte er ausdrücklich, er wünsche ein Begräbnis ohne Priester, schrieb jedoch auch: „Seit vier Jahren habe ich allem philosophischen Stolze entsagt und bin zu religiösen Ideen und Gefühlen zurückgekehrt; ich sterbe im Glauben an einen einzigen Gott, den ewigen Schöpfer der Welt." Seine letzten Worte drücken also trotz der ironischen Formulierung echtes Gottvertrauen aus.

Hebt mich wieder auf mein Fahrrad
Tom Simpson (*1937 †1967)

Der britische Radprofi brach bei der Tour de France am Aufstieg zum Mont Ventoux zusammen und starb noch an Ort und Stelle. Simpson hatte beträchtliche Mengen Alkohol und Amphetamine zu sich genommen und war an dem extrem heißen Tag völlig dehydriert. Obwohl sein Ausspruch „Put me back on my bike" berühmt wurde, waren seine wirklich letzten Worte vermutlich „Go on, go on". Simpson war kurz vor seinem Tod bereits ein erstes Mal gestürzt und hatte darauf bestanden, dass ihn seine Helfer zurück aufs Rad setzten. Er fuhr torkelnd ein Stück weiter, stürzte erneut und starb dann trotz Wiederbelebungsversuchen.

Himmlische Luft! – Freiheit! Freiheit!
Götz in *Götz von Berlichingen*

Mit diesen Worten ließ Goethe (1749-1832) seinen Helden Götz von Berlichingen sterben. Der „Ritter mit der eisernen Hand" beginnt in diesem Drama eine Fehde gegen den Bischof von Bamberg und schließlich gegen den Kaiser, weil er in seinem Recht gekränkt wurde. Am Ende siecht er in Gefangenschaft dahin. Der historische Götz von Berlichingen (um 1480-1562) dagegen wurde aufgrund zahlreicher Fehden 1528 zwar auch eingekerkert, aber zwei Jahre später entlassen, da er schwor, die Gemarkung seiner Burg nie wieder zu verlassen. Dort lebte er dann in Ruhe und Frieden und starb im Alter von über 80 Jahren.

Hinaus! Letzte Worte sind für Narren, die noch nicht genug gesagt haben
Karl Marx (*1818 †1883)

Seine Frau war bereits tot und seine zwei überlebenden Töchter waren nicht bei Karl Marx, als er in London starb. Deshalb sollen es wahlweise ein Diener, die Haushälterin oder Friedrich Engels (1820-95) gewesen sein, die er mit diesen Worten anfuhr, als die entsprechende Person ihn drängte, vor seinem Tod noch etwas zu sagen. Gesichert ist das jedoch nicht. Die Worte passen auch nicht, denn Marx hatte noch längst nicht alles gesagt. Die Bände zwei und drei des *Kapitals* etwa stellte sein Weggefährte Friedrich Engels nach Marx' Tod aus Manuskripten zusammen.

Ich bin am Sterben oder ich werde sterben. Sowohl die eine wie auch die andere Version wird verwendet oder lässt sich verwenden
Dominique Bouhours (*1628 †1702)

Wer kümmert sich auf dem Sterbebett noch um korrekte Grammatik? Nun, der französische Schriftsteller, Gelehrte und Priester Bouhours tat es. Mit seinen Übersetzungen, sprachwissenschaftlichen Abhandlungen und religiösen Schriften übte der Jesuit einen großen Einfluss auf die spätere französische Klassik aus. Wörtlich sagte er: „Je vais ou je vas mourir, l'un et l'autre se dit ou se disent."

Lebenserfahrungen II

Der Jammer mit den Weltverbesserern ist, dass sie nicht bei sich selbst anfangen.
(Thornton Wilder, US-amerikanischer Autor, 1897-1975)

Wenn man das Dasein als eine Aufgabe betrachtet, dann vermag man es immer zu ertragen.
(Marie von Ebner-Eschenbach, österreichische Autorin, 1830-1916)

Wir müssen begreifen, dass wir in einer nicht wiederholbaren Welt leben.
(Rupert Riedl, österreichischer Zoologe, 1925-2005)

Ich bin neugierig, was in der nächsten Welt jemandem passiert, der ohne Beichte stirbt
Pietro Perugino (*um 1445 †1523)

Mit diesen Worten soll sich der Maler dagegen gewehrt haben, dass ein Priester an sein Sterbebett geholt wurde, als er in Fontignano an der Pest starb. Zwar wurde der Maler mit lauter Heiligenbildern berühmt, die teilweise in der Sixtinischen Kapelle im Vatikan neben den Meisterwerken von Michelangelo (1475-1564) hängen, doch laut dem Architekten Giorgio Vasari (1511-74) war Perugino wenig religiös und soll an der Unsterblichkeit der Seele gezweifelt haben.

Ich bin nicht hergekommen, um eine Rede zu halten. Ich bin gekommen, um zu sterben
Cherokee Bill (Crawford Goldsby) (*1876 †1896)

Derart unverblümt schlug Crawford Goldsby die Gelegenheit aus, vor seinem Tod noch etwas zu sagen. Freiwillig war der als Cherokee Bill bekannte Outlaw allerdings auch nicht unter den Galgen von Fort Smith/Arkansas getreten. Er hatte mit seiner Bande das sogenannte Indian Territory im heutigen Oklahoma zwei Jahre lang terrorisiert und war schließlich wegen sieben Morden zum Tod durch Erhängen verurteilt worden.

Warum nicht? Schließlich gehört sie ihm
Charlie Chaplin
(*1889 †1977)

Das soll der berühmte Komiker einem Priester erwidert haben, der für ihn betete: „Gott sei deiner Seele gnädig." Ob es wirklich seine letzten Worte waren, ist aber zweifelhaft, denn Chaplins Gesundheit verfiel im Jahr 1977 zusehends, sodass er schon längere Zeit nicht mehr sprechen und laufen konnte, bevor er schließlich am 25. Dezember im Schlaf starb.

Ich fühle, dass es zu Ende geht. Schnell das Dessert!
Josèphe Brillat-Savarin (*1757 †1855)

Noch im Sterben nahm sich die fast hundertjährige Josèphe Brillat-Savarin offenbar die Weisheit ihres Bruders, des berühmten Feinschmeckers Jean Anthelme Brillat-Savarin (1755-1826), zu Herzen, der einmal gesagt hatte: „Ein gutes Essen ohne Dessert ist wie eine einäugige Schönheit."

Leid und Unglück III

Die Verzweiflung schickt Gott nicht, um uns zu töten, sondern um neues Leben in uns zu wecken.
(Hermann Hesse, deutsch-schweizerischer Schriftsteller, 1877-1962)

Im Unglück finden wir meistens die Ruhe wieder, die uns die Furcht vor dem Unglück geraubt hat.
(Marie von Ebner-Eschenbach, österreichische Autorin, 1830-1916)

Ich bräuchte Bianchon. Bianchon würde mich retten
Honoré de Balzac (*1799 †1850)

So klagte der berühmte Romanautor in seinen letzten Minuten. Der Witz dabei: Bianchon gab es in Wirklichkeit gar nicht. Balzac hatte den Wunderheiler, dem er seine Rettung zutraute, persönlich erfunden. Horace Bianchon tritt in 24 der 91 Romane Balzacs auf und ist eine der wenigen positiven Figuren in der balzacschen Welt. Im Grunde ist er sogar zu gut, um wahr zu sein: Ein berühmter und hoch angesehener Mediziner, eine unumschränkte Koryphäe seines Faches und zudem noch einer der elegantesten Männer von Paris, der aber so mildtätig ist, dass er ohne Ansehen der Person heilt und so auch mit vielen der balzacschen Unterweltgestalten in Berührung kommt.

Ich fühle nichts außer der Schwierigkeit zu existieren
Bernard le Bovier de Fontenelle
(*1657 †1757)

Derart philosophisch beantwortete der französische Schriftsteller Fontenelle auf dem Totenbett die Frage seines Arztes, ob er Schmerzen habe. Fontenelle, ein Neffe des berühmten Dramatikers Pierre Corneille (1606–84), war ein beliebter Salonautor der gehobenen Gesellschaft seiner Zeit, aber auch ein unbedingter Anhänger der Aufklärung. In seinen Werken räumte er den naturwissenschaftlichen Erkenntnissen großen Rang ein, was seine Werke teilweise auf den Index der Kirche brachte. So ließ er zum Beispiel einmal seine Figuren darüber philosophieren, ob es auf anderen Sternen vernunftbegabte Lebewesen geben könne. Gerne machte er sich auch über die unkritische Vorliebe seiner Zeitgenossen für die Antike lustig. Oder über sinnloses Philosophieren. So schrieb er: „Gern geben die Menschen ihre Leiden der Philosophie zur Betrachtung, aber nicht zur Heilung." Dass er fast hundert Jahre alt wurde (es fehlten ein Monat und zwei Tage), schrieb er übrigens seiner Vorliebe für Erdbeeren zu.

Tod III

Ein Grab ist doch immer die beste Befestigung wider die Stürme des Schicksals.
(Georg Christoph Lichtenberg, deutscher Autor, 1742–99)

Ins Gras beißen macht selbst Vegetariern keinen Spaß.
(Volksmund)

Man hat den Eindruck, die meisten Menschen würden lieber sterben als denken. Und sie tun es auch.
(Betrand Russel, britischer Philosoph, 1872–1970)

Man stirbt nur einmal – und für so lange.
(Molière, französischer Autor, 1622–73)

Mit dem Tod ist's für immer Feierabend.
(Volksmund)

Nicht das Sterben, das Überleben ist hart.
(Peter Rosegger, österreichischer Autor, 1843–1918)

Ich habe alles so satt
Winston Churchill (*1874 †1965)

„I'm so bored with it all", klagte der große britische Staatsmann, bevor er nach einem Schlaganfall ins Koma fiel und neun Tage darauf starb. Churchill hatte zuvor bereits mehrere Schlaganfälle erlitten, darunter einen besonders schweren 1953. Dieser machte ihn so arbeitsunfähig, dass ihn Freunde schließlich zum Rücktritt als Premierminister drängten. Churchill blieb zwar Abgeordneter, konnte politisch jedoch nicht mehr in Erscheinung treten. Er lebte die letzten zehn Jahre seines Lebens weitgehend zurückgezogen und hatte mit dem „Schwarzen Hund" zu kämpfen, womit er Depressionen meinte.

Ich habe als Philosoph gelebt und sterbe als Christ
Giacomo Casanova (*1725 †1798)

Gelebt hatte der berühmte Abenteurer wahrhaft wenig christlich, jedenfalls nicht nach dem Verständnis der Kirche seiner Zeit. Dabei war er zunächst auf Bitten seiner Großmutter Priester geworden und erlangte zudem mit 17 Jahren den Doktortitel in weltlichem und kirchlichem Recht. Mit 19 gab er jedoch die Kirchenlaufbahn endgültig auf und begann sein Abenteurerleben, das ihn 1755 wegen „Schmähungen gegen die heilige Religion" und freimaurerischen Umtrieben in die Bleikammern Venedigs brachte, aus welchen ihm jedoch die spektakuläre Flucht gelang. Doch dies sowie diverse Liebesaffären und verbotene Duelle führten dazu, dass er in immer mehr Ländern „Persona non grata" war und schließlich seinen Lebensabend ab 1785 recht beschaulich als Bibliothekar eines böhmischen Grafen verbringen musste. Angeblich soll er wegen seiner Einsamkeit und Depressionen Selbstmord erwogen, sich dann aber entschlossen haben, seine Memoiren zu schreiben. „Ich schreibe *Mein Leben*, um über mich selbst zu lachen, und es funktioniert", stellte er fest. Schon in der Einleitung seiner Memoiren aber hielt er fest: „Ich glaube an die Existenz eines immateriellen Gottes, der Schöpfer und Herr allen Lebens und aller Dinge ist." Zeit seines Lebens, so versichert er, habe er nie an seiner Existenz gezweifelt und in seiner Verzweiflung immer zu ihm gebetet.

Leid und Unglück IV

Eine bittere Gurke? Wirf sie weg!
Dornensträucher im Weg? Weiche ihnen aus!
Das ist alles. Frage nicht noch:
Wozu gibt es solche Dinge auf der Welt?

(Marc Aurel, römischer Kaiser, 121–180)

Kein größerer Schmerz, als sich zu erinnern
an die glücklich heitere Zeit im Unglück.

(Dante Alighieri, italienischer Autor, 1265–1321)

Ich hätte nie von Scotch zu Martini wechseln sollen
Humphrey Bogart (*1899 †1957)

Dies war wohl der letzte Scherz von Humphrey Bogart. Er starb am 14. Januar 1957 an Leberkrebs und hatte eine lange Leidenszeit hinter sich. Besucher, darunter viele Hollywood-Größen wie Katharine Hepburn, Spencer Tracy und Frank Sinatra berichteten aber, er habe immer versucht, seine Schmerzen zu verbergen und seinen elenden Zustand mit Witzen zu überspielen. Ein anderer Spruch aus dieser Leidenszeit: „Steckt mich in den Speiseaufzug und ich fahre mit Stil hinunter ins Erdgeschoss."

Ich kann dir nicht sagen, ob es ein Tor war oder nicht
Gottfried Dienst (*1919 †1998)

Noch kurz vor seinem Tod im Krankenhaus beschäftigte den Schweizer Schiedsrichter das legendäre „Wembley-Tor", das 1966 im WM-Finale in London das 3:2 für England gegen Deutschland markierte. Ob dieses Tor gültig war oder nicht, beschäftigte die Gemüter lange. Erst 2006 wurden die Bilder mit neuen technischen Mitteln so aufbereitet, dass relativ zweifelsfrei zu sehen war, dass der Ball auf und nicht hinter der Torlinie aufschlug und das Tor so eigentlich ungültig gewesen wäre. Schiedsrichter Dienst jedenfalls erklärte seinem Schwiegersohn auf dem Sterbebett: „Ich kann es dir immer noch nicht sagen, ob das Tor von Wembley ein Tor war oder nicht. Es hat ganz allein der Bachmarow entschieden." Dienst hatte damals seinen sowjetischen Linienrichter befragt, bevor er das Tor gab.

Ich kann nicht sterben. Ich habe meine Arbeit noch nicht beendet
James Buchanan Eads (*1820 †1887)

So klagte der Neffe des US-Präsidenten James Buchanan auf seinem Sterbebett. Eads war Ingenieur und Erfinder. Er konstruierte 1874 eine berühmte Eisenbahnbrücke über den Mississippi, die damals die längste und technisch innovativste Brücke der Welt war. Außerdem baute er Panzerschiffe und Bergungsschiffe, die nach Unfällen gesunkene Schiffe aus dem Mississippi hoben. In seinen letzten Lebensjahren konstruierte er eine gigantische Eisenbahnanlage, die Hochseeschiffe an der schmalsten Stelle Mexikos, dem 200 Kilometer breiten Isthmus von Tehuantepec, vom Atlantik in den Pazifik befördern sollte. Sie wurde jedoch nie gebaut.

Ich liebe dich
Sean Flannagan (*1962 †1989)

Das haben bestimmt viele Menschen noch auf ihrem Totenbett gesagt. Doch Sean Flannagan starb nicht im Kreise seiner Lieben, sondern wurde am 23. Juni 1989 in Nevada wegen Mordes an zwei homosexuellen Männern durch eine Giftspritze hingerichtet. Seine letzten Worte galten seinem Henker. Zuvor hatte Flannagan, der seine Tat offenbar nicht verwinden konnte, schon darum gebeten, sterben zu dürfen.

Warum weinen Sie? Ist es, weil Sie mich unsterblich glaubten?

Ludwig XIV. von Frankreich (*1638 †1715)

Dass dies die letzten Worte des „Sonnenkönigs" waren, ist nur eine Version. Anderen Berichten zufolge starb er, während er einen Psalm betete. Dass Ludwig starb, der über 70 Jahre „der  Staat" gewesen war (auch wenn er das vermutlich nie gesagt hatte), muss für viele Franzosen zu Beginn des 18. Jahrhunderts aber wirklich schwer vorstellbar gewesen sein. Aber nicht alle weinten wie die beiden Diener, an die der König diese Worte gerichtet haben soll. Viele, gerade einfache Menschen begrüßten den Tod des Königs auch mit Jubel. Zeitgenössische Berichte erwähnen lachende, tanzende Menschen auf den Straßen. Ludwig hatte für seine erfolgreiche Politik den Franzosen eine enorme Steuerlast aufgebürdet. Dazu kam in seinen letzten Jahren der teure und verlustreiche Spanische Erbfolgekrieg. Davon, dass er gewonnen und Ludwigs Enkel Philipp neuer spanischer König wurde, hatte das Volk wenig.

Liebe und Alter

Alter schützt vor Liebe nicht, aber Liebe schützt manchmal vor Alter.

(Jeanne Moreau, französische Schauspielerin, *1928)

Einen Menschen zu lieben, heißt einzuwilligen, mit ihm alt zu werden.

(Albert Camus, französischer Autor, 1913–60)

Solange man jung ist, gehören alle Gedanken der Liebe. Später gehört alle Liebe den Gedanken.

(Albert Einstein, Physiknobelpreisträger, 1879–1955)

Ich mache mich auf, das große Vielleicht zu suchen

François Rabelais (*um 1494 †1553)

Dieser philosophische Ausspruch ist nur eine Variante der angeblichen letzten Worte des französischen Autors, den vor allem sein grotesk komischer Romanzyklus *Gargantua* und *Pantagruel* berühmt machte. Nach einer anderen Version soll er gesagt haben: „Lasst den Vorhang herunter, die Farce ist zu Ende", nach wieder einer anderen hüllte er sich in einen als Domino bekannten Kapuzenumhang und sagte dann: „Beati qui in domino moriuntur", was eigentlich heißt „Selig sind die, die im Herrn versterben", aber in dieser Situation auch als „Selig sind die, die im Domino versterben" interpretiert werden konnte.

Ich sterbe als Königin, aber ich würde lieber als die Frau von Culpeper sterben
Catherine Howard (*um 1523 †1542)

Dies bekannte die fünfte Frau des berüchtigten englischen Königs Heinrich VIII. (1491-1547), bevor sie wegen Ehebruch hingerichtet wurde. Sie fügte noch hinzu: „Gott, sei meiner Seele gnädig. Ihr guten Menschen, ich bitte euch, betet für mich." Dabei ist gar nicht sicher, ob Catherine und der Höfling Thomas Culpeper (um 1514-41) wirklich Ehebruch begangen hatten. Catherine war in Culpeper verliebt gewesen, bevor sie genötigt wurde, den mindestens dreißig Jahre älteren König zu heiraten, der sich angeblich auf den ersten Blick in sie verliebt hatte. Später nahm sie den Flirt mit Culpeper wieder auf, beharrte aber, niemals Ehebruch begangen zu haben. Der König ließ sie trotzdem hinrichten, ebenso Culpeper und einen früheren Liebhaber von Catherine namens Francis Dereham. Dereham wurde sogar besonders grausam durch „Hängen, Ausweiden und Vierteilen" getötet, da man ihn als Verräter am König ansah – obwohl seine Affäre mit Catherine stattgefunden hatte, bevor der König ein Auge auf diese geworfen hatte. Seinen einstigen Vertrauten Culpeper wie auch Catherine dagegen „begnadigte" der König, sodass sie „nur" geköpft wurden.

Tod IV

Oft denk ich an den Tod, den herben, und wie am End' ich's ausmach. Ganz sanft im Schlafe möcht ich sterben und tot sein, wenn ich aufwach. (Carl Spitzweg, deutscher Maler, 1806-85)

Stell dir vor, wir wären alle tot. Dann wäre endlich Frieden. (Unbekannt)

Ich tat es nicht mit Absicht
Marie Antoinette von Frankreich (*1755 †1793)

Nein, es war keine Grundsatzerklärung, die die französische Königin angesichts der Guillotine, auf der sie Momente später hingerichtet wurde, gab. Sie entschuldigte sich nur mit aller Höflichkeit bei ihrem Henker, dem sie auf den Fuß getreten war. Doch der Satz hätte auch für ihr Leben gelten können. Die Prinzessin war mit 14 Jahren nach Frankreich verheiratet worden, verstrickte sich – da ihr niemand beistand, sich zurechtzufinden – sofort tief in den Intrigensumpf bei Hofe und stürzte sich schließlich in ein verschwenderisches Luxusleben. Dokumente weisen sie als oberflächlich, naiv, aber im Grunde gutherzig aus. Zu den politischen und sozialen Realitäten im Land hatte sie keinerlei Zugang, sowohl weil ihr das Bewusstsein fehlte, als auch aufgrund ihrer Abschottung in der höfischen Gesellschaft. Im Volk aber wurde sie zur Hassfigur, die für die ganze Entartung des Adels stand.

Ich werde zurückkommen
Errol Flynn (*1909 †1959)

Nein, der umschwärmte Schauspieler glaubte nicht an die Wiedergeburt. Am 14. Oktober 1959 erlitt er auf einer Party einen Schwächeanfall, zog sich ins Nebenzimmer zurück und starb dort. Außerdem erklärte der gebürtige Australier, der in Hollywood zum Helden zahlreicher Piraten- und Abenteuerfilme wurde, kurz vor seinem Tod noch, er habe höllisch viel Spaß im Leben gehabt und jede Minute davon genossen. Ob das die Wahrheit war, ist fraglich. Errol Flynn war auch privat ein ruheloser Abenteurer mit einem höchst unübersichtlichen Liebesleben. „Ich mag meinen Whiskey alt und meine Frauen jung", war ein oft zitierter Spruch von ihm. Ein anderer: „Die Frauen lassen nicht zu, dass ich Single bleibe, und ich lasse nicht zu, dass ich verheiratet bleibe." Oder: „Ich habe kein Problem damit, wenn sie nicht kochen kann - solange sie keinen guten Anwalt kennt." Seine Filmpartnerin Olivia de Havilland (*1916) meinte allerdings, er sei faszinierend gewesen, habe aber auch gepeinigt gewirkt. Im Alter litt er dann zunehmend unter den Folgen seiner Alkohol- und Drogenabhängigkeit.

Tod V

Seien Sie vorsichtig mit Gesundheitsbüchern. Sie könnten an einem Druckfehler sterben.
(Mark Twain, US-amerikanischer Autor, 1835-1910)

Tu nicht, als wenn du Tausende von Jahren zu leben hättest. Der Tod schwebt über deinem Haupte. Solange du lebst, solange du noch kannst, sei ein rechtschaffener Mensch.
(Marc Aurel, römischer Kaiser, 121-180)

Wer früher stirbt, ist länger tot.
(Volksmund)

Zu unserer Natur gehört die Bewegung. Die vollkommene Ruhe ist der Tod.
(Blaise Pascal, französischer Mathematiker und Philosoph, 1623-62)

Ich will seziert sein zum Besten meiner Mitmenschen
Johann Bernhard Basedow (*1724 †1790)

Der Theologieprofessor Basedow war auch schon vor seinem Tod als ausgesprochener Menschenfreund bekannt. So gründete er 1771 in Dessau das Philanthropium, das er als „Pflanzschule der Menschheit" bezeichnete. Dort wollte er Kinder verschiedener Herkunft nach den Grundsätzen der Aufklärung in Freiheit und auf spielerische, lebensnahe Weise erziehen. Sein Enkel wurde Arzt. Nach ihm ist die Basedow-Krankheit benannt.

Ich wünschte, ich wäre Ski fahren
Stan Laurel (Arthur Stanley Jefferson) (*1890 †1965)

... sagte der Komiker, der an der Seite seines übergewichtigen Partners Oliver Hardy (1892-1957) als Teil des Duos *Dick und Doof* bekannt war, als er nach einem Herzinfarkt auf dem Sterbebett lag. Seine Pflegerin erkundigte sich daraufhin: „Oh, Mister Laurel, fahren Sie Ski?" Von seiner Erwiderung gibt es mehrere Varianten. Eine lautet: „Nein, aber ich würde lieber Ski fahren, als das zu tun, was ich gerade tue", eine andere: „Ich tue es nicht. Aber ich würde es lieber tun, als all diese Nadeln in mir stecken zu haben."

Ich würde nicht zweimal sterben wollen. Es ist so langweilig
Richard Feynman (*1918 †1988)

Der Physik-Nobelpreisträger, der einen wesentlichen Beitrag zur Quantenfeldtheorie lieferte, gehörte zu den Wissenschaftlern, die als alles andere als langweilig galten. Feynman war berühmt dafür, auch schwierige Dinge äußerst anschaulich und witzig vermitteln zu können. Er verfasste Bücher wie *Sie belieben wohl zu scherzen, Mr. Feynman. Abenteuer eines neugierigen Wissenschaftlers* oder *Es ist so einfach. Vom Vergnügen Dinge zu entdecken* und *Absolut vernünftige Abweichungen vom ausgetretenen Pfad*. Feynman starb an einer langwierigen Krebserkrankung, konnte aber bis zwei Wochen vor seinem Tod noch Vorlesungen halten.

Ich zittere, aber es ist wegen der Kälte
Jean-Sylvain Bailly (*1736 †1793)

Zugegeben: An einem 12. November ist es nicht unwahrscheinlich, im Freien vor Kälte zu zittern, aber vermutlich hatte das Zittern des Monsieur Bailly doch andere Gründe, die der stolze Franzose jedoch nicht zugeben wollte. Denn Jean-Sylvain Bailly wurde an diesem Tag hingerichtet. Er starb während der Schreckensherrschaft Robespierres (1758-94) unter der Guillotine. Dabei war der Wissenschaftler Bailly zunächst ein Anhänger der Revolution gewesen. Am 20. Juni 1789 hatte er als Präsident die Sitzung des Dritten Standes in der Ballsporthalle von Versailles geleitet, in der die Abgeordneten schworen, nicht eher auseinander zu gehen, bevor sie Frankreich eine Verfassung gegeben hätten. Dieser Schwur leitete die Revolution ein. Danach wurde Bailly Bürgermeister von Paris, musste aber bald zurücktreten, weil seine Ansichten nicht radikal genug waren. Als er auch noch gegen die Hinrichtung von Königin Marie Antoinette (1755-93) plädierte, musste er fliehen, wurde jedoch schnell gefasst und verurteilt. Er soll mit großer Fassung und Würde gestorben sein.

Zeit

Denk immer daran, dass es nur eine allerwichtigste Zeit gibt: Sofort! (Leo Tolstoi, russischer Autor, 1828-1910)

Die Leute, die niemals Zeit haben, tun am wenigsten. (Georg Christoph Lichtenberg, deutscher Gelehrter, 1742-99)

Die Zeit heilt nicht alles; aber sie rückt vielleicht das Unheilbare aus dem Mittelpunkt.
(Ludwig Marcuse, deutscher Philosoph, 1894-1971)

Die Zeit ist reif. Es fragt sich nur, wofür. (François Mauriac, französischer Autor, 1885-1970)

Jetzt bin ich offiziell tot
Abram S. Hewitt (*1822 †1903)

Dies soll der US-amerikanische Industrielle und Politiker erklärt haben, nachdem er sich die Sauerstoffmaske, mit der er beatmet wurde, abgenommen hatte. In den unmittelbaren Nachrufen auf den ehemaligen New Yorker Bürgermeister ist von dieser Begebenheit allerdings nicht die Rede, obwohl ausführlich geschildert wird, wie Hewitt nach einer längeren Krankheit in seinem Wohnhaus im Kreise seiner Familie verschied.

• • • • • • • • • • • • • • • • • • •

Keine Sorge, sie ist nicht geladen
Terry Kath (*1946 †1978)

... sagte der Rockmusiker, hielt sich die Pistole an den Kopf und erschoss sich. Vermutlich wollte der Gitarrist und Sänger der Band *Chicago* sich aber nicht umbringen und spielte auch nicht Russisch Roulette, sondern war sich tatsächlich nicht darüber im Klaren, dass die Waffe, die er gerade reinigte, zwar kein Magazin, aber doch noch eine Patrone enthielt. Mit dem Abdrücken wollte er anscheinend nur einen Freund beruhigen, dem das Hantieren mit der 9-Millimeter unheimlich war.

Lasst es nicht so enden. Sagt ihnen, ich hätte etwas gesagt
Francisco „Pancho" Villa (*1878 †1923)

Diese Bitte soll der mexikanische Revolutionär noch an einen Journalisten gerichtet haben, bevor er an seinen Schussverletzungen starb. Dem widerspricht der Bericht, Villa und seine fünf Begleiter seien von Kugeln nur so durchsiebt worden. Die Attentäter waren Anhänger des Präsidenten Álvaro Obregón (1880-1928), der einst mit Villa gegen frühere mexikanische Regierungen gekämpft hatte. Da dessen Reformen zugunsten der breiten Bevölkerung Villa aber nicht weit genug gingen, entzweiten sich die früheren Kampfgenossen. Allerdings war Villa auch ein begnadeter Selbstdarsteller, der sich zum mexikanischen Robin Hood stilisierte, sodass die Bitte um effektvolle letzte Worte durchaus zu ihm gepasst hätte. Andere Quellen schreiben die Worte dem anderen berühmten Rebellenführer Mexikos, Emiliano Zapata (1879-1919), zu. Zapata und seine Anhänger hatten teilweise mit Villa gemeinsam gekämpft. Aber auch Zapata war bei einem Hinterhalt von mehreren Kugeln gleichzeitig getroffen worden.

Let's roll!
Todd Beamer (*1968 †2001)

Als am 11. September 2001 drei entführte Flugzeuge in die Türme des World Trade Centers und das Pentagon einschlugen, stürzte ein viertes Flugzeug in Pennsylvania ab. Was genau passiert ist, weiß man bis heute noch nicht. Dank mehrerer Telefongespräche, die Passagiere über Handys führten, weiß man jedoch, dass es Tumulte an Bord gab und die Passagiere planten, das Cockpit zu stürmen, um einen weiteren Anschlag zu verhindern. Die letzten Worte vor dem Absturz kamen über Handy von dem Manager Todd Beamer und lauteten: „Are you guys ready? Let's roll!" („Seid ihr Jungs bereit? Machen wir Sie nieder!") Sie wurden nach dem 11. September in den USA zum Inbegriff für Heldenmut, da man davon ausging, dass die Passagiere bewusst den Absturz der Maschine herbeiführten, der zwar ihren sicheren Tod zur Folge hatte, nicht jedoch den von weiteren Menschen in einem getroffenen Gebäude. Tatsächlich stürzte die Maschine über einem Feld ab, so dass niemand am Boden zu Schaden kam.

Macht mein Schwanenkostüm fertig
Anna Pawlowa (*1881 †1931)

Die berühmte russische Ballerina starb an einer Lungenentzündung, die sie sich bei einem Zugunglück zugezogen hatte. Auf ihrem Totenbett erklärte sie, wenn sie nicht mehr tanzen könne, sterbe sie lieber. Daraufhin ließ sie sich das Kostüm reichen, dass sie in ihrer berühmtesten Rolle, dem *Sterbenden Schwan*, getragen hatte. Ihre allerletzten Worte sollen dann gewesen sein: „Spielt die letzte Melodie sehr leise."

Meine Arbeit ist getan. Warum warten?
George Eastman (*1854 †1932)

Diese Zeilen hinterließ der US-amerikanische Unternehmer, bevor er sich im Alter von 85 Jahren erschoss. Eastman hatte die Firmen Kodak und Eastman Chemicals mitbegründet, den Rollfilm eingeführt, eine vorbildliche soziale Absicherung seiner Mitarbeiter in seinem Unternehmen etabliert, eine Musikschule ins Leben gerufen und zahlreiche Forschungseinrichtungen und Kliniken als Mäzen gefördert. 1930 erkrankte er jedoch an einer unheilbaren Krankheit der Wirbelsäule, die ihm große Schmerzen bereitete. Er konnte kaum noch gehen und stehen. Vor allem aber kannte er den Leidensweg, der noch vor ihm lag, da seine Mutter an derselben Krankheit gelitten hatte. Daraufhin entschloss sich Eastman, der nie verheiratet gewesen war, seinem Leben ein Ende zu machen.

Nein, ich werde nicht nachgeben. Ich werde weitermachen. Ich werde bis zum Ende arbeiten
Edward VII. von England (*1841 †1910)

Eigentlich galt der Sohn der britischen Königin Victoria ja eher als Lebemann denn als harter Arbeiter, doch im Frühjahr 1910 war die innenpolitische Lage sehr angespannt. Der König hatte sich allerdings eine chronische Bronchitis eingefangen und war im März in Biarritz zusammengebrochen. Die Öffentlichkeit, die nichts von seiner Erkrankung wusste, reagierte äußerst ungehalten, dass sich der Monarch in der kritischen Situation nicht in England aufhielt. Also kehrte Edward Ende April krank zurück und erlitt dann am 6. Mai mehrere Herzinfarkte, die er mit obigen Worten kommentierte. Seine allerletzten Worte waren es allerdings nicht. Kurz bevor er das Bewusstsein verlor und starb, teilte ihm sein Sohn noch mit, dass eines seiner Pferde ein Rennen gewonnen habe. Dies kommentierte der König mit dem Satz „Ich bin sehr glücklich". Obwohl seine Mutter stets an seiner Eignung zum König gezweifelt hatte und Edward sich auch nicht viel mit der tatsächlichen Politik befasste, erwies er sich für sein Land jedoch als guter Diplomat und war äußerst populär.

Meine Tapete und ich tragen ein tödliches Duell aus. Einer von uns muss gehen
Oscar Wilde (*1854 †1900)

Oder sagte er angesichts einer Flasche Champagner, die ihm ans Sterbebett gebracht wurde: „Ich sterbe, wie ich gelebt habe – über meine Verhältnisse"? Gesichert sind die letzten Worte des Oscar Wilde nicht, aber allen Varianten ist eines gemein: Sie gehen davon aus, dass der spitzzüngige Literat und vollendete Dandy im Sterben noch genauso witzig war wie in seinen besten Tagen. Dabei hatten ein zweijähriger Zuchthausaufenthalt wegen Homosexualität und die gesellschaftliche Ächtung schwere Spuren bei Wilde hinterlassen: Nach der Entlassung im Jahr 1897 lebte er gesundheitlich schwer angeschlagen und mittellos unter falschem Namen in Paris. Er starb in einem Hotel an einer Hirnhautentzündung und trat auf dem Sterbebett noch zur katholischen Kirche über. Allerdings ist verbürgt, dass der Besitzer des Hotels dem Sterbenden sein bestes Zimmer zur Verfügung stellte und ihn ohne Gegenleistung erstklassig versorgte. Es ist also gut möglich, dass beide Bemerkungen während Wildes letzter Krankheit tatsächlich gefallen sind.

Nun, da ich eingeölt bin, schützt mich vor den Ratten
Pietro Aretino (*1492 †1556)

Mit diesen flapsigen Worten kommentierte der italienische Renaissance-Dichter die letzte Ölung, die ihm der Priester gespendet hatte. Aretino, der aus einfachen Verhältnissen stammte, war mit gefürchteten Spottversen und obszönen Gedichten zu einem Liebling der Gesellschaft geworden. Er nannte sich selbst einen „Condottiere der Feder" und stellte sein Talent dem Meistbietenden zur Verfügung, um dessen Gegner mit Spott und Häme zu überziehen. Seine Todesursache war angeblich ein Bruch der Halswirbelsäule, den er sich zuzog, als er vor Lachen vom Stuhl fiel. Zumindest schützte die letzte Ölung seine Werke nicht davor, von Papst Paul IV. wenig später verboten zu werden.

Nun, Gentlemen, sie werden einen gebackenen Appel sehen
George Appel (†1928)

Den oft zitierten Galgenhumor gibt es wirklich. Vor allem der elektrische Stuhl in den USA – so grausam diese Hinrichtungsmethode ist – scheint Verurteilte zu letzten Witzen herauszufordern. So wird berichtet, der Polizistenmörder George Appel, der 1928 in New York starb, habe gesagt: „Well, Gentlemen, you are about to see a baked Appel." Und der mehrfache Mörder Frederick Charles Wood, der 1963 ebenfalls in New York starb, erklärte angeblich: „Leute, dies ist eine Lehrveranstaltung. Sie werden Zeuge werden, welch verheerenden Effekt Elektrizität auf Holz (engl. ‚wood') hat." James French, der 1966 in Oklahoma hingerichtet wurde, soll schließlich gefragt haben: „Wie wäre es mit dieser Schlagzeile für die morgige Zeitung: French Fries?" – wobei sich sein Wortspiel sowohl mit „French gegrillt" als auch mit „Pommes frites" übersetzen lässt.

Leid und Unglück V

Leiden liegt in der menschlichen Natur. Aber wir leiden nie, oder zumindest sehr selten, ohne die Hoffnung auf Heilung zu nähren. Und die Hoffnung selbst ist eine Freude.
(Giacomo Casanova, italienischer Abenteurer, 1725-98)

Mache nicht unerträglich den Schmerz durch ewiges Klagen.
(Sophokles, griechischer Autor, um 497-406 v. Chr.)

Probates Mittel, sämtliche Sorgen auf einen Schlag loszuwerden: Ziehen Sie Schuhe an, die Ihnen eine Nummer zu klein sind.
(Salvador Dalí, spanischer Maler, 1904-89)

Schicksalsschläge lassen sich ertragen. Sie kommen von außen, sind zufällig. Aber durch eigene Schuld leiden, darin liegt der Schmerz des Lebens.
(Oscar Wilde, britischer Autor, 1854-1900)

Nun gut, ich sage es: Dante macht mich krank
Félix Lope de Vega (*1562 †1635)

Der Barockdichter und Dramatiker Lope de Vega ist neben Cervantes der große Mann der klassischen spanischen Literatur. Doch mit der Reputation von Dante Alighieri (1265-1321) kann er sich nicht messen. Der italienische Autor, der mit seiner *Commedia* die Renaissance in der Literatur einleitete, galt auch schon in Lope de Vegas Zeiten als literarischer Halbgott. Kein Wunder, dass Lope de Vega erst auf dem Totenbett – er starb an Scharlach – gewagt haben soll, sich zu seiner Antipathie zu bekennen. Vermutlich fand Lope de Vega, in dessen Dramen es heftig zur Sache geht, Dante zu langweilig.

Nun muss ich unvorbereitet sterben
Cesare Borgia (*1475 †1507)

Er habe für alles Vorsorge getroffen im Laufe seines Lebens, klagte der berüchtigte römische Söldnerführer und Fürst Cesare Borgia. Nur nicht für den Tod. Dabei war Cesare Borgia Sohn eines späteren Papstes gewesen und selbst mit 16 Jahren Bischof und mit 18 Kardinal geworden. Doch Cesare betätigte sich dann lieber als Feldherr und brachte große Teile Mittelitaliens unter seine Kontrolle. Nach dem Tod seines Vaters im Jahr 1503 wurde allerdings auch er gestürzt und betätigte sich als Söldnerführer in Spanien, wo er 1507 bei der Belagerung von Viana erschlagen wurde und ohne priesterlichen Beistand sterben musste.

Zum Alter IV

Das Alter verklärt oder versteinert.
(Marie von Ebner-Eschenbach,
österreichische Autorin, 1830-1916)

Deine Weisheit sei die Weisheit der grauen Haare, aber dein Herz – dein Herz sei das Herz der unschuldigen Kindheit.
(Friedrich von Schiller,
1759-1805)

Die Jugend hat ihre Abenteuer, das Alter ist eines.
(Elazar Benyoëtz
israelischer Autor, *1937)

Es ist besser, ein junger Maikäfer zu sein als ein alter Paradiesvogel.
(Mark Twain,
US-amerikanischer Autor, 1835-1910)

Frauen fürchten nicht das Alter. Sie fürchten nur die Meinung der Männer über alte Frauen.
(Jeanne Moreau,
französische Schauspielerin, *1928)

Geist ist die Jugend des Alters.
(Emanuel Wertheimer,
deutsch-österreichischer Autor, 1846-1916)

Nun, nun, mein guter Mann. Das ist nicht die Zeit, sich Feinde zu machen
Voltaire (François Marie Arouet) (*1694 †1778)

Dies soll der Grandseigneur der französischen Aufklärung auf dem Totenbett dem Priester erwidert haben, der ihn aufforderte, dem Teufel abzuschwören. Außerdem soll der Philosoph und Schriftsteller, der einer der schärfsten Kirchenkritiker seiner Zeit war, die Kommunion und den Widerruf seiner Schriften, der von ihm verlangt worden war, verweigert haben. Ein Atheist war Voltaire allerdings nicht. So sagte er einmal: „Wenn Gott nicht existierte, so müsste man ihn erfinden." Einige Monate vor seinem Tod, als er schon einmal zu sterben meinte, schrieb er: „Ich sterbe, Gott bewundernd, meine Freunde liebend, meine Feinde nicht hassend und Aberglauben verabscheuend." Auch, als er tatsächlich starb, soll er nach dem Streitgespräch mit dem Priester noch gesagt haben: „Um Gottes willen, lasst mich in Frieden sterben." Er wünschte sich sogar ein christliches Begräbnis, was sein Neffe - gleichwohl mit Mühen - auch zu bewerkstelligen wusste.

O willkommener Dolch! Dies werde deine Scheide! Ruhe da und lass mich sterben!
Julia in *Romeo und Julia*

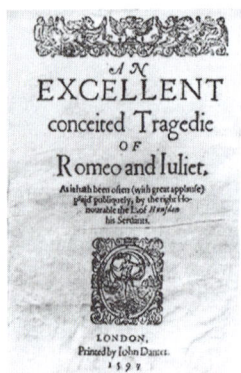

Das ließ William Shakespeare (1564-1616) seine Julia deklamieren, bevor sie sich den besagten Dolch tatsächlich in die Brust stößt und stirbt. Zuvor hatte sich ihr Liebhaber Romeo vergiftet, da er Julia für tot hielt. Diese jedoch hatte nur ein Gift genommen, das sie scheintot werden ließ, um ihrer Familie zu entfliehen. Romeo jedoch hatte die Nachricht von diesem Plan nicht erreicht, sodass er sich neben der vermeintlich toten Julia umbrachte und diese nach ihrem Erwachen daraufhin ebenfalls Selbstmord beging.

Opfer müssen gebracht werden
Otto Lilienthal (*1848 †1896)

Am 9. August 1896 stürzte der Flugpionier mit einem seiner Gleitapparate aufgrund einer thermischen Unregelmäßigkeit in der Nähe von Rhinow im Havelland aus 15 Metern Höhe ab und erlitt schwere Kopfverletzungen. Auf dem Transport nach Berlin fiel er ins Koma und starb dann am nächsten Tag. Kurz nach dem Unfall hatte er gesagt: „Ich muss etwas ausruhen, dann machen wir weiter." Wann und zu wem er von den zu bringenden Opfern sprach, ist nicht mehr nachzuvollziehen. Allgemein gilt diese Bemerkung aber als die letzten Worte Lilienthals. Sie wurden 1940 auch auf sein Grab geschrieben.

Paetus, es tut nicht weh!
Arria die Ältere (†42)

In der Antike liebte man Geschichten von Menschen, die gefasst in den Tod gingen. Dazu gehört die Geschichte von Arria. Deren Mann war an einem Aufstand gegen Kaiser Claudius (10 v. Chr.–54 n. Chr.) beteiligt gewesen und sollte auf Befehl des Kaisers anschließend Selbstmord begehen. Als er zögerte, nahm ihm seine Frau den Dolch aus der Hand, stieß ihn sich in die Brust und reichte ihn dann mit den Worten „Paetus, non dolet" ihrem Gatten zurück, der nun ihrem Beispiel folgte. Dies machte sie im Rom des ersten Jahrhunderts sehr berühmt. Plinius der Jüngere (um 61–113) aber schreibt, er habe von Arrias Enkelin noch viel großartigere Geschichten über Arria gehört. Etwa, dass sie ihrem schwerkranken Mann tagtäglich vorgemacht habe, der ebenfalls kranke Sohn sei auf dem Wege der Besserung, obgleich dieser bereits gestorben war. Oder, dass sie von Anfang an entschlossen gewesen sei, mit ihrem Mann zu sterben, und ihren Verwandten sagte, wenn man ihr den leichten Weg zu sterben verwehre, würde sie eben einen schweren nehmen. „Erscheinen dir diese Vorgänge nicht großartiger als jenes ‚Paetus, es tut nicht weh'?", fragt Plinius den Adressaten seines Briefes. „Davon spricht niemand, während von jenem Ausspruch mittlerweile viel Wesens gemacht wird."

Zum Alter V

Im Alter bereut man vor allem die Sünden, die man nicht begangen hat.
(William Somerset Maugham, britischer Autor, 1874–1965)

In der Jugend lernt man, im Alter versteht man.
(Marie von Ebner-Eschenbach, österreichische Autorin, 1830–1916)

In der Jugend überschätzt man seine Fähigkeiten, im Alter seine Leistung.
(unbekannt)

Jung sein ist schön, alt sein ist bequem.
(Marie von Ebner-Eschenbach)

Keine Grenze verlockt mehr zum Schmuggeln als die Altersgrenze.
(Karl Kraus, österreichischer Autor, 1874–1936)

Keine Kunst ist's, alt zu werden; es ist die Kunst, es zu ertragen.
(Johann Wolfgang von Goethe, 1749–1832)

Rosenknospe
Charles Foster Kane in *Citizen Kane*

Selten beginnt ein Film mit letzten Worten. Doch *Citizen Kane* (1941), in dem Orson Welles (1915-85) Regisseur und Hauptdarsteller gleichzeitig ist, tut es. Der reiche Zeitungsverleger Charles Foster Kane stirbt mit dem geheimnisvollen Wort „Rosebud" auf den Lippen und ein Reporter versucht, dem auf den Grund zu gehen. Er nimmt Kanes Aufstieg aus kleinen Verhältnissen unter die Lupe und spürt dessen gescheiterten Familienverhältnissen nach. Am Ende ist Rosebud der Name eines Schlittens, den Kane als kleiner Junge zurücklassen musste, als seine Eltern ihn in fremde Obhut gaben, um „etwas Besseres" aus ihm zu machen. Drehbuchautor Herman J. Mankiewicz (1897-1953) soll einmal gesagt haben, er selbst habe als Kind ein Fahrrad namens „Rosebud" besessen. Trotzdem wurde und wird gerne nach spektakuläreren Erklärungen gefahndet. So wird „Rosenknospe" diversen Frauen im Umkreis des Verlegers William Randolph Hearst (1863-1951), dem Vorbild Kanes, als Spitzname zugeschrieben.

Mehr Licht
Johann Wolfgang von Goethe (*1749 †1832)

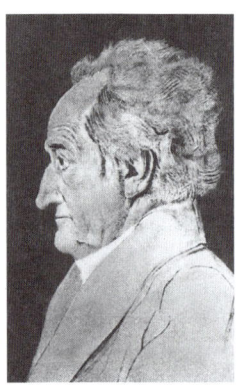

Was wollte der berühmte Dichter mit diesen seinen letzten Worten sagen? Ging es wirklich nur um schnödes Tageslicht oder etwa um den Wunsch nach höherer Erkenntnis? Darüber ist im Laufe der Zeit viel diskutiert worden, bis hin zu Scherzen wie folgendem: Goethe habe im heimischen Hessisch sagen wollen, „Mer lischt de Kisse schief", sei aber nicht mehr bis zum Schluss gekommen. Die ganze Rätselraterei verwundert um so mehr, da der Weimarer Staatskanzler Friedrich von Müller (1779-1849) festhielt, Goethes letzte Worte hätten vollständig gelautet: „Macht doch den zweiten Fensterladen auf, damit mehr Licht hereinkomme."

Schade, schade, zu spät!
Ludwig van Beethoven (*1770 †1827)

Nein, der berühmte Komponist trauerte keinen ungeschriebenen Melodien nach. Beethovens letzte Worte galten einer Kiste Rüdesheimer Wein, die an seinem Todestag, dem 26. April 1827, gegen Mittag eintraf. Einige Stunden später war er tot. Bemerkenswert ist, dass er sich noch einmal Wein hatte liefern lassen. Denn Beethoven hatte bereits die fünf Monate vor seinem Tod 1827 auf dem Krankenlager verbracht und an Unterleibsschmerzen und Appetitlosigkeit gelitten. Vermutlich starb er an einer Leberzirrhose. Aber der Komponist war ein begeisterter Weintrinker, der im Schnitt drei Flaschen am Tag geleert haben soll. Gelegentlich wird auch der Spruch „Plaudite amici, comoedia finita est" („Klatscht Beifall, Freunde, die Komödie ist vorbei") als letztes Wort Beethovens zitiert. Doch dies sagte Beethoven bereits etwas früher – entweder nach dem Abfassen seines Testaments oder nach der Letzten Ölung.

Scheiße
Walt Whitman (*1819 †1892)

Angeblich befolgte der US-amerikanische Dichter den Vorschlag seines Kollegen Mark Twain, letzte Worte im Voraus zu notieren. Auf dem Totenbett konnte er diesen Zettel dann allerdings nicht finden, ärgerte sich und starb deshalb mit einem Schimpfwort auf den Lippen. Sicher belegt ist diese Geschichte nicht, allerdings passt das angebliche Notieren der letzten Worte dazu, dass Whitman sich schon zu Lebzeiten ein Mausoleum hatte bauen lassen, das er öfters besuchte.

Leid und Unglück VI

Schmerz ist der Vater und Liebe die Mutter der Weisheit.
(Ludwig Börne,
deutscher Autor, 1786-1837)

Übe dich auch in den Dingen, an denen du verzweifelst.
(Marc Aurel,
römischer Kaiser, 121-180)

Wer nicht ein wenig Leid zu ertragen weiß, muss damit rechnen, viel zu leiden.
(Jean-Jacques Rousseau,
Genfer Philosoph, 1712-78)

Wer nie gelitten hat, der weiß auch nicht, wie man tröstet.
(Dag Hammarskjöld,
schwedischer Politiker, 1905-61)

Wie oft im Leben wirft uns das Schicksal seinen tragischen Hut vor die Füße, und wir mögen tun, was wir wollen, Verdruss gibt's doch.
(Wilhelm Busch,
deutscher Autor und Zeichner, 1832-1908)

Wir liegen alle in der Gosse. Aber einige von uns betrachten die Sterne.
(Oscar Wilde,
britischer Autor, 1854-1900)

Schieß, Feigling! Du tötest nur einen Mann

Ernesto „Che" Guevara (*1928 †1967)

So soll der gefangene Revolutionär „Che" Guevara den bolivianischen Soldaten verhöhnt haben, der den Befehl hatte, ihn zu erschießen. Zuvor hatte er erklärt, er glaube zwar nicht an seine eigene Unsterblichkeit, aber an die der Revolution. Dabei war „Che" zu diesem Zeitpunkt nur noch mit einer kleinen Schar Getreuer im bolivianischen Hochland unterwegs und hatte es weder geschafft, die einheimische Bevölkerung noch die bolivianischen Kommunisten, für die er angeblich kämpfte, auf seine Seite zu ziehen. Bewiesen sind seine letzten Worte aber nicht, wie überhaupt sein Tod von zahlreichen Gerüchten umsponnen ist. Am Ende blieb von Guevaras Revolution nicht sehr viel, aber der Bolivianer wurde als linke Ikone unsterblich.

Shakespeare, ich komme
Theodore Dreiser (*1871 †1945)

Ob der US-amerikanische Schriftsteller, der als einer der Hauptvertreter des Naturalismus im beginnenden 20. Jahrhundert galt, dies wirklich auf dem Totenbett sagte, ist nicht bekannt. Aber er teilte seinem Freund, dem Satiriker Henry Louis Mencken (1880-1956) mit, er beabsichtige, dies zu sagen. Gleichzeitig fragte er Mencken, was jener zu sagen beabsichtige. Mencken erwiderte: „Ich bedaure, dass ich nur ein Rectum habe, um es meinem Land zu hinterlassen." Mencken erlitt jedoch 1948 einen Schlaganfall, der ihm die Sprache raubte, sodass er nicht die Möglichkeit hatte, auf dem Totenbett noch eine Bemerkung zu machen. Mencken sagte übrigens über Shakespeare: „Schließlich war das einzige, was er tat, eine Menge alter, wohlbekannter Zitate aneinanderzureihen."

Sie können auf diese Entfernung keinen Elefanten treffen
John Sedgwick (*1813 †1864)

Das meinte der Nordstaatengeneral jedenfalls während der Schlacht bei Spotsylvania Court House in Virginia am 9. Mai 1864. Außerdem erklärte der auch als „Uncle John" bekannte Offizier seinen Soldaten noch, er schäme sich dafür, dass sie wegen einzelner Kugeln in Deckung gingen. Wenig später wurde er von den Scharfschützen der Südstaaten in die Schläfe getroffen.

Sie warten? Na gut, lass sie warten!
Ethan Allen (*1738 †1789)

Diese Antwort gab angeblich der angeschossene US-amerikanische Freiheitskämpfer Allen seinem Doktor, als der ihm mit der Bemerkung, die Engel würden im Himmel bereits auf ihn warten, klarzumachen versuchte, wie kritisch sein Zustand sei. Allen starb allerdings nicht an einer Schussverletzung, sondern fiel von einem Schlitten voller Heu. Entweder, weil er einen Schlaganfall erlitt, oder weil er betrunken war. Danach starb er, ohne das Bewusstsein wieder erlangt zu haben. Die Anekdote ist also entweder falsch oder ereignete sich bereits früher, sodass Allen die Engel wohl tatsächlich hatte warten lassen. Gelegenheiten, verwundet zu werden, hatte es in Allens Leben genug gegeben. Er kämpfte im amerikanischen Unabhängigkeitskrieg vor allem in Vermont und setzte sich später dafür ein, dass Vermont ein unabhängiger Staat wurde. Außerdem war er ein wenig überzeugter Christ, sodass die respektlosen Worte über die Engel zumindest zu ihm passen würden.

Noch ist die Gans nicht gebraten
Jan Hus (*um 1370 †1415)

So schrieb der tschechische Reformator vom Konzil in Konstanz an seine An-
hänger. Hus war vor das Konzil zitiert worden, um seine Lehre zu verteidigen.
Obwohl ihm Kaiser Sigismund seinen Schutz zugesichert hatte, fürchteten Hus'
Anhänger zu Recht um das Leben ihres Lehrers. Der Scherz mit der Gans (tsche-
chisch „husa") sollte sie beruhigen. Leider waren dies nur Hus' vorletzte Worte.
Dem Versprechen des Kaisers zum Trotz wurde Hus als Ketzer zum Tod auf dem
Scheiterhaufen verurteilt. Seine letzte Botschaft an seine Anhänger lautete dann:
„Das aber erfüllt mich mit Freude, dass sie meine Bücher doch haben lesen müssen, worin ihre Bosheit
geoffenbart wird. Ich weiß auch, dass sie meine Schriften fleißiger gelesen haben als die Heilige Schrift,
weil sie in ihnen Irrlehren zu finden wünschen." Hus' Anhänger reagierten mit den blutigen und lang an-
dauernden Hussitenkriegen, die sich vor allem gegen den wortbrüchigen Kaiser Sigismund richteten.

Sie wird mich nur bitten, Albert eine Nachricht zu übermitteln
Benjamin Disraeli (*1804 †1881)

Als der ehemalige britische Premier im Sterben lag, ließ Königin Victoria bei ihm anfragen, ob er sie noch
einmal sehen wolle. Disraeli lehnte mit den Worten ab: „No, it is better not. She will only ask me to take
a message to Albert." Victorias überaus geliebter Mann Albert von Sachsen-Coburg-Gotha war bereits
1861 gestorben und die Königin trug seitdem nur noch Schwarz. Disraeli, der 1868 und von 1874 bis 1880
Premier war, war maßgeblich für die erfolgreiche Außenpolitik des britischen Empires im Viktorianischen
Zeitalter verantwortlich. Mit der Königin verband ihn ein fast freundschaftliches Verhältnis, wobei es
aber in der Regel Disraeli war, der - in aller Diskretion - die Führungsrolle innehatte.

So ist das Leben
Edward „Ned" Kelly (*1855 †1880)

Mit den lakonischen Worten „Such is life" trat
der berüchtigte australische Straßenräuber Ned
Kelly am 11. November 1880 unter den Galgen.
Kelly stammte aus ärmlichen Verhältnissen und
erklärte nach seiner Verhaftung, dass ihn die ungerechte Behandlung seiner Familie in die Kri-
minalität getrieben habe. So starb sein Vater an
den Folgen einer Gefängnishaft, von der er sich
hätte freikaufen können, wenn er das Geld dazu
besessen hätte. Deswegen wird Kelly teilweise
als Volksheld betrachtet.

Sterbe ich oder ist das mein Geburtstag?
Nancy Astor (*1879 †1964)

Diese verwirrten Worte stammelte die todkranke, 85-jährige britische Politikerin Lady Nancy Astor, als sie noch einmal aus dem Schlaf erwachte und ihre ganze Familie um ihr Bett versammelt sah. Die gebürtige Amerikanerin kandidierte 1919 als Nachfolgerin ihres Mannes, der nach dem Tod seines Vaters ins Oberhaus eingezogen war, für dessen Unterhaus-Sitz und wurde die erste Frau im britischen Parlament. Sie blieb bis 1955 Abgeordnete der Konservativen und war trotz mancher umstrittener politischer Ansichten wegen ihrer Schlagfertigkeit und ihrer Sprüche populär. Obwohl sie in den Astor-Clan eingeheiratet hatte, soll sie einmal gesagt haben: „I married beneath me. All women do." („Ich habe unter Wert geheiratet. Alle Frauen tun das.") In ihren letzten Lebensjahren allerdings eckte die Lady mit ihren Ansichten zunehmend an und vereinsamte.

● ● ● ● ● ● ● ● ● ● ● ● ● ● ● ● ● ●

Sterben? Das ist das Letzte, was ich tun werde
Groucho (Julius Henry) Marx (*1890 †1977)

Nicht nur der berühmte Komiker Groucho Marx soll mit diesem Wortspiel auf den Lippen verschieden sein. Auch dem britischen Premierminister Henry Lord Palmerston (1784-1865) wird es nachgesagt. Allerdings gibt es auch eine Version, nach der Palmerston noch im Fieberwahn über juristische Paragrafen sprach. Der Witz passt auf jeden Fall besser zu dem berühmtesten der Marx Brothers.

Hoffnung I

Die Hoffnung ist ein viel größeres Stimulans des Lebens als irgendein Glück.
(Friedrich Nietzsche, deutscher Philosoph, 1844-1900)

Die Hoffnung ist ein Scharlatan, der uns ohne Unterlass betrügt, und was mich betrifft, so hat mein Glück erst begonnen, nachdem ich sie verloren habe.
(Nicolas-Sébastien de Chamfort, französischer Autor, 1741-94)

Die Hoffnung ist eine Anleihe auf das Glück.
(Joseph Joubert, französischer Autor, 1754-1824)

Die Zukunft sollte man nicht voraussehen wollen, sondern möglich machen.
(Antoine de Saint-Exupéry, französischer Autor, 1900-44)

Es ist besser, auch nur eine Kerze anzuzünden, als über die Finsternis zu klagen.
(Chinesisches Sprichwort)

Zum Alter VI

Nicht der Mensch hat am meisten gelebt, der die höchsten Jahre zählt, sondern derjenige, welcher sein Leben am meisten empfunden hat. (Jean-Jacques Rousseau, Genfer Philosoph, 1712–78)

Seitdem man das Alter nicht mehr mit Würde trägt, wird versucht, es mit Frischzellen zu ertragen. (Oliver Hassencamp, deutscher Autor, 1921–88)

Sterben? Das würde ich nicht sagen, mein Lieber. Kein Barrymore würde zulassen, dass ihm so eine konventionelle Sache widerfährt
John Barrymore (*1882 †1942)

Als Snob bis zuletzt soll sich der US-Schauspieler John Barrymore präsentiert haben, nachdem er während einer Radioshow zusammenbrach und ins Krankenhaus eingeliefert wurde. Einer Version zufolge jedenfalls lauteten seine letzten Worte: „Die? I should say not, dear fellow. No Barrymore would allow such a conventional thing to happen to him." Nach einer anderen Version versuchte er noch etwas zu seinem Bruder Lionel zu sagen, was dieser jedoch nicht verstehen konnte. Barrymore stammte aus einer berühmten Schauspielerfamilie – jüngster Spross ist seine Enkelin Drew Barrymore (*1975) –, war zunächst ein gefeierter Theaterschauspieler und wechselte schließlich zum Film über, wo er ebenfalls Erfolg hatte. Er erhielt die Spitznamen „The Great Profile" und „The Great Lover" und galt als Schauspieler mit der schönsten Stimme, aber auch als vollendeter Egomane. Ab 1935 zerrütteten ihn seine Alkoholprobleme mehr und mehr.

Vorsicht mit dem Bart! Der hat keinen Verrat begangen
Thomas Morus (*1478 †1535)

Diese Bitte soll der ehemalige englische Lordkanzler Thomas Morus (More) an den Henker gerichtet haben, als er am 6. Juli 1535 wegen Hochverrats enthauptet wurde. Morus hatte sich geweigert, König Heinrich VIII. (1491-1547) als Oberhaupt der von diesem neu gegründeten Anglikanischen Kirche anzuerkennen. Deshalb wurde er wegen Verrats zum Tode verurteilt. Immerhin sorgte Heinrich VIII. dafür, dass sein früherer Vertrauter „nur geköpft" wurde, nicht gehängt, ausgeweidet und gevierteilt, wie das in England bei Verrat üblich war. Morus soll ein sehr humorvoller Mensch gewesen sein. Gesichert sind seine letzten Worte aber nicht. Anderen Quellen zufolge sagte er vor dem Gang auf das Schafott: „Ich bitte Sie, ich bitte Sie, Herr Leutnant, bringen Sie mich heil rauf. Was mein Herunterkommen angeht, dafür kann ich selbst sorgen." Auf dem Schafott habe er dann noch betont, er sterbe als guter Diener des Königs, Gott aber stehe an erster Stelle.

Triff mich in den Bauch!
Agrippina die Jüngere (*15 †59)

Diese Anweisung soll die römische Kaiserin Agrippina einem der Mörder gegeben haben, die ihr Sohn Nero aussandte, um sie zu töten. Eine symbolische Geste, da sie in diesem Bauch einen Sohn getragen hatte, der sie nun töten ließ. Als verbürgte Tatsache sollte man diese Worte jedoch nicht nehmen. Dazu sind die Berichte, auf welche Weise Nero angeblich die Mutter töten ließ, die erst versuchte, die Kontrolle über ihn zu behalten und dann gegen ihn intrigierte, zu abenteuerlich. Bei den antiken Autoren finden sich mehrere Quellen, die Vergiftungsversuche schildern. Außerdem soll Nero vergeblich versucht haben, den Betthimmel Agrippinas so zu manipulieren, dass er sie erschlüge, bzw. sie mit einem ebenfalls manipulierten Boot zu ertränken. Überhaupt regte die als extrem schön und ehrgeizig beschriebene Agrippina die Spekulationen ihrer Zeitgenossen gewaltig an. Sie selbst wird verdächtigt, ihren zweiten und dritten Ehemann vergiftet zu haben.

Was soll ich mit Ihnen reden?
Ich habe demnächst einen Termin bei Ihrem Boss
Marlene Dietrich (*1901 †1992)

Mit diesen Worten soll die berühmte Diva einen Priester weggeschickt haben, der ihr kurz vor ihrem Tod beistehen wollte. Die Dietrich lebte seit 1979 abgeschieden in einem Appartement in Paris und empfing dort nur ihre engsten Vertrauten. Mit der übrigen Welt hielt die Schauspielerin über Telefon Kontakt. Zwei Tage vor ihrem Tod erlitt sie einen Schlaganfall und begann, sich von ihren Freunden zu verabschieden.

Waren Sie bei Sedan?
Napoleon III. (*1808 †1873)

Sedan bedeutete die größte Niederlage des zweiten Kaisers der Franzosen. Die Schlacht am 2. September 1870 entschied den von Bismarck provozierten, aber von Frankreich begonnenen deutsch-französischen Krieg. Der Kaiser selbst wurde gefangen genommen und in Kassel unter Arrest gestellt. Die Franzosen setzten ihn ab, kämpften weiter, wurden aber im März 1871 endgültig besiegt. Der Ex-Kaiser bekam daraufhin seine Freiheit wieder. Er ging ins Exil nach Großbritannien, beschäftigte sich gedanklich aber intensiv mit einer Rückkehr nach Frankreich. Auch auf dem Totenbett - er starb nach einer Blasenoperation an Herzversagen - ließ ihn der Gedanke an seine Niederlage nicht los, wie seine letzte Frage an seinen Arzt beweist.

Warum habe ich das nur getan?
William Erskine (*1770 †1813)

Diese Frage soll der britische Adlige noch gestellt haben, nachdem er aus einem Fenster gesprungen war. Erskine war ein Offizier Wellingtons in den Kriegen gegen Napoleon gewesen, hatte aber durch viele Fehlentscheidungen geglänzt. 1812 war er dann für unzurechnungsfähig erklärt und degradiert worden.

Hoffnung II

Ich bin auf das Schlimmste vorbereitet, aber erhoffe das Beste.
(Benjamin Disraeli, britischer Politiker, 1804–81)

Wir hoffen immer, und in allen Dingen ist besser hoffen als verzweifeln.
(Johann Wolfgang von Goethe, 1749–1832)

Was das angeht, bin ich zurückhaltend
Aaron Burr (*1756 †1836)

Der ehemalige Vizepräsident der USA war zwar Sohn eines Geistlichen, glaubte persönlich aber nicht an Gott. Als er nach einem Schlaganfall im Sterben lag, forderte ihn ein befreundeter Geistlicher auf, anzuerkennen, dass es doch einen Gott gebe. Burr antwortete: „On that subject I am coy."

Was mich betrifft, werde ich morgen mit unbekanntem Ziel abreisen
Ambrose Bierce (*1842 †1914)

Meinte der für seinen Zynismus bekannte Ambrose Bierce das Jenseits oder doch ein konkretes Reiseziel auf der Erde, als er diesen Brief am 26. Dezember 1913 an einen Freund schrieb? Trotz seines Alters war der US-Schriftsteller und Journalist noch einmal nach Mexiko gereist und hatte sich der Rebellenarmee von Pancho Villa (1878-1923) angeschlossen. Um den Jahreswechsel 1913/14 verlor sich seine Spur in Chihuahua. Ob er einen Unfall erlitt, getötet wurde oder sich selbst umbrachte, ist ungewiss. In einem etwas früheren Brief an seine Nichte schrieb er: „Wenn du hörst, dass ich an einer mexikanischen Steinmauer stand und in Stücke geschossen wurde, dann sollst du wissen, dass ich das für einen ziemlich guten Weg halte, aus dem Leben zu scheiden. Es schlägt Alter, Krankheit oder einen Sturz auf der Kellertreppe."

Wehe mir, ich glaube, ich werde ein Gott
Vespasian (*9 †79)

Kaiser Vespasian wurde tatsächlich nach seinem Tod vom römischen Senat zum Divus, zum Göttlichen, erhoben und erhielt einen Tempel und eine Priesterschaft. Diese Ehre wurde allerdings nicht jedem römischen Kaiser automatisch zuteil, sondern nur denjenigen, welchen man eine gute Regierung zugebilligt hatte. Einem Caligula und einem Nero etwa, die sich bereits zu Lebzeiten göttergleich gebärdet hatten, wurde stattdessen eine Damnatio Memoriae, eine Verdammung ihres Andenkens, zuteil. Dies hatte der nüchterne, redliche und sehr beliebte Vespasian nicht zu befürchten. Dass er Witze darüber machen konnte, wurde ihm auch nicht übel genommen. Im Gegenteil: Sein Biograf Sueton (um 70-135) lobt den trockenen Humor des Kaisers ausführlich. Allerdings war obiger Satz nicht sein letzter. Sueton berichtet, Vespasian habe diesen Witz gemacht, als er den Tod herannahen fühlte. Sein wirklich letzter Satz soll gewesen sein: „Ein Kaiser soll aufrecht sterben." Was er dann - trotz einer schweren Durchfallerkrankung, die ihn geschwächt hatte - auch befolgte.

● ● ● ● ● ● ● ● ● ● ● ● ● ● ● ● ● ● ● ●

Wenn das das Sterben ist, halte ich nicht viel davon
Lytton Strachey (*1880 †1932)

Der britische Autor war Mitglied der Bloomsbury Group, einer avantgardistischen und dandyhaften Gruppe rund um die Schriftstellerin Virginia Woolf (1882-1941) und ihre Geschwister. Auch innerhalb dieser war Strachey noch für seinen Sarkasmus

---

Zum Alter VII

Man stirbt nicht, wenn man alt wird. Man stirbt, wenn man nicht mehr geliebt wird.
(Pablo Picasso, spanischer Maler, 1881-1973)

Man wird alt, wenn man spürt, dass die Neugier nachlässt.
(André Siegfried, französischer Gelehrter, 1875-1959)

Mit vierzig beginnt das Altsein der Jungen, mit fünfzig das Jungsein der Alten.
(Französisches Sprichwort)

Rotwein ist für alte Knaben eine der besten Gaben.
(Wilhelm Busch, deutscher Autor und Zeichner, 1832-1908)

Wenn die Jugend nur wüsste, Alter nur könnte.
(Charles-Guillaume Etienne, französischer Autor, 1778-1845)

---

und seinen beißenden Humor berüchtigt. Offenbar gelang es ihm auch noch auf dem Totenbett - er starb an Krebs - Haltung zu bewahren. Nicht gelungen ist das seiner Geliebten, der Malerin Dora Carrington (1893-1932). Obwohl Strachey auch Liebesbeziehungen zu mehreren Männern, darunter Carringtons eigenem Ehemann, unterhalten hatte, beging sie kurze Zeit nach seinem Tod Selbstmord.

Welch Künstler stirbt mit mir!
Nero (*37 †68)

Im Jahr 68 musste Kaiser Nero vor seinen immer zahlreicher werdenden Feinden aus Rom fliehen, fand aber niemanden, der ihm noch Schutz gewähren wollte. Also ließ er sich von einem seiner Sklaven erdolchen. Dass er angesichts der herannahenden Feinde im Sterben noch seine unvollendete künstlerische Karriere bedauerte, erscheint nicht sehr wahrscheinlich, wird aber von dem römischen Historiker Sueton (um 70-135) so überliefert. Doch der für seine Grausamkeit berüchtigte Herrscher hielt sich tatsächlich für einen großen Künstler und trat angeblich in über 1800 Wettkämpfen in Griechenland auf, meist als Sänger mit der Kithara (Zither), wobei er natürlich jeden gewann. Im Sterben soll Nero auch gesagt haben: „Das ist Treue", als ein Centurio versuchte, seine Blutung zu stoppen und ihm das Leben zu retten.

Zeitläufe

Vielleicht gibt es schönere Zeiten - aber diese ist unsre. (Jean-Paul Sartre, französischer Philosoph, 1905-80)

Wer die Vergänglichkeit der Welt erkennen will, sollte alte Zeitungen lesen. Wie unwichtig ist hinterher alles, was einmal so wichtig gewesen ist. (William Somerset Maugham, englischer Schriftsteller, 1874-1965)

Wer den Zeitgeist heiratet, wird bald Witwer. (August Everding, deutscher Intendant, 1928-99)

Schwört mir, dass ich aufgeschnitten werde, damit ich nicht lebendig begraben werde
Frédéric Chopin (*1810 †1849)

Der berühmte Komponist hatte panische Angst davor, lebendig begraben zu werden. Diese Angst suchte ihn immer wieder in Albträumen heim, die er in seinen Tagebüchern festhielt. Schon früher hatte er darum gebeten, man solle ihm vor dem Begräbnis das Herz durchbohren, sodass er auf jeden Fall tot sei. Allerdings waren Atemnot und Erstickungsanfälle in Chopins Leben Realität. Seit seiner Kindheit litt er an einer chronischen Erkrankung der Atemwege, wahrscheinlich Lungentuberkulose oder Mukoviszidose. Vor seinem Tod konnte er kaum noch sprechen und hatte mehrere Erstickungsanfälle. Er konnte seiner Umgebung aber noch deutlich machen, dass er sich Mozarts *Requiem* zur Trauerfeier wünsche und weiterhin darauf bestand, aufgeschnitten zu werden. Sein Herz solle herausgenommen und in Polen begraben werden. Seine wirklich letzten Worte waren dann vermutlich auf Polnisch: „Mutter, meine arme Mutter!" Justyna Chopin überlebte ihren Sohn um zwölf Jahre.

Wenn das Herz am rechten Fleck ist, spielt es keine Rolle, wo der Kopf ist
Walter Raleigh (*1552 †1618)

Sir Walter Raleigh war einer der Günstlinge der englischen Königin Elizabeth I. (1533-1603), vielleicht sogar ihr Liebhaber, außerdem Pirat in königlichen Diensten, Feldherr, Entdecker, Eroberer und Dichter. Elizabeths Nachfolger, James I. (1566-1625), ließ ihn jedoch 1603 wegen Konspiration zum Tode verurteilen, begnadigte ihn, hielt ihn aber 13 Jahre im Tower gefangen, ließ ihn 1615 frei und verurteilte ihn nach einer Südamerikaexpedition zwei Jahre später wieder zum Tode. Raleigh wurde am 29. Oktober 1618 enthauptet. Die Legenden über seine letzten Worte sind ungefähr so vielfältig wie die Professionen, denen er in seinem Leben nachging. Unter anderem sind auch noch im Umlauf: „Dies ist eine scharfe Medizin, aber ein Medicus für alle Krankheiten und Leiden", „Lass' uns die Sache erledigen. Um diese Stunde kommt der Schüttelfrost über mich. Ich will nicht, dass meine Feinde denken, dass ich aus Angst erbebe", sowie „Schlag zu, Mann, schlag zu". Auf jeden Fall nahm man an, dass der Held gefasst starb.

Wie waren die Einnahmen im Madison Square Garden heute?
Phineas Taylor Barnum (*1810 †1891)

Noch auf seinem Totenbett präsentierte sich der Zirkusgründer als agiler Manager. So verhandelte er mit der Zeitung *Evening Sun* über das Drucken seines Nachrufs, den er gerne noch selbst gelesen hätte. Seine letzte Frage soll dann den Tageseinnahmen seines Unternehmens gegolten haben, bevor er einschlief und im Schlaf starb. Der Sohn eines Gastwirtes aus Connecticut war zunächst mit einem Kuriositätenkabinett durch die Lande getingelt, aus dem allmählich eine Menagerie und schließlich ein berühmter Wanderzirkus wurde.

Hoffnung III

Hoffnung ist ein Seil,
auf dem viele
Narren tanzen.
(Russisches Sprichwort)

Hoffnung ist nicht Optimismus,
nicht der Glaube,
dass etwas gut enden wird.
Hoffnung ist die
feste Überzeugung,
dass sich eine Sache lohnt,
ganz egal, wie sie endet.
(Václav Havel,
tschechischer Schriftsteller
und Politiker, *1936)

Wir kommen alle in den Himmel und van Dyck ist dabei
Thomas Gainsborough (*1727 †1788)

Der Niederländer Anthonis van Dyck (1599-1641) war das große Vorbild des englischen Malers Gainsborough. Van Dyck war 1632 nach England übergesiedelt und dort zum Hofmaler der Königsfamilie geworden. Berühmt wurde er vor allem für seine Porträts, welche die Abgebildeten in einer lässigen Eleganz zeigen, die Schule machte und die englische Porträtmalerei entscheidend prägte. Auch Gainsborough war dann einer der populärsten Porträtmaler seiner Zeit, hatte Porträts aber irgendwann satt und malte in seinen letzten Lebensjahren zunehmend Landschaften, die allerdings weniger Berühmtheit erlangten. Auch von anderen Künstlern erzählt man, ihre letzten Worte galten ihrem Vorbild. Der Musiker Gustav Mahler (1860-1911) etwa soll nach Aussage seiner Witwe mit den Worten „Mozartl" auf den Lippen gestorben sein.

Wir sind dem Asklepios einen Hahn schuldig
Sokrates (*469 v. Chr. †399 v. Chr.)

„O Kriton, wir sind dem Asklepios einen Hahn schuldig. Entrichtet ihm den und versäumt es ja nicht", war das letzte Anliegen des zum Tode verurteilten Philosophen Sokrates, bevor er den Becher mit giftigem Schierling austrank. Was es genau mit diesem Hahn auf sich hatte, ist nicht bekannt. Vielleicht war es eine alte Schuld an den Gott der Heilkunst. Es gibt aber auch die Interpretation, Sokrates habe seinen Tod als Heilung vom Leben gesehen und wollte Asklepios deshalb opfern. Allerdings war der berühmte Philosoph ganz und gar nicht lebensmüde. Vor dem Athener Gericht, das ihn wegen Verführung der Jugend und Gottlosigkeit anklagte, gab er sich sehr kämpferisch und erklärte, für das, was er getan habe, verdiene er von Athen eine ehrenvolle Behandlung wie ein Olympiasieger. Nach dem Urteil aber weigerte er sich zu fliehen, da er der Meinung war, man dürfe ungerechte Gesetze zwar bekämpfen, aber nicht unterlaufen. Auf jeden Fall wird die Art, wie Sokrates seine letzten Dinge regelte - egal, wofür er den Hahn nun opfern ließ - als Beweis für die gefasste und würdige Art, mit seinem Todesurteil umzugehen, angesehen.

Wir waren doch so glücklich
Charlotte Brontë (*1816 †1855)

Lange Jahre hatten die britische Pfarrerstochter Charlotte Brontë und ihre beiden Schwestern Emily und Anne ein sehr zurückgezogenes, einsames Leben geführt. Niemand wusste, dass sie unter männlichen Pseudonymen höchst erfolgreiche Schriftstellerinnen waren. Erst spät enthüllte Charlotte, dass sie die Autorin des 1847 veröffentlichten Bestsellers *Jane Eyre* war und genoss öffentliche Anerkennung. Im Juni 1854 heiratete sie dann den Vikar ihres Vaters, Arthur Bell Nicholls. Als sie ein Dreivierteljahr später starb - laut Totenschein an Tuberkulose, eventuell aber auch an Erschöpfung durch übermäßiges Schwangerschaftserbrechen -, wollte sie das nicht wahrhaben. „Oh, ich werde nicht sterben, oder?", fragte sie. „ER wird uns nicht trennen. Wir waren doch so glücklich."

● ●

Zum Alter VIII

Wenn jemand beginnt, Anekdoten zu erzählen, ist es Zeit für ihn, in Rente zu gehen.
(Benjamin Disraeli, britischer Politiker, 1804-81)

Wie viel Liebes und Gutes passiert uns doch in der Jugend, worauf wir im Alter nicht mehr mit Sicherheit rechnen können.
(Wilhelm Busch, deutscher Autor und Zeichner, 1832-1908)

Zu alt, um nur zu spielen, zu alt, um ohne Wunsch zu sein.
(Johann Wolfgang von Goethe, 1749-1832)

Wunderbar! Wunderbar, dieser Tod!
William Etty (*1787 †1849)

Derart enthusiastisch soll sich der englische Maler William Etty während seines Sterbens geäußert haben. Etty gehörte zu den Malern der Romantik, knüpfte aber sehr stark an den Stil des italienischen Barock an und setzte vor allem Motive aus der antiken Mythologie um. Das gab ihm die Möglichkeit, sein Talent für Aktmalerei ausgiebig unter Beweis zu stellen. 1848 zog er sich gesundheitlich angeschlagen in das heimatliche York zurück, wo er bald darauf starb - offenbar glücklich.

REGISTER

Stichwortregister

Personenregister

A

Acton, John E.   89
Adenauer, Konrad   73, 79, 82, 87, 156
Adler, Victor   142
Agrippina d. J.   186
Alexander der Große   154
Allen, Ethan   182
Allen, Woody   67
Allende, Salvador   153
Alsmann, Götz   68
Anaxagoras   161
Andersen, Hans Christian   111
Appel, George   176
Aquaviva, Claudio   84
Archimedes   159
Aretino, Pietro   176
Arndt, Ernst Moritz   146
Arntzen, Helmut   56
Arria d. Ä.   179
Assauer, Rudi   69
Astor, Nancy   69, 114, 184
Auber, Daniel-François-Esprit   57
Augenthaler, Klaus   68
Augustinus von Hippo   14, 113
Augustus   152
Aykroyd, Dan   133

B

Bacall, Lauren   120
Bacon, Francis   147
Baffoe, Anthony   49
Bailly, Jean-Sylvain   172
Balzac, Honoré de   43, 54, 65, 122, 165

Bamm, Peter   58f.
Barnum, Phineas Taylor   190
Barrymore, John   185
Basedow, Johann Bernhard   171
Basler, Mario   99
Beamer, Todd   174
Bebel, August   78
Beck, Kurt   138
Beckenbauer, Franz   72, 95, 100
Beckstein, Günther   69, 87
Beeck, Christian   73
Beethoven, Ludwig van   180
Behan, Brendan   162
Belushi, John   133
Bendow, Wilhelm   19
Benedikt von Nursia   29
Benyoëtz, Elazar   177
Bergman, Ingrid   15
Berra, Lawrence Peter   103
Bethmann Hollweg, Theobald von   83
Beuys, Joseph   81
Bierce, Ambrose   27, 42, 56, 61, 162, 187
Biermann, Wolf   143
Bismarck, Otto von   19, 55, 76, 79f., 85f., 89, 117
Blüm, Norbert   106
Blüthgen, Victor   62
Bobič, Fredi   100
Bogart, Humphrey   15, 118, 167
Böll, Heinrich   24
Borgia, Cesare   177
Börne, Ludwig   49f., 75, 62, 181
Bouhours, Dominique   164
Boëthius, Anicius Manlius Severinus   117
Brandt, Willy   13, 91
Brdarić, Thomas   97
Brecht, Bertolt   147
Brehme, Andreas   102f.
Breitner, Paul   106

BILDNACHWEIS